PSICOTERAPIA PSICANALÍTICA
COM CRIANÇAS PEQUENAS E PAIS

Blucher

PSICOTERAPIA PSICANALÍTICA COM CRIANÇAS PEQUENAS E PAIS

Prática, teoria e resultados

Björn Salomonsson

Tradução
Stephania A. R. Batista Geraldini

Psicoterapia psicanalítica com crianças pequenas e pais

Título original: *Psychoanalytic therapy with infants and parents: practice, theory and results*

© 2014 Björn Salomonsson

© 2017 Editora Edgard Blücher Ltda.

Authorised translation from the English language edition published by Routledge, a member of the Taylor & Francis Group.

All rights reserved.

Imagem da capa: escultura *Home*, de Henrietta Shapira

Blucher

Rua Pedroso Alvarenga, 1245, 4° andar
04531-934 – São Paulo – SP – Brasil
Tel.: 55 11 3078-5366
contato@blucher.com.br
www.blucher.com.br

Segundo Novo Acordo Ortográfico, conforme 5. ed.
do *Vocabulário Ortográfico da Língua Portuguesa*,
Academia Brasileira de Letras, março de 2009.

É proibida a reprodução total ou parcial por quaisquer
meios sem autorização escrita da editora.

Todos os direitos reservados pela Editora
Edgard Blücher Ltda.

DADOS INTERNACIONAIS DE CATALOGAÇÃO NA PUBLICAÇÃO (CIP
ANGÉLICA ILACQUA CRB-8/7057

Salomonsson, Björn
    Psicoterapia psicanalítica com crianças pequenas e
pais : prática, teoria e resultados / Björn Salomonsson ;
tradução de Stephania A. R. Batista Geraldini ; revisão
de Rogerio Lerner. – São Paulo : Blucher, 2017.
    344 p. : il. (Atualidades na investigação em psicologia
e psicanálise / Rogerio Lerner)

ISBN 978-85-212-1122-8

Título original em inglês: *Psychoanalytic therapy with
infants and parents: practice, theory, and results*

    1. Psicanálise infantil 2. Psiquiatria infantil 3.
Psicoterapia infantil – Participação dos pais 4. Pais e
filhos I. Título. II. Geraldini, Stephania A. R. Batista. III.
Lerner, Rogerio. IV. Série.

16-1127	CDD 618.928914

Índice para catálogo sistemático:
    1. Psicanálise infantil – Pais e filhos

Prefácio à edição brasileira

É extremamente prazeroso ter meu livro traduzido para o português. É um sentimento especial para alguém da Suécia, no longíquo norte, saber que o seu trabalho atingiu o vasto país do Brasil, do outro lado do globo. O Brasil é um país que eu já visitei e adorei por sua intensidade, beleza, natureza e adoráveis pessoas. No Brasil, também sei que há um interesse importante em questões de pais e filhos e, principalmente, na psicoterapia com este grupo. Ajudar pais jovens tornou-se, naturalmente, tragicamente importante nestes dias, quando foram detectados os efeitos devastadores do vírus Zika em seu país e em outros lugares. Além disso, há uma importante e crescente percepção de que pais e bebês podem ter dificuldades em "se encontrar" entre si. Isso não implica apenas em um intenso sofrimento para o recém-nascido e/ou para os pais. Está também bem documentado hoje em dia que o sofrimento emocional inicial de bebês e pais pode ter efeitos negativos de longa duração.

Desenvolver técnicas psicológicas para ajudá-los e difundir tal conhecimento para o maior número possível de partes do mundo, é, portanto, uma importante missão. Este trabalho deveria, a meu ver, ser de alta qualidade e estar integrado com a atenção à saúde infantil de rotina. Psicoterapeutas deveriam trabalhar em conjunto com enfermeiros e médicos, às vezes também assistentes sociais, fonoaudiólogos e fisioterapeutas, de forma acessível e cotidiana para diminuir a turbulência e o sofrimento em torno dessas questões. Tal atenção à saúde infantil está, naturalmente, organizada de forma diferente em vários países. Mas os problemas são os mesmos em todos os lugares, como bebês mais agitados, mães tristes, pais perplexos e irmãos ciumentos. Espero que este livro inspire os trabalhadores da atenção à saúde infantil a compreender melhor as pessoas que têm esses problemas para ajudá-las de uma forma mais completa, e a apreender mais profundamente as teorias psicológicas que podem ser aplicadas a tal trabalho.

Termino este prefácio expressando a minha gratidão ao professor Rogerio Lerner, que tomou a iniciativa de coordenar a tradução deste livro e que tem feito intensos esforços para promover a questão da atenção à saúde mental infantil no Brasil. Os meus sinceros agradecimentos vão também para Eduardo Blucher, que muito colaborou com a edição desta tradução.

Estocolmo, julho de 2016

Björn Salomonsson

Psicanalista da Associação Internacional de Psicanálise (IPA), médico e professor associado do Departamento de Saúde Feminina e Infantil do Instituto Karolinska, em Estocolmo, Suécia

www.bjornsalomonsson.se

Apresentação

Psicanalista, membro didata da Sociedade Sueca de Psicanálise, docente e pesquisador do Instituto Karolinska (Suécia), Björn Salomonsson apresenta neste livro uma profunda reflexão sobre o trabalho clínico com pais e bebês que têm preocupações, sempre ilustrada por vinhetas. Seguindo a tradição do também sueco Joseph Norman, Salomonsson defende a importância da singularidade da contribuição psicanalítica para esse tipo de clínica. Aponta que pais e bebês com preocupações podem ter dificuldades de processar o significado de suas experiências emocionais, e acabam empobrecendo a sua comunicação e a qualidade de seu vínculo. Comumente, o resultado é o aumento da ansiedade e o uso de formas de relacionamento cada vez menos favoráveis para a compreensão mútua e para a transformação das situações de incômodo. Sentimento de culpa, de impotência, de medo, e até mesmo de raiva, podem passar a prevalecer e levar a quadros de distanciamento ou animosidade crescentes.

Considerando que hoje são conhecidos os possíveis efeitos duradouros de dificuldades vividas na primeira infância, esse assunto tem recebido especial atenção por formuladores e gestores de políticas públicas no mundo todo. No Brasil, merecem destaque a Lei n. 451, que visa a tornar obrigatória a avaliação, no Sistema Único de Saúde (SUS), da presença de sinais iniciais de sofrimento psíquico em bebês, e o Estatuto da Primeira Infância (Lei n. 13.257/16), que versa, entre outros assuntos, sobre a qualificação profissional necessária para a detecção de tais sinais, o que pode favorecer uma intervenção oportuna para transformar o quadro de sofrimento e diminuir a chance de cronificação futura.

8 APRESENTAÇÃO

Demonstrando a razão pela qual seu trabalho pode ser considerado plenamente psicanalítico, Salomonsson aponta que, na literatura, o conceito de transferência tem ficado restrito na abordagem da reação dos pais para com o profissional, sendo evitado quando se trata da reação emocional do bebê no vínculo com o clínico. Aos pequeninos, restaria ter sua reação com o clínico intensamente influenciada por aquela de seus pais. Com um estilo de argumentação elegante, porém sempre leve e coloquial, Salomonsson concorda que essa é uma situação clínica possível, mas não necessária: em diversas vinhetas, ilustra o que considera efeitos transferenciais *diretos* do bebê em relação ao analista, discriminando-os dos anteriormente citados, que nomeia como *indiretos*.

Para caracterizar o aparelho psíquico do bebê que torna possível considerar a existência de transferência direta com o analista, bem como para explicar a capacidade de entender a intencionalidade e a expressão emocional da voz e da gestualidade do profissional sem a compreensão do conteúdo de suas palavras, Salomonsson articula noções centrais da psicanálise, notadamente a de continência, com achados em psicologia do desenvolvimento e com a semiótica de Pierce. Como se estivesse conduzindo gentilmente seu leitor pela mão, Salomonsson afirma que os pais exercem sua função continente ao aumentar a complexidade dos níveis de representação mental dos estados de espírito neles mobilizados pelos estados de espírito do bebê. O relacionamento com o bebê, a partir dessa complexidade dos níveis de representação mental aumentada, contribui para que o bebê, pouco a pouco, aumente a complexidade dos níveis de representação mental dos seus próprios estados mentais.

Quando a ansiedade está aumentada, pode haver dificuldades tanto na função continente dos pais como na capacidade do bebê de se deixar transformar por tal função. Daí a frequência com que pais descrevem estados e bebês têm reações que parecem sem saída, rígidas ou sufocantes.

Além da discussão de diversos casos clínicos ao longo do texto, no final do livro Salomonsson apresenta e discute resultados de pesquisas feitas com um método que, embora seja de alto valor para contribuições voltadas à aplicação em escala populacional tais como as que visam à saúde pública, é muito pouco utilizado em psicanálise. Trata-se de um ensaio clínico randomizado.

O emprego deste método para avaliar um modelo de atendimento orientado pela psicanálise voltado a díade mãe-bebê foi de extrema originalidade e tem inspirado pesquisadores em vários países.

O trabalho de Björn Salomonsson tem sido muito importante para a minha clínica e pesquisa. Trata-se de um colega extremamente generoso que se dispôs a vir ao Brasil, a meu convite, com financiamento da Fundação de Amparo à Pesquisa do Estado de São Paulo (Fapesp) e da Universidade de São Paulo (USP), para contribuir com supervisões e discussões a partir dos resultados do grupo de pesquisa por mim coordenado, além de apresentar seu livro em diversos eventos científicos.

Este é o primeiro livro da série *Atualidades na Investigação em Psicologia e Psicanálise*, o que para mim, como seu coordenador, é uma honra. A série apresenta trabalhos oriundos de programas de pós-graduação brasileiros e estrangeiros situando produções psicanalíticas no quadro maior da atividade acadêmica nacional e internacional em psicologia. Com o delineamento de fronteiras entre tais campos, estabelecem-se possíveis articulações, bem como se evidenciam irredutibilidades teórico-metodológicas de cada um. Afirma-se a especificidade da perspectiva psicanalítica na sua abordagem do psiquismo, a proficuidade de seu debate com demais áreas do universo psicológico e a propriedade de sua pertinência ao quadro da produção acadêmica no Brasil e em outros países.

Finalmente, quero agradecer pelo delicado e belo trabalho de tradução realizado, a meu convite, por Stephania Aparecida Ribeiro Batista Geraldini, psicanalista filiada à Sociedade Brasileira de Psicanálise de São Paulo (SBPSP), mestre em Psicologia pela Universidade East London/Tavistock Clinic e doutoranda no Instituto de Psicologia da USP (IPUSP). Stephania foi muito bem sucedida em conseguir verter as ideias de Salomonsson ao português preservando o estilo narrativo característico do autor. A ela credito as virtudes, e a mim, as imperfeições, como revisor científico deste trabalho.

Rogerio Lerner

Psicanalista, professor associado livre-docente do Instituto
de Psicologia da Universidade de São Paulo (IPUSP)

Agradecimentos

Gostaria de agradecer a todos os pais que me inspiraram, junto com seus bebês, no meu trabalho e que permitiram a publicação deste material clínico, no qual a identificação de cada pessoa se manteve em sigilo. Dentre os meus companheiros de trabalho, gostaria de agradecer, em primeiro lugar, a Johan Norman, que despertou o meu interesse adormecido pelo mundo interno dos bebês por meio do seu trabalho criativo e corajoso. Outras fontes de inspiração ao longo dos anos são os coautores deste trabalho, Michelle Sleed e Rolf Sandell. Rolf, que me ensinou muito sobre estatística e metodologia de pesquisa em psicoterapia, também foi meu orientador no doutorado. Também me inspiraram os professores Per-Anders Rydelius e Andrzej Werbart. O professor Peter Fonagy, do Centro Anna Freud (AFC), em Londres, ofereceu-me uma inestimável ajuda com os trabalhos de ECR. Agradeço a todos eles, bem como a muitos outros pesquisadores e psicoterapeutas clínicos: Christine Anzieu-Premmereur e Talia Hatzor, do Programa de Pais-Bebê do Centro de Formação em Psicanálise e Pesquisa da Universidade de Columbia em Nova York; Tessa Baradon e Angela Joyce, da equipe do PIP; Mary Target, da AFC de Londres; Bernard Golse; James Grotstein; Alexandra Harrison; Miri Keren; Kai von Klitzing; Françoise Moggio e sua equipe, do Centro Alfred Binet em Paris; Eva Nissen e Monica Hedenbro, da divisão de saúde reprodutiva do Instituto Karolinska; e, finalmente, René Roussillon e Edward Tronick. Escrever um livro exige muito tempo de concentração, então, gostaria de agradecer à minha esposa, colega e companheira de pesquisa, Majlis Winberg Salomonsson, por suportar a minha ausência em todos os sentidos.

O ECR só foi possível por meio do financiamento generoso das fundações Ahrén, Ax:son Johnson, Engkvist, Groschinsky, Golden Wedding Memorial of Oscar II and Queen Sophia, Jerring, Kempe-Carlgren, Mayflower Charity e Wennborg, e do comitê de pesquisa da IPA. O atual projeto de *follow-up* é sustentado pela Children's Welfare Foundation e pelas fundações Signe e Ane Gyllenberg. A fundação Wennborg também me concedeu uma verba que me permitiu terminar este livro. Eu os agradeço profundamente.

Conteúdo

Introdução	15
1. O que se passa na mente do bebê? – Nic, 1 mês de vida	37
2. Representações primárias – Tina, 3 meses de vida	59
3. Continência – música materna e palavras paternas com Frida, 3 meses de vida	83
4. O que um bebê entende? – Karen, 8 meses de vida	105
5. A experiência de um bebê em relação à depressão materna – Beate, 16 meses de vida	125
6. A criança "dentro" do adulto – interagindo com Monica	147
7. O fóssil vivo – *Urvergessen* de Tristão	165
8. Conceitos clássicos revisitados I – repressão primária	183
9. Conceitos clássicos revisitados II – sexualidade infantil	205
10. Conceitos clássicos revisitados III – transferência	223
11. Tratamento psicanalítico mãe-bebê – isso funciona?	253
Epílogo	295
Referências	297
Índice remissivo	329

Introdução

Aqui está a essência deste livro em dois parágrafos: às vezes, os bebês e os seus pais passam por momentos difíceis. Os pais podem estar ansiosos porque o bebê não dorme, não se acalma, não consegue mamar ao seio – ou porque não conseguem amar o bebê ou a si próprios, ou estão ansiosos demais para aproveitar a parentalidade. Se nos aventurarmos a pôr em palavras o que imaginamos a respeito da experiência dos bebês, talvez digamos: "O bebê se preocupa porque as coisas não vão bem com a mamãe". Este livro, portanto, lida com "preocupações de bebê" nos dois sentidos do termo: quando pais se preocupam com seus filhos e quando os pequeninos têm experiências ruins ou aflitivas. Portanto, parte-se do princípio de que bebês têm coisas na sua mente. Psicanalistas[1], usualmente, se referem a essas coisas como "representações" – imaginações mentais que contêm afeto e alguma ideia conectada com este, sejam primitivas ou elaboradas. Este livro enfatiza que a teoria psicanalítica sempre pensou que bebês formam representações sobre si mesmos e sobre seus pais. Não temos como comprovar seu conteúdo, mas podemos, por meio da psicoterapia pais-bebê, construir suposições sobre elas. Para que isso seja feito, precisamos, também, nos dirigir ao bebê. Não acreditamos que ele possa nos entender literalmente, mas que ele apreende o que

---

1. Muitas vezes, o autor utilizou os termos terapeuta, psicoterapeuta, psicanalista e analista como sinônimos, bem como terapia, psicoterapia psicanalítica e psicanálise. Em todos os casos ele está se referindo a psicanalista e à psicoterapia psicanalítica [N.T.].

comunicamos a ele além do nível verbal. Nosso objetivo ao nos comunicarmos com o bebê é conter as suas ansiedades e as preocupações e os sentimentos de inutilidade, culpa e raiva por parte dos pais.

Se algumas díades mãe-bebê não são ajudadas logo, talvez o bebê desenvolva traços de caráter rígidos e alguns sintomas. Algumas preocupações dos bebês podem passar a ser escondidas ou, como costumamos dizer, sucumbir à repressão primária. Uma vez que iniciamos a psicoterapia pais-bebê, este último, às vezes, desenvolve uma relação específica com o analista que merece ser nomeada de transferência. Este livro, portanto, argumenta que conceitos psicanalíticos clássicos se aplicam a esse tipo de psicoterapia. Outro exemplo é a sexualidade infantil que, como argumentarei, pode estar envolvida em problemas com a amamentação. O objetivo final deste livro é sustentar que a psicoterapia pais-bebê, como outros tratamentos, pode ser submetida a avaliações quantitativas e qualitativas sistemáticas. Tais ensaios clínicos não servem apenas para comparar diferentes modelos terapêuticos, mas também podem indicar qual modelo é mais eficaz para cada bebê, pai e mãe. Eles também podem nos ensinar como sistematizar uma psicoterapia para as famílias com "preocupações de bebê".

* * *

A psicoterapia pais-bebê está lentamente se espalhado ao redor de todo o mundo. Podemos ver isso pelo aumento no número de publicações e de participantes em congressos internacionais, como, por exemplo, o World Association of Infant Mental Health (WAIMH, Associação Mundial de Saúde Mental Infantil – AMSMI). Jornais e programas de televisão também mostram um aumento no interesse pela psicologia da parentalidade. Uma busca no Google rende mais de quatro milhões de trabalhos e reportagens sobre "depressão pós-parto". No Youtube, encontramos diversos vídeos de bebês extraordinários divulgados por pais orgulhosos, bem como vídeos científicos sobre a interação pais-bebê observada em laboratórios espalhados pelo mundo. Não resta dúvida de que a saúde mental de pais e bebê, como os tratamentos nessa área, se encontram em pauta.

Este livro transmite minhas experiências de trabalho como psicanalista com pais e bebês. Eu o escrevi para psicoterapeutas e psicanalistas que têm interesse, ou apenas curiosidade, sobre uma perspectiva psicanalítica a respeito de pais e bebês. Tenho, também, outro grupo-alvo em mente: psicoterapeutas trabalhando com outras idades e *settings*, por exemplo, casais, grupos e mesmo psicoterapia individual. Há uma razão especial para convidar esse último grupo. Todo psicoterapeuta que trabalha com um paciente adulto, às vezes, tem a impressão de estar falando com uma criança, ou mesmo com um bebê. Por trás das explicações racionais e das teorias elaboradas dos adultos, o psicoterapeuta ouve a voz de uma criança humilhada ou de um bebê em luto. O trabalho com pais e bebês pode oferecer uma nova perspectiva para essas psicoterapias. Finalmente, este livro é para qualquer um que já tenha pensado a respeito do mundo interno dos bebês, seja com fascinação, alegria, dúvida ou preocupação.

Vamos começar com uma vinheta do dia a dia. Logo descobriremos que ela merece uma reflexão mais profunda: Andy, com um mês de vida, e sua mãe estão na cozinha. Enquanto ela está ocupada, ele está deitado próximo a ela e parece feliz. De repente, ele começa a chorar. A mãe termina de fazer suas coisas e o pega no colo, um minuto depois. Enquanto o segura, ela o conforta dizendo "Calma, Andy! Você está com fome" e começa a amamentá-lo. Dado que o garoto conseguiu o que queria, se poderia esperar que ele se acalmasse imediatamente. Porém, como todo pai e mãe sabe, isso pode levar algum tempo. Ele continua chorando e parece irritado com sua mãe, que responde dizendo "Vamos, Andy, você não está bravo com a boba da sua mãe por não lhe pegar de uma vez!?".

Por que Andrew não se acalma imediatamente? Por que sua mãe lhe diz que ele está bravo e que pensa que ela é boba? Essas questões poderiam ser tratadas como irrelevantes e desinteressantes. Bebês têm chutado e chorado desde sempre sem que alguém conheça os motivos para tal. Alternativamente, pais têm explicado esses fenômenos alegando que "ele está com dor de barriga de novo" ou "ele não dormiu o suficiente na noite passada". Assim, estes eventos diários não mereceriam reflexões de um clínico. Para ser sincero, os pais que me procuram raramente se queixam desses momentos triviais – "pequenas manhas de criança", como chamou o poeta britânico William Blake (1994). Eles me procuram quando as coisas ficam piores e preocupantes. No entanto, quando ouvimos as histórias que contam, aprendemos que as preocupações começaram um dia como "manhas de criança" cotidianas, como a que relatei entre Andy e sua mãe.

18   INTRODUÇÃO

O que se passa com Andy? Este livro trará evidências, oriundas de consultórios e pesquisas, de que bebês rapidamente desenvolvem uma vida mental complexa. Eles possuem capacidade para observar, pensar, se emocionar e se comunicar e têm intenções. Eu argumentarei que podemos considerar um bebê de um mês de vida como um participante ativo num processo psicoterapêutico. Devemos, imediatamente, introduzir as seguintes ressalvas a essa afirmação, acrescentando o óbvio: as habilidades emocionais e cognitivas do bebê são restritas e ele não entende e nem se expressa por meio de palavras. Porém, ele é capaz de expressar a sua vida mental que desperta por meio de um sorriso, de uma careta, de um tremor, de um olhar esquivo etc. Ele também percebe e experimenta os nossos modos de comunicação não verbal, como a forma de segurá-lo em nossos braços, de falar com ele e de ouvi-lo. Essas habilidades, que se desenvolvem em constante interação com pessoas próximas e amadas, fazem dele uma *pessoa* que desperta. Ele está prestes a desenvolver uma mente única e tenta comunicar o que deseja, teme, aprecia e abomina. Colocando de uma forma mais cuidadosa e simples, o que faz com que ele se sinta bem ou mal. E o bebê não comunica isso apenas para os seus pais, mas, de vez em quando, também para o psicoterapeuta que entra em diálogo com ele.

Olhando a questão de Andy por outro ângulo, alguém poderia retrucar que sua mãe só imagina coisas quando fala de braveza e bobeira. Pais sempre foram desafiados a diferenciar suas próprias imaginações de observações corretas e, então, chegarem a conclusões razoáveis – agora o bebê está *realmente* com frio, calor, enjoo ou fome. Essa é uma tarefa difícil. Todo pai atribui ao bebê emoções, traços de personalidade e possibilidades ou apreensões futuras. Quando lidamos com bebês, a linha entre observação e imaginação é tênue. Esta última, às vezes, é atordoante e estranha, pois tem as suas raízes no inconsciente dos pais. Um aspecto da arte da parentalidade é acalmar-se e conter-se diante das imaginações. Uma vez que os pais intuem que estão prestes a projetar na criança o que lhes é inconsciente, eles se dão conta: "Acho que minhas fantasias fizeram com que eu perdesse a cabeça". Esse processo de aprender a "andar na corda bamba" entre observações sóbrias e projeções fantasiosas e manter o equilíbrio é um grande desafio, principalmente para os pais de primeira viagem.

A mãe de Andy parece dominar a situação. Seu tom com ele é bem-humorado e relaxado e não ficaríamos surpresos se Andy se acalmasse rapidamente.

A situação é diferente quando uma mãe sente que o seu bebê *nunca* se acalma e está *sempre* chorando. Então, estaríamos entrando numa tristeza especial entre jovens pais chamada depressão pós-parto – ou, como vem sido chamada ultimamente, depressão perinatal. Retornarei, em breve, para o duvidoso valor heurístico desse termo. Por ora, vamos deixar essa questão de lado e apenas afirmar que a estrutura da mente dos pais é importante para entender como eles se sentem em relação ao bebê e como o enxergam.

Tenho procurado um sistema diagnóstico para detalhar os motivos pelos quais os pais de bebês buscam ajuda profissional. Para crianças e adultos, temos o *Manual diagnóstico e estatístico de transtornos mentais* (DSM) (DSM-IVTR, 2000), além da terminologia psicanalítica que dá conta de emoções, conflitos, defesas e relações de objeto. Para as crianças pequenas, existe "a classificação diagnóstica da saúde mental e dos distúrbios de comportamento da infância" (DC 0-3:R) (ZERO-TO-THREE, 2005). Baseada no DSM-IV, ela descreve os distúrbios do bebê e as qualidades da relação pais-bebê. Essa classificação pode ser usada para pesquisa e é especialmente valiosa para crianças um pouco mais velhas que aquelas nas quais me focarei. O desafio de descrever distúr-bios emocionais durante a infância é que eles são voláteis e envolvem duas ou mais pessoas. Nas palavras de Winnicott: "Não existe tal coisa como o bebê. Sempre que alguém encontra um bebê, encontra também os cuidados mater-nos e, sem esses cuidados, não existiria o bebê" (1975, p. XXXVII). Para ele, os aspectos observáveis e inconscientes da mãe e do bebê estão entrelaçados.

A preocupação materna primária (Winnicott, 1956), geralmente, é des-crita de um jeito vago ou variável. Portanto, escolhi um termo mais simples, "preocupações de bebê", para dar conta de qualquer apreensão dos pais em relação ao papel que têm como tais, ao comportamento do bebê e ao contato que têm com o pequeno. E, como dito anteriormente, esse termo também pode ser lido como uma afirmação do bebê, sugerindo que *ele* também está preo-cupado. Ele demonstra isso por meio de alguns comportamentos que preocu-pam os seus pais ou por meio de dificuldades que parecem ser um incômodo emocional. Se combinarmos a ideia de que os bebês têm uma mente e são pessoas comunicativas com a de que os pais, às vezes, observam seus bebês por meio de lentes coloridas por suas próprias dificuldades emocionais, talvez possamos concluir, com segurança, que as preocupações de bebê devem ser levadas a sério e precisam de ajuda profissional.

Isso implica que todo impulso de uma mãe preocupada precisa ser atendido profissionalmente? Não mesmo, apenas significa que, quando ela demonstra esses sinais, precisamos ouvir com cuidado. O mesmo é válido quando ela nega qualquer problema com o seu bebê, mas sentimos que há algo ali por meio da nossa contratransferência. Se intuirmos, por meio da nossa identificação passageira com o bebê, que há "preocupações de bebê, que ele não se sente bem", devemos ouvi-lo. Oferecer um atendimento com um psicoterapeuta pode ser sentido pela mãe como algo que vai ajudá-la e proporcionar a ela algum suporte – especialmente se trabalharmos em parceria e de forma cuidadosa com o serviço de saúde no qual o bebê é atendido. Durante um atendimento como esse, a mãe pode decidir se deseja seguir no trabalho pais-bebê ou se um encontro foi o suficiente para ajudá-la a colocar as coisas nos eixos.

Este livro descreve o meu trabalho como psicanalista em minha clínica particular e como psicoterapeuta no centro de saúde infantil Mama Mia, em Estocolmo. Os pais que me procuram em meu consultório sabem do meu interesse em "preocupações de bebê". Eles já têm um palpite de que algum problema psicológico está por trás da angústia que estão sentindo. Eu atendo a essas mães (às vezes pais) e seus bebês no meu consultório que, além do divã, onde muitas fraldas são trocadas, tem duas cadeiras para adultos e uma para crianças, com uma mesinha de tamanho proporcional, e uma caixa na qual os bebês podem encontrar um ursinho de pelúcia, um sapo, uma bola e alguns outros brinquedos.

Os outros casos eu atendo no centro de saúde infantil Mama Mia, que está localizado no centro de Estocolmo e é uma instituição privada totalmente subsidiada pelo serviço público. Nós, suecos, temos muito orgulho do longo histórico de serviços de saúde de alta qualidade oferecidos para bebês e crianças. Os centros de saúde infantil (CHC, em inglês, ou BVC, em sueco) oferecem *check-ups* até os 6 anos de vida. Os contatos de enfermagem seguem um calendário: semanalmente no primeiro mês, mensalmente até quatro meses e a cada dois meses durante o resto do primeiro ano, seguido de *check-ups* aos 18 meses, 3, 4 e 5 anos. Eles compreendem os seguintes serviços: pesagem e medição do bebê, vacinação, conselhos sobre nutrição e visitas pediátricas.

Em Estocolmo, quase todas as mães e os seus bebês vão regularmente aos centros de saúde infantil.

Mudanças em urbanização, meios de transporte e padrões familiares fizeram com que muitos pais vivessem longe, geográfica e emocionalmente falando, da sua família de origem. Assim, as enfermeiras dos centros de saúde infantil se tornaram centrais na ajuda a pais com preocupações de bebê. Sua orientação desenvolvimental (Lojkasek, Cohen, & Muir, 1994) segue o modelo usual de trabalho com pais que têm essas preocupações, que se dá por meio de contato individual e/ou em grupos de pais (Mittag, 2009). Ela busca promover uma relação de apego segura e identificar sinais de depressão, geralmente por meio da Escala de Depressão Pós-Parto de Edimburgo (EPDS) (Cox, Holden, & Sagovsky, 1987). Se acredita que os problemas apresentados pelas famílias precisam de maior atenção, ela pode oferecer uma consulta com o pediatra ou o psicólogo que fazem parte do time de psiquiatria infantil. Em alguns centros, é oferecida massagem (Field, 2000), bem como programas de desenvolvimento para os bebês (Hundeide, 2007).

O quadro de funcionários do centro de saúde Mama Mia é composto por nove enfermeiras e dois pediatras. As enfermeiras são treinadas em medicina pediátrica e preventiva e têm, também, um interesse especial em psicologia de pais e bebês. Eu as supervisiono uma hora por semana e, posteriormente, encontro os pais e os bebês em consultas de orientação psicanalítica de breve duração ou em psicoterapias mais longas. Minha sala de consultas é próxima à de uma das enfermeiras. É diferente fazer psicoterapia em meio a balanças, estetoscópios e fraldas, porém funciona muito bem. A vizinhança entre as salas torna mais fácil para mães que se sentem envergonhadas, amedrontadas ou descrentes vencerem essas barreiras para chegar até mim e começar a falar sobre as suas preocupações de bebê.

Este livro trata, principalmente, de casos nos quais eu usei uma técnica que presta especial atenção ao bebê: o tratamento psicanalítico mãe-bebê (em inglês, *mother-infant psychoanalytic treatment* – MIP) (Norman, 2001, 2004). Muitas vezes, isso implica trabalhar de forma profunda e longa. Minha ideia *não é* recomendar MIP para todos os casos de preocupações de bebê, mas propor que ele nos ajude a entender os mundos internos do bebê e da mãe e como eles interagem. O MIP também é uma ferramenta que nos ajuda a abordar questões teóricas essenciais. Ao final do livro, apresentarei um ensaio clínico randomizado controlado (ERC) que avalia os tratamentos em MIP. Um segundo volume focará nas consultas psicanalíticas de curta duração e nas supervisões para as enfermeiras no centro de saúde infantil.

Alguns detalhes sobre o texto: eu usarei aspas ("xxx") quando citar um autor ou um paciente. Quando eu quiser transmitir o que o bebê talvez esteja pensando, usarei apóstrofo ('yyy'). Para me manter neutro em relação ao gênero, às vezes vou me referir ao terapeuta como "ele/a". Porém, isso pode nos levar a uma leitura entediante, então, usarei "ele" para o psicoterapeuta na maioria das vezes, simplesmente porque sou um homem. E se tendo a me referir aos pais usando o pronome "ela" mais que "ele", é porque vejo mais mães que pais.

1. O que se passa na mente do bebê? – Nic, 1 mês de vida

A psicoterapia pais-bebê nos confronta com importantes questões teóricas e técnicas. Algumas delas se aplicam a Andy. Sua mãe lhe atribui pensamentos e sentimentos. Os Capítulos 1 e 2 examinam as questões lógicas e clínicas para tais hipóteses. No primeiro capítulo, apresento *Nicholas (Nic)*, que tinha apenas duas semanas de vida quando iniciou a psicoterapia pais--bebê com a sua mãe, *Theresa (Tessie)*. Ela tinha um dolorido machucado em um mamilo. Embora tenha cicatrizado rápido, ele continuava inquieto durante a amamentação. Ela se encontrava sem esperanças diante das imensas mudanças que vieram com a maternidade.

Eu tinha a hipótese de que Nic nutria diferentes representações acerca do seio de sua mãe. Com um não havia problemas, mas com o outro a amamentação havia sido problemática por causa da dor de Theresa. Eu presumi que Nic também tinha duas imagens a respeito da mente de sua mãe: uma benevolente e receptiva, e outra perturbada, que rejeitava. Ele parecia estender essa dicotomia a si mesmo – Nic bom e Nic mau. Pode ser que os leitores pensem que estou reproduzindo os clichês kleinianos. Entretanto, a ideia de representações para os bebês era natural para Freud e, de fato, toda a psicanálise se baseia nessa hipótese. No Capítulo 1, comparo as ideias de Freud sobre o que acontece dentro da mente de um bebê com as de Daniel Stern, que advertia sobre a atribuição de qualquer conteúdo ideacional aos afetos dos bebês. Este capítulo termina em um aparente beco sem saída, já que não podemos saber o que se passa na mente de um bebê. Porém, enquanto clínicos, assumimos uma posição estranha e ineficaz se apenas balançarmos os nossos ombros e dissermos "OK, o bebê está chorando enquanto olha a sua mãe, mas não faço ideia do que está se passando dentro dele".

2. Representações primárias – Tina, 3 meses de vida

O Capítulo 2 sugere um caminho para fora do beco sem saída, que é supor que o bebê produz e usa representações psíquicas – deixando claro que temos como base para as nossas hipóteses uma visão "adultomórfica qualificada". Observamos o bebê e sua mãe com muito cuidado – e deixamos que as nossas próprias experiências inspirem a nossa imaginação a respeito do que se passa dentro do bebê. Também checamos a validade de nossas fantasias e nossa contratransferência comparando-as com observações e respostas a intervenções. A possibilidade de checar continuamente o dentro e o fora torna o encontro psicanalítico frutífero para o estudo das representações dos bebês.

Todos os pais se utilizam da visão adultomórfica para entender o seu bebê. A psicoterapia que realizamos nos desafia a entender *como* isso acontece. Isso levanta uma profunda questão filosófica: como adquirimos o conhecimento? Em um modelo ingênuo de pensamento, o conhecimento é algo escondido dentro do objeto. Nosso trabalho é desenterrar esse conhecimento, olhar para ele e tentar compreender o seu significado. A palavra *insight* é uma notável metáfora dessa teoria essencialista da mente. A ciência da semiótica vê esse processo de forma diferente. Não sabemos sobre uma *coisa*, mas sobre *signos* que se referem a algo e para os quais existem os respectivos *interpretantes*. Assim, criamos o conhecimento computando vários sinais mentais. Em outras palavras, não alcançamos uma certeza "comparando *crenças* com a forma como as coisas *são* [...] [mas] mostrando que elas são necessárias se o nosso conjunto de crenças precisa ser totalmente consistente e coerente" (Cooper, 1999, p. 8). Se a mãe de Andy dissesse: "Eu sei o que se passa na mente dele. Ele está bravo comigo", balançaríamos a nossa cabeça em desacordo. Porém, se ela dissesse:

24   INTRODUÇÃO

"Eu suponho que ele esteja bravo. Isso se encaixa em minhas outras observações a respeito de como ele reagiu quando eu falei com ele e o segurei de forma similar à de agora", estaríamos inclinados a acreditar nela.

Uma perspectiva psicanalítica semiótica implica considerar o indivíduo não como alguém governado por impulsos internos, mas por signos que emergem a partir da relação com o outro. O Capítulo 2 introduz dois conceitos psicanalíticos da escola francesa, a mensagem enigmática (Laplanche, 1999a) e o pictograma (Aulagnier, 2001). Este último me leva a sugerir um termo para o que se passa na mente do bebê: *representações primárias*. Eu ilustrarei esse conceito com o caso de uma menina de 3 meses de vida cuja mãe não conseguia decidir se queria chamá-la de *Tina* ou *Christina*. Isso refletia a sua ambivalência. Eu também concluí que as representações primárias *desta garotinha* a respeito da sua mãe eram ambivalentes. Eu localizo essas representações primárias entre o que Stern chamou de afeto de vitalidade e o que a psicanálise tradicional considera uma representação. Durante o primeiro ano de vida, elas se tornarão fundidas ao mundo de representações que lhe é correspondente. Paradoxalmente, isso diminui as nossas chances de ajudar a criança em psicoterapia. Assim que ela começa a usar a linguagem, as representações se tornam mais rígidas e menos permeáveis às influências desse trabalho.

3. Continência – música materna e palavras paternas com Frida, 3 meses de vida

O termo *continência* resume o trabalho do analista de entender o que se passa na mente do seu paciente e comunicar-lhe isso. Bion (1962a) referia-se à mãe que percebe e "metaboliza" as angústias do seu bebê – e ao analista que dá conta da dor psíquica dos seus pacientes. Ele não trabalhou com bebês, mas suas intuições e suas experiências com pacientes psicóticos o levaram a teorizar sobre como dois mundos internos interagem: mãe e bebê, paciente e analista. O Capítulo 3 fala sobre como eu contive uma bebê que parecia bem, mas que se mostrou um pouco agitada em uma determinada ocasião. A mãe de *Frida*, *Kate*, iniciou a sua psicoterapia durante a gestação. Um dia, Frida, então com três meses de idade, entrou em pânico no intervalo entre duas sessões de análise. No dia anterior, Kate teve dificuldades em reconhecer a raiva que estava sentindo em relação a mim. Isso bloqueou a sua capacidade de conter a filha, o que, penso eu, resultou no pânico de Frida, que agora eu podia observar. Eu pude conter a garotinha e falar sobre a ira e a humilhação que a sua mãe parecia sentir.

O Capítulo 3 discute por que precisamos falar com o bebê sobre as suas angústias e não só falar sobre elas com a mãe. O termo *música de continência* refere-se a um tipo de comunicação não verbal: gestos, tom de voz, som das palavras, expressões faciais, movimentos corporais, cheiros etc. Stern (1985, p. 56) faz uso da dança e da música para retratar a vida emocional do bebê. Golse (2006) utiliza metáforas do mundo da ópera. Sou um clarinetista amador, portanto, interação sempre foi importante para mim. Na verdade, "interação" dá conta de apenas metade da história do que é fazer música. A outra parte é "interescutar" a voz de um companheiro músico. A psicoterapia pais-bebê pode ser pensada como um trio em que cada "frase musical" pode ser um comentário em relação ao que foi expresso pelo(s) outro(s).

Em psicoterapia, os comentários são construídos de acordo com diferentes "linguagens musicais". O analista se dirige ao bebê por meio de palavras, um tom de voz grave e um olhar sincero. O bebê responde em outra linguagem, como quando Frida chorou bastante e evitou os meus olhos. A nossa interação teve um importante impacto na mãe, que se deu conta de que a sua braveza comigo a havia levado a não conter Frida. Kate me contou sobre isso usando palavras, olhares angustiados e bochechas vermelhas, e eu expliquei a Frida que a raiva havia feito sua mãe se sentir estranha e a levado a não cuidar dela. O choro de Frida veio à tona à medida que ela me escutou e me olhou com cuidado. Isso é um exemplo de "música de câmara de continência".

Eu nomeio este aspecto da continência seu componente *materno*: ter uma compreensão intuitiva de comunicação não verbal, como inflexões de voz, mudanças de temperatura, rugas faciais, tensões etc. No componente *paterno*, fornecemos palavras que indicam o que se passa na mente de um bebê. Essa função se apoia no que os psicanalistas franceses chamam de "lei" ou ordem simbólica. O aspecto materno tem suas raízes na ilusão de que o bebê e a mãe têm uma união perfeita, em que um entende o outro sem precisar usar palavras. O paterno faz um corte nessa ilusão: todo desejo deve ser transposto em uma aspiração, que deve ser expressa de forma inequívoca. Se o refrão do

26   INTRODUÇÃO

componente materno é empatia, o do paterno é clareza. A psicoterapia deve
se apoiar em ambos os princípios.

4. O que um bebê entende? – Karen, 8 meses de vida

Neste capítulo, faço o oposto dos Capítulos 1 e 2. Agora, me concentro
no que *o bebê* pode entender das nossas mensagens. Sugiro que o bebê compreende bastante do que dizemos e não dizemos, de como olhamos, da impressão que damos, do que cheiro temos, de como o seguramos e deixamos
de segurá-lo etc. Em vez de entender a importância *léxica* da nossa comunicação, ele é sensível às suas correntes *emocionais*.

O bebê também é alguém ativo. O seu desafio é lidar com aquelas porções
das mensagens do adulto que são inconscientes ou enigmáticas (Laplanche,
1999a) – até mesmo para o adulto. Ilustrarei isso com o caso de *Karen*, de 8
meses de vida, e sua mãe *Miranda*. Karen resmunga e Miranda lhe oferece o
seio imediatamente, pois, para ela, a filha está "terrivelmente triste". Eu, entretanto, descobri outras emoções: elas estavam bravas uma com a outra, embora
esse sentimento lhes fosse inconsciente. Elas estavam aprisionadas num nebuloso modo de se relacionar que ocultava a raiva e o desapontamento que sentiam.
As vinhetas mostram que Karen compreendeu a importância de algumas intervenções que fiz. Apresentarei um aparato conceitual que nos ajudará a entender
diferentes níveis de comunicação em tratamentos psicanalíticos.

Nos Capítulos 1 e 2, argumentei que a verdade não é algo que está escondido atrás de uma cortina esperando para ser revelado. O Capítulo 4 se
aproxima de outro erro epistemológico: bebês não se comunicam porque
não entendem e não usam palavras. Esse erro está ancorado na ideia de que
as palavras são a única forma de comunicação. Não nos surpreende o fato
de que os nossos conceitos de comunicação não verbal são poucos, quase
escassos. Além disso, discussões científicas devem usar palavras para descrever a comunicação não verbal. Isso parece tão desesperador quanto verbalizar uma sonata, uma pintura ou uma dança! A competência dos bebês
reside nos modelos de comunicação não verbal. Consequentemente, as pessoas duvidam que as letras ou as palavras possam fazer justiça ao seu mundo

interno. Felizmente, a semiótica, ou a ciência dos signos, oferece conceitos que nos ajudam a aprimorar o estado de comunicação não verbal. Eles explicam por que o suspiro, o sorriso e o gemido são mensagens que merecem uma interpretação psicanalítica.

5. A experiência de um bebê em relação à depressão materna – Beate, 16 meses de vida

É hora de apresentar um caso clínico mais extenso. Conheceremos *Beate*, de 16 meses, e sua mãe *Nadya*. Ela era uma menina inquieta e angustiada, que sempre procurava pelo seio materno quando alguma coisa a incomodava. Elas foram atendidas em psicoterapia pais-bebê por oito meses, depois Beate seguiu em sessões de psicanálise infantil. O tratamento focou na relação conturbada que ela tinha com o seio materno e em seu medo de buracos e fantasmas. A história de depressão pós-parto de Nadya permitiu que reconstruíssemos as primeiras experiências de Beate. Suas presentes inquietação e fobias pareciam estar conectadas com a experiência primária de estar com uma mãe triste que não podia conter as suas angústias.

A depressão perinatal ou pós-parto é, frequentemente, retratada como algo que atinge a mulher inesperadamente. Entretanto, nunca encontrei uma mãe deprimida que não tenha relatado, após sondarmos mais a fundo a sua história, problemas emocionais anteriores, como depressão, estado de exaustão ou de angústia, traços de personalidade narcísica, transtornos alimentares etc. Isso está de acordo com os estudos populacionais que indicam que depressões prévias aumentam o risco de depressão pós-parto (Misri & Joe, 2008). Quando se tornam mães, essas mulheres encontram a reorientação psicológica necessária por meio de padrões de defesas estabelecidos muito antes da maternidade. Para uma mulher narcisista, é extremamente difícil amar o seu bebê. Uma mulher com um superego severo sente-se culpada ao menor sinal de contratempo com o seu filho. Uma mulher angustiada acordará inúmeras vezes durante a noite para checar se o seu bebê continua respirando. Assim, os prefixos "peri" e "pós" somente refletem que a depressão está conectada com os reajustes psicológicos em torno do parto. Vejo isso como a expressão de um novo desafio para ela como ser sexual, companheira, cuidadora e filha, especialmente para sua mãe.

A depressão perinatal se aplica a toda mulher que não pôde resolver esses desafios de forma satisfatória para ela própria ou para seu bebê e seu companheiro. Algumas demonstram o seu descontentamento por meio de um questionário sobre depressão. Outras talvez alcancem uma boa pontuação, mas parecem ignorar o seu sofrimento – ou se sentem envergonhadas e querem alcançar um "melhor resultado". A menos que as entrevistemos, corremos o risco de não entender que algo está errado e o que isso pode ser.

O Capítulo 5 pensa a depressão do ponto de vista do bebê: como deve ter sido a experiência de Beate com uma mãe deprimida? Argumentarei que o que afeta uma criança não é a depressão materna em si, mas que a tristeza da mãe, a sua baixa autoestima, a sua culpa e as suas preocupações consigo mesma não deixam espaço para que ela contenha as angústias do seu bebê. Isso terá dois efeitos. Primeiro, o bebê é deixado só com as suas confusões e angústias, uma vez que não há ninguém "lá fora" que possa conter as suas emoções. O segundo, é que ele experimentará a mãe continente como alguém que não está presente e que está centrado em si mesmo, ou como alguém intrusivo e insensível, e isso transformará a mãe continente numa figura assustadora. O caso de Beate permitiu que eu me desse conta da importância de um tratamento no início da relação pais-bebê e do que pode acontecer com as representações primárias se elas não são reguladas. Retornaremos a este ponto no Capítulo 8, sobre repressões primárias.

6. A criança "dentro" do adulto – interagindo com Monica

Espero que este livro seja relevante para os psicoterapeutas, independentemente de idade, gênero ou categoria diagnóstica com que eles trabalham. Ele tem a ver com uma visão da mente que chamo de "perspectiva *matrioshka*". Refiro-me àquelas bonecas de madeira que têm cópias menores de si mesmas umas dentro das outras e que terminam com uma pequenina versão. Essa boneca representa uma metáfora que está de acordo com as formulações kleinianas de que há um mundo interno habitado por objetos internos (Hinshelwood, 1989). A menor bonequinha de madeira corresponde ao núcleo infantil da mente, seja no adulto, na criança ou no bebê.

Trabalhar com pais e crianças pequenas me levou a ficar mais familiarizado com essas "bonecas de madeira" mais íntimas existentes em adultos que estão em análise. Elas atuam como forças silenciosas, mas poderosas, ocultas em sintomas difusos, traços rígidos de caráter e visões pessimistas de mundo. O Capítulo 6 aborda um impasse da psicoterapia. Uma jovem mulher, *Monica*, travava uma guerra no início de cada sessão analítica. Ela me menosprezava enquanto descrevia a si mesma como inútil. Ela alegava que não podia falar comigo, mas apenas balançar o seu corpo enquanto suspirava, transpirava e gemia no divã. Ela me lembrava um bebê infeliz, que se revirara e chorava em frente a uma mãe impotente. Quando eu a disse isso, ela me ridicularizou.

Nessa época, eu trabalhava com o pequeno Nic e sua mãe, dos quais falei no Capítulo 1. Eles me permitiram observar, diretamente como acontecia, a interação entre continente e contido. A prática pais-bebê nos aproxima do entendimento de como esses conceitos abstratos ganham forma na relação da mãe com o seu bebê. Nic e sua mãe me levaram a perceber a minha relação com Monica. Como ela e eu não entendíamos como nos víamos, ficávamos presos num impasse. Eu considerava as minhas intervenções bem fundamentadas e significativas, mas Monica as via como uma verdade imposta por uma autoridade que relutava em admitir as suas fraquezas. Nas palavras de Bion, a nossa relação estava longe de ser camarada (1970, p. 95). Cada intervenção pode ser entendida de forma diferente dependendo dos níveis de comunicação. O analista espera oferecer uma tradução razoavelmente precisa – de um nível mais primitivo para um nível mais avançado – dos desejos e dos medos aprisionados na "boneca de madeira" de cada paciente.

7. *O fóssil vivo* – Urvergessen *de Tristão*

Richard Wagner foi uma figura controversa em virtude de seu antissemitismo e seu jeito despreocupado com benfeitores e amantes. Este defeito de caráter andava de mãos dadas com uma capacidade perspicaz de retratar seus personagens de ópera com grande profundidade psicológica e credibilidade. Muitos deles foram atingidos pela perda dos pais durante a infância: Siegmund e Sieglinde, seu filho Siegfried e Parsifal. O exemplo mais rico de como um trauma de infância permanece congelado para, finalmente, acabar com a vida do indivíduo é o herói de *Tristão e Isolda*.

30   INTRODUÇÃO

O jovem Tristão é atraído rumo à destruição, arrastando consigo Isolda e seu próprio pai adotivo, o rei Marcos. Enquanto tenta entender a sua paixão por Isolda, ele se dá conta de que, por toda a sua vida, buscou em vão por seus pais biológicos. O pai morreu antes de ele nascer e a mãe morreu no parto. Durante a sua autoanálise, Tristão assinala um conceito, *das Urvergessen* ou esquecimento primário. Ele se refere a um estado emocional enigmático, caracterizado de *Ahnungen* ou intuição. Tristão percebe que nunca teve consigo a lembrança dos seus pais. A sua paixão por Isolda é um substituto da sua mãe perdida. Não é preciso dizer que essa projeção está fadada ao fracasso, pois um objeto não pode ser substituído por outro sem consequências desastrosas. Mais importante que isso, Tristão ignora um ponto que considero principal para o seu fracasso: uma imensa raiva escondida atrás das idealizações que tem de Isolda e Marke. Ele tem uma vaga *Ahnung* disso, mas não pode evitar a sua atuação por meio de um terrível suicídio em frente a uma Isolda devastada.

Este capítulo é uma introdução para a discussão a respeito da repressão primária no Capítulo 8. Tristão inspirou os meus pensamentos sobre como os bebês lidam com os eventos traumáticos. Minha hipótese é que eles são registrados, mas de formas tão primitivas de significado que o bebê, e posteriormente o adulto, pode ter apenas uma *Ahnung*, uma intuição ou pressentimento deles. Como Monica, no Capítulo 6, Tristão continua sendo afetado por um trauma da infância. Porém, em contraste com ela, ele não é ajudado no processo de preencher essas intuições com signos mais avançados, a saber, as palavras de continência e reconstrução do analista.

8. Conceitos clássicos revisitados I – repressão primária

Às vezes, ouço enfermeiras e pais dizerem: "A mãe vai superar as suas preocupações de bebê". Entretanto, vejo que há boas razões para não postergarmos uma consulta terapêutica frente a essa situação. Primeiro, um sofrimento desnecessário deve ser evitado. Segundo, como argumentei no Capítulo 2, as representações primárias do bebê ainda são flexíveis e passíveis de intervenção psicoterapêutica.

O Capítulo 8 compara dois casos. *Tom* iniciou o seu atendimento junto com sua mãe, *Nina*, quando tinha 8 meses de vida. Beate e a sua mãe, Nadya, apresentadas no Capítulo 5, estavam em apuros havia quase um ano e meio.

Freud (1915b) usou o conceito de *repressão primária* para justificar o que talvez aconteça com as nossas mais remotas memórias de infância, aquelas que não registramos no momento e das quais não podemos nos lembrar posteriormente. No entanto, elas desempenham um papel importante na formação do nosso caráter. Não poder lembrar-se de algo que nunca foi registrado – e que permanece central para o seu bem-estar – soa sem lógica! Por isso, não surpreende o fato de a repressão primária ter se tornado um conceito desacreditado, mas gostaria de reformulá-lo de forma a torná-lo um conceito clínico útil. Na minha leitura, ele dá conta das experiências emocionais que o bebê significou de forma atrofiada e não muito desenvolvida e que, logo em seguida, foram deixadas de lado durante o seu desenvolvimento semiótico. Assim, acredito que aquelas experiências que, posteriormente, se transformam na repressão primária foram registradas no momento em que ocorreram, embora de forma pouco acessível para o bebê. É precisamente por isso que essas *Ahnungen* podem influenciar a criança, como "as profundas águas debaixo da terra... que nunca viram a luz do dia, mas que, mesmo assim, refletem um brilho opaco de cuja origem nada sabemos", nas palavras do escritor francês Albert Camus (1994, p. 300).

Tom, um bebê de 8 meses de vida, oscilava entre agarrar sua mãe, Nina, e tentar se separar e encontrar um espaço para si além do corpo dela. O trabalho analítico os ajudou a cortar algumas cordas pegajosas que os amarravam juntos. As representações primárias de Tom continuavam suficientemente flexíveis para evoluírem quando interpretei a sua ambivalência entre o desejo e o medo de se separar de sua mãe. Opostamente, Beate tinha 16 meses quando iniciou um trabalho analítico. Alcançamos resultados importantes no seu primeiro ano de tratamento, mas parte de sua inquietação permaneceu intocada. Atribuí isso ao fato de que as representações primárias haviam começado a sucumbir à repressão primária durante o seu primeiro ano de vida, quando ela e sua mãe não estavam em psicoterapia. A minha hipótese é que se o trabalho psicoterápico tivesse iniciado mais cedo, talvez tivéssemos uma maior chance de alcançar essas representações primárias e, assim, permitir que Beate as dissolvesse.

9. Conceitos clássicos revisitados II – sexualidade infantil

A principal questão teórica deste livro é se a psicoterapia pais-bebê pode ser integrada à teoria freudiana clássica. Atualmente, médicos especializados em crianças se apoiam, principalmente, na teoria do apego, enquanto psicanalistas raramente aplicam a teoria clássica aos bebês em psicoterapia. Isso é paradoxal, uma vez que, como afirmei no Capítulo 1, a teoria freudiana se baseia em inferências sobre a mente do bebê. Por exemplo, o conceito de sexualidade infantil dificilmente é usado por médicos de crianças, enquanto psicanalistas o aplicam aos pacientes de qualquer idade – com exceção dos bebês! Entretanto, argumentarei que isso é vital para o entendimento dos transtornos emocionais dos bebês.

Cheguei a este tópico a partir de várias fontes. Uma vez, a pequena Frida (Capítulo 3), inesperadamente, sorriu para mim em meio aos seus gritos. Espontaneamente, exclamei: "Estou totalmente encantado". Retrospectivamente, dei-me conta de que "encantado", com sua conotação sexual, reflete a minha própria sexualidade infantil recalcada, que emergiu nesse encontro terapêutico. A segunda fonte foram os atendimentos mãe-bebê nos quais prossegui longamente em psicoterapia com as mães após o fim da participação da criança. Esses tratamentos expuseram as conexões entre as sexualidades adulta e infantil. A terceira fonte foram os vídeos de partos (Widström, Ransjö-Arvidsson, & Christensson, 2007) feitos pelo departamento de reprodução assistida do Instituto Karolinska, em Estocolmo, que capturam os primeiros momentos sensíveis ou, como defenderei, de contato sexual entre mãe e bebê. Integrei essas impressões às especulações feitas por Jean Laplanche (1989, 2002) a respeito de como as mensagens da mãe estão permeadas por comprimentos de onda que são inconscientes tanto para elas quanto para os bebês.

Quando a mãe não está tão desconfortável com os seus desejos inconscientes, as mensagens enigmáticas alimentarão a estima do bebê por seu próprio corpo e sua *joie de vivre*, isto é, por *sua própria* sexualidade infantil. Porém, quando a mãe está deprimida, a situação é diferente. Os naturais toques e gargalhadas, risadas e olhares amáveis são substituídos por um rosto franzido, um irritado tom de voz ou um jeito brusco ou passivo de segurar o bebê. Uma ambivalência não reconhecida pode, então, impedir o desenvolvimento do contato sexual infantil entre mãe e bebê. Essa é uma boa razão para não postergar uma consulta psicoterapêutica uma vez que a mãe procurou ajuda.

10. Conceitos clássicos revisitados III – transferência

Qualquer pessoa familiarizada com psicoterapia sabe que o paciente pode perceber o analista de diferentes formas, coloridas por suas emoções. Frequentemente, o analista parece imaturo, exagerado e irracional, pois o paciente transfere para esse profissional emoções que têm origem em épocas distantes da sua vida. Neste capítulo, questiono se o termo usado para definir esse fenômeno, *transferência*, pode ser usado no caso de bebês em psicoterapia. Argumentarei que um bebê angustiado, por vezes, pode evidenciar transferência em relação ao analista – desde que ele se enderece diretamente ao bebê. Somente tais técnicas permitem que o analista conclua que o bebê, por exemplo, o está evitando porque o vê como um objeto interno temido. Esse era o caso de *Jennifer*, um bebê de 18 meses de vida, e *David*, de 7 meses de vida. Eles evidenciaram o que chamo de transferência *direta*. Antes do trabalho psicoterapêutico, as emoções de ambos estavam disfarçadas sob diversos sintomas angustiantes. Durante as nossas sessões, a minha atenção permitiu que as suas emoções não integradas se conectassem comigo. Na mente do bebê, a formula é: 'Esta pessoa me faz entrar em contato com – ou é a portadora de – sentimentos que eu temo. Se eu evitá-la, não sentirei mais medo'.

Em contraste, a transferência *indireta* tem origem na transferência não reconhecida dos pais em relação ao analista. A criança intui que seus pais temem o analista e, assim, passam a temê-lo. A fórmula é: 'Meu pai se comporta de forma diferente em relação a este homem desconhecido. Eu não reconheço meu pai. Este homem deve ser perigoso e tenho medo dele'. O caso de *Vance*, de 9 meses de vida, em psicoterapia com seu pai, *Henry*, nos mostrará isso. O medo do bebê em relação a mim era, no início, resultado do medo inconsciente do pai em relação a mim. O medo do menino era, assim, indireto. Porém, a realidade clínica é sempre complicada. Quando o temor de Henry foi interpretado, o temor de Vance permaneceu, mas por meio de um mecanismo diferente. Os efeitos emocionais de uma separação prematura de sua mãe não foram reconhecidos por seus pais. Agora, essas experiências reprimidas primariamente

34   INTRODUÇÃO

vieram à tona e eu passei a representar esse trauma. Neste estágio, o medo do menino não era influenciado pelo estado mais relaxado do pai e ele, agora, estabelecia uma transferência negativa direta.

Eu *não* defendo que toda reação emocional do bebê em relação a um adulto representa uma transferência. Então, diferencio *transferências* de *fenômenos similares à transferência*. Transferências são os exemplos que acabei de dar. Só podemos encontrá-los na situação analítica, já que este é o único lugar em que o nosso instrumento investigatório é totalmente válido. Em contraste, fenômenos similares à transferência podem ocorrer em uma visita à enfermeira ou ao vizinho. Similarmente, quando a mãe de Andy afirmou que ele estava bravo com ela, estava descrevendo – correta ou incorretamente – um fenômeno similar à transferência.

11. Tratamento psicanalítico mãe-bebê – isso funciona?

Psicanalistas e pesquisadores que realizam ensaios clínicos sistemáticos nem sempre estiveram em clima de diálogo. Psicanalistas, geralmente, afirmam que esse processo é muito complicado e os seus resultados são complexos demais para que qualquer validação sistemática seja possível ou desejável. Pesquisadores alegam que os psicanalistas deveriam submeter seus trabalhos a uma avaliação, como em qualquer outra área. Os psicanalistas, então, dizem que avaliações quantitativas apenas alcançam a superfície do vasto e complexo campo de resultados do trabalho analítico. Os pesquisadores, em contrapartida, afirmam que elas são, ainda assim, a melhor opção se quisermos comparar objetivamente diferentes métodos. Os psicanalistas respondem que objetividade, tanto no processo psicoterapêutico como na sua validação, é uma ilusão.

Trabalhando como psicanalista por muitos anos, compartilhei das diversas objeções a avaliações sistemáticas quantitativas. Entretanto, comecei a mudar de ideia. Uma das razões foi a crescente demanda por provas por parte daqueles que nunca tiveram nenhuma experiência analítica. Penso que esse pedido "de fora" por avaliação é justo. Em segundo lugar, defensores de outras modalidades de psicoterapia baseiam suas afirmações em avaliação sistemática. Isso aumentou o meu apetite por comparações científicas de diferentes métodos. Terceiro, a experiência clínica me ensinou que não existe um método que sirva para todas as pessoas. Será possível investigar os resultados da psicanálise e descobrir para quais pessoas este método – ou algum outro – seria o melhor? Para mim, essa é realmente a questão importante, e não "Qual psicoterapia é melhor?".

Embarquei num ensaio clínico randomizado controlado (ECR) que comparou o MIP com o modelo usual, na Suécia, de ajuda a mães angustiadas e seus bebês: o centro de saúde infantil. O Capítulo 11 resume o estudo de forma acessível e compreensível. Também nos oferece algumas imagens clínicas de mães e bebês no ECR. Quero, especificamente, agradecer a Rolf Sandell e Andrzej Webart pelos valorosos pontos de vista neste capítulo.

Neste ponto, o livro chega ao final e espero ter atingido meus dois grandes objetivos: abrir uma janela para o mundo interno dos pais e dos bebês e inspirar psicoterapeutas a entrarem nesse campo. Vários capítulos partem de resultados já publicados. Tomei o cuidado de integrá-los às linhas gerais deste livro. Os Capítulos 1 e 2 foram escritos especificamente para este livro, enquanto o Capítulo 3 se baseia parcialmente em outro artigo (Salomonsson, 2011). O Capítulo 4 gira em torno de um artigo cujo longo título começa com as palavras de Billie Holiday: "Talk to me baby, tell me what's the matter now" (em português, "Fale comigo, bebê, diga-me qual é o problema agora") (Salomonsson, 2007b). O Capítulo 5 traz as questões apresentadas num artigo sobre a experiência de um bebê diante da depressão pós-parto (Salomonsson, 2012b). O caso de Monica, no Capítulo 6, foi apresentado em outros dois artigos (Salomonsson, 2007a; 2009). Os Capítulos 7, sobre Tristão, e 8, sobre repressão primária, foram escritos para este livro, enquanto o Capítulo 9, sobre sexualidade infantil, e o 10, sobre transferência, já foram publicados como artigos separados (Salomonsson, 2012a, 2012c). O Capítulo 11 baseia-se nos relatórios do ECR (Salomonsson & Sandell, 2011a, 2011b, 2012, Salomonsson & Sleed, 2010).

1. O que se passa na mente do bebê? – Nic, 1 mês de vida

Doce bebê, no teu rosto,
Suaves desejos eu posso traçar,
Contentamentos secretos e sorrisos secretos,
Pequenos e belos truques de bebês.

.....

Da tua bochecha e dos teus olhos,
Através da jovem colheita da noite,
Truques de bebês e sorrisos de bebês,
Pedaços de encantamento do Paraíso e da Terra.
Do poema "Uma música de ninar"
(Blake, 1994, p. 107. Publicado originalmente após 1789.)

No que os bebês estão pensando? Ou, se restringirmos o verbo "pensar" aos seres mais avançados que os bebês, teremos de reformular a nossa questão: o que se passa na mente dos bebês? Para os pais, essas questões parecem redundantes. Eles alegam que os seus bebês demonstram humor, alegria, raiva e outras emoções – sem esclarecer em que baseiam as suas opiniões. Sem hesitar, eles descrevem os seus filhos como pessoas que querem, desgostam, amam e têm intenções – embora nunca tenham tido nenhuma confirmação verbal disso. O poeta britânico William Blake também pensava que os bebês nutriam desejos, de "contentamentos secretos" a "truques de bebês", que formavam parte de seu caráter enigmático, angustiante e cativante.

O que se passa na mente do bebê? Ao contrário dos pais, os psicoterapeutas que trabalham com eles e seus bebês devem lidar com essa questão crucial e complexa. Certamente, se afirmamos que o nosso trabalho psicoterápico tem resultados pois *os pais* são afetados por nossas intervenções, a questão se torna supérflua. De acordo com essa afirmação, os pais serão afetados por nossas intervenções e mudarão o seu comportamento com o bebê, que, então, melhorará. Entretanto, hoje, a experiência de muitos clínicos (Baradon et al., 2005; Dolto, 1985; Lebovici & Stoléru, 2003; Norman, 2001; Salomonsson, 2007b; Thomson-Salo, 2007; Watillon, 1993) indica que os bebês não são afetados apenas pelas intervenções com os seus pais. Eles também pensam que os bebês podem ser atingidos *diretamente* num "diálogo" com o analista. Essas observações nos reaproximam da nossa questão inicial. Vamos fazer isso recordando o exemplo cotidiano da introdução: Andrew, de 1 mês de vida, e sua mãe na cozinha.

Eu chamei a atenção para dois enigmas: quando Andy começou a chorar, sua mãe o pegou, o amamentou e o confortou. No entanto, ele não se acalmou e continuou chorando e olhando para ela. Ela respondeu dizendo: "Vamos, Andy, você não está bravo com a boba da sua mãe por não lhe pegar de uma vez!?"

Por que Andy não se acalmou assim que a mãe o pegou no colo? Por que a mãe fala sobre ele estar bravo e ela ser boba? Em relação à primeira questão, devemos usar uma perspectiva biológica e defender que ele, simplesmente, não conseguiu restabelecer uma condição fisiológica estável. Esse argumento se aplicaria a um recém-nascido, pois ele é "anterior à organização de fantasias que levam a estruturas significativas" (Van Buren, 1993, p. 574). Para dizer a verdade, vários experimentos têm mostrado que os bebês com poucas horas de vida podem discriminar entre as características sensoriais de suas mães e as de outras mulheres (Beebe & Lachmann, 2002; Meltzoff & Moore, 1994; Reddy, 2008). Também sabemos que os bebês são capazes de imitar um adulto no que diz respeito à protrusão da língua e à abertura da boca (Meltzoff & Moore, 1997; Nagy & Molnar, 2004). Por outro lado, essas capacidades não significam que eles estejam *fantasiando* sobre os seus pais. Por enquanto, temos apenas a certeza de que o choro de um recém-nascido representa processos biológicos regulatórios. Se isso também reflete experiências que poderíamos rotular de "emocionais" permanece sem comprovação.

Andy, no entanto, já tem 1 mês de vida. Um mundo subjetivo parece estar nascendo dentro dele. Pelo menos a sua mãe pensa que seu choro é o resultado de uma mente primitiva, com direção e intencionalidade: ele *quer* chorar *para* ela porque é impulsionado por algo que está em sua mente. Como devemos rotular esse "algo"? A teoria psicanalítica sugere que a nossa mente funciona a partir de *representações psíquicas*. Esse termo abrange o que supomos que se passa na mente do sujeito; aquilo que ele está prestes a *sich vorstellen*. O verbo reflexivo alemão significa colocar algo "ante a si mesmo"; uma cisão da mente em que uma parte observa a outra. Quando penso em "café", imagino um líquido preto e levemente amargo que gosto de beber de manhã. Essa é a minha representação de café.

Reddy (2008), uma pesquisadora que estuda os bebês, questiona o conceito de representação psíquica para descrever o que se passa "dentro" deles. Tal termo sugeriria que podemos conhecer objetivamente a mente de um bebê a partir de uma "perspectiva de terceira pessoa", como ela chama. Em vez disso, as suas expressões emocionais carregam "um significado *interativo*" (p. 79). Quando um bebê está imitando a protrusão da língua de um adulto, isso não resulta de qualquer representação subjetiva, como 'Eu tenho vontade de sorrir e mostrar minha língua como aquele rapaz que está na minha frente'. Não, ele está envolvido em uma interação ou um jogo: 'Esse rapaz e eu estamos participando juntos de uma brincadeira engraçada de sorriso e protrusão de língua'. O jogo demonstra a intersubjetividade primária do bebê (Trevarthen, 2001), não alguma representação "dentro" de sua mente.

Concordo que, muitas vezes, interagimos com o bebê e, assim, damos forma à nossa imaginação sobre o que pode estar por trás do comportamento dele. Esse foi o método que a mãe de Andy utilizou para chegar às suas conclusões. Também concordo que os bebês são bem qualificados para a interação, pois observam os sinais emocionais das pessoas que estão ao seu redor. Ainda assim, defendo que podemos considerar as suas representações em separado. Temos, também, a tendência de supor representações em bebês que *não* estão interagindo conosco. Se o pai de Andy está no cômodo ao lado ouvindo o menino chorar e os dois não estão interagindo, ele pode, mesmo assim, supor que algo se passa dentro de Andy. Em segundo lugar, representação é uma construção teórica que é "*inferida* a partir do funcionamento observável da mente de um indivíduo" (Skelton, 2006, grifos meus). Ninguém jamais viu uma representação. No entanto, presumimos que as pessoas têm pensamentos, vontades, sentimentos e intuições – fenômenos que classificamos sob o termo representação: uma "reprodução mais ou menos consistente, dentro das nossas mentes, de uma percepção de uma coisa ou um objeto significativo " (Moore & Fine, 1990). Na teoria psicanalítica, geralmente, representação se refere a fenômenos mentais inconscientes. De acordo com a psicanálise francesa tradicional, representações constituem a nossa essência. Nas palavras de Lionel Bailly (2012), "nós somos o que pensamos e o que sentimos" (p. 6), e isso tudo é construído a partir de experiências que são representadas por significantes. Eles deslizam para dentro e para fora da consciência e são mantidos juntos em "um sistema de teorias" (idem).

Qualquer psicanalista poderia concordar até este ponto, mas, em seguida, objetar: "Concordamos que, sem o conceito de representações mentais, qualquer teoria psicológica desmoronaria. Mas o que faz com que vocês pensem que os *bebês* têm representações? E como vocês sabem que elas estão envolvidas no choro do pequeno Andy? Na minha prática diária, trabalho com representações que meus pacientes e eu verificamos ou refutamos no processo psicoterapêutico. Por exemplo, um homem pode relatar que sonhou com um bebê que chorava de forma inconsolável. Em virtude do histórico clínico, eu poderia interpretar isso como um reflexo da sua solidão, da sua raiva em relação a mim etc. A partir dessa resposta, então, seguiríamos com a análise. Mas eu não tenho o direito de dizer qualquer coisa sobre o choro de um bebê!".

A lógica do argumento do nosso colega é respeitável e nos desafia a investigar a noção de representações dos bebês. Agora, demonstrarei que a teoria freudiana sempre teve como algo inquestionável o fato de os bebês terem representações mentais. Freud não se incomodou com o fato de que tais representações não podiam ser verificáveis. Ele presumiu que elas continham paixões e ideias e eram direcionadas para outro ser humano. No começo, ele chamou essa pessoa de "ajuda externa" ou "a pessoa experiente". Mais tarde, ele passou a falar que a mãe e o seio eram os primeiros objetos das representações do bebê.

Em contraste, o pesquisador de bebês Daniel Stern foi mais restrito ao descrever as representações dos bebês. Descreverei a sua posição e a compararei com a minha, já que esta tem sido constituída ao longo de anos de trabalho psicanalítico com bebês e seus pais. Este capítulo conclui que precisamos de um conceito especial para conceituar as representações em bebês. Sem isso, a nossa compreensão a respeito do psiquismo do bebê torna-se reducionista e focada apenas em manifestações comportamentais. No Capítulo 2, elaborarei algumas ideias de dois psicanalistas franceses, Jean Laplanche (1989, 1999a) e Piera Aulagnier (2001). Laplanche se deteve na questão de como os bebês são afetados pelas "mensagens enigmáticas" da mãe. Aulagnier sugeriu o termo "processo primário" para os processos mentais dos bebês. Finalmente, vou sugerir o termo *representação primária* para responder nossa pergunta inicial: o que se passa na mente do bebê?

Nosso perspicaz colega citado acima argumentou que os bebês não têm representações. No entanto, ignorou o fato de que é impossível traçar uma linha divisória clara entre as vidas pré-representacional e representacional. Ele poderia retrucar que essa linha é traçada quando a criança aprende a falar e entender o idioma. Entretanto, um simples exemplo clínico indica que essa posição é insustentável. Pierre, um bebê de 10 meses de vida, tem insônia. Sua mãe me diz que se sente um pouco perdida após a família ter se mudado para a nossa cidade. Ele está sentado em silêncio no seu colo, mas, de repente, começa a chorar enquanto olha para mim. Sua mãe me diz que isso acontece com outras pessoas também. "Ele parece ter medo, mas eu não sei por quê". Eu poderia ignorar isso, já que é um comentário não verificável. Poderia dizer que não sei nada sobre o que se passa em sua mente ou se ele quer comunicar algo. Esse ponto de vista concordaria com uma perspectiva estritamente behaviorista, mas contradiria a intuição do dia a dia *e* os pressupostos básicos da teoria psicanalítica. As escassas referências à teoria freudiana entre os psicanalistas de crianças de hoje podem sugerir que a psicanálise clássica foi se desinteressando da psicologia infantil. Agora, vamos consultar os textos de Freud para investigar se isso é correto.

Freud sobre as representações dos bebês

Quando lemos o grande esforço de Freud para integrar psicologia e neurofisiologia em uma metapsicologia psicanalítica, *Project for a scientific psychology* (1895/1950), a linguagem confusa pode esconder o seu foco na vida psicológica do bebê. Freud descreve a experiência de satisfação, que é, obviamente, um evento psicológico, em termos neurofisiológicos: como uma descarga neuronal. Mas ele acrescenta que isso não pode acontecer a menos que haja uma "alteração no mundo externo (o fornecimento de alimento, a proximidade do objeto sexual)" (p. 318). Isso ocorre por meio de "ajuda externa" de "uma pessoa experiente", que é atraída para o estado do bebê "pela descarga ao longo da trajetória de mudança interna" (idem). Falando na linguagem cotidiana, Freud explica que o bebê continua chorando até que a mãe lhe escute e conforte. Outro exemplo de sua luta para descrever os eventos psicológicos em termos neurofisiológicos é a sua sugestão de que ocorre uma catexia de "neurônios que correspondem à percepção de um objeto" (idem). Hoje, raramente dizemos que o objeto mãe é catexizado, mas que ela é um objeto continente (Bion, 1962a) ou uma figura de apego (Bowlby, 1969) – dependendo da terminologia que preferimos.

Embora Freud ainda não fale de representações dos bebês, tal noção é fácil de identificar já no *Project*. Por exemplo, ele sugere que, quando comunica seus anseios e angústias para "a pessoa prestativa" (p. 318), o bebê vai perceber este objeto como hostil. Freud descreve um bebê angustiado e gritando com representações negativas do objeto. Temos a impressão de que Freud é kleiniano, mesmo antes de Klein! Em *The interpretation of dreams* (1900), ele se concentra em outra entidade correspondente ao termo representação: o desejo. Quando surge uma necessidade no bebê, um impulso psicológico vai "recatexizar a imagem mnêmica da percepção e reevocar a própria percepção, isto é, restabelecer a situação da satisfação original. Um impulso desse tipo é o que chamamos de *desejo*" (pp. 565-566, grifos meus). Evidentemente, recatexizar uma memória de um evento gratificante implica reevocar uma *representação* carregada de afeto.

O interesse de Freud nos bebês também é evidente em suas obras sobre os sintomas histéricos, que ele considera uma "reativação de uma impressão infantil" (1909b, p. 230). Ele descreve a psicoterapia psicanalítica como sendo um método pelo qual o psicoterapeuta fornece "traduções de um método estranho de expressão para um que nos é familiar" (Freud, 1913, p. 175). Assim, ele oferece interpretações de pacientes que falavam sobre o que os sintomas histéricos poderiam significar. Ele também pensava que as representações estavam envolvidas nos sintomas? Já fizemos alusão a uma resposta positiva para essa pergunta, mas adiaremos uma conclusão definitiva.

Em alguns trabalhos, Freud oscila entre descrever os bebês em termos biológicos e psicológicos. Em uma passagem sobre a sexualidade infantil (1905b), permanece obscuro se as representações estão envolvidas quando um "bebê [está] deitado de forma relaxada, saciado pelo peito e caindo no sono com as bochechas coradas e um sorriso de felicidade" (p. 182). Em outra passagem, isso fica mais claro: a angústia em bebês, originalmente, expressa "que eles estão sentindo a perda da pessoa que amam. É por essa razão que eles demonstram medo diante do estranho" (p. 224). Evidentemente, um bebê que ama e teme as pessoas deve ter formado representações delas. No entanto, nessa passagem, Freud só fala de crianças com idade suficiente para distinguir os pais de estranhos. Portanto, devemos retomar os seus escritos sobre "crianças de colo" (Freud, 1925-1926, p. 138). Suas angústias são condicionadas pela separação da mãe. Elas não precisam ser explicadas em linhas psicológicas, mas "podem ser justificadas simples e suficientemente pela biologia" (idem). Aqui, Freud nega que o recém-nascido tenha representações. Mas ele é inconsistente: rotula tal ansiedade como um "fenômeno automático", um "sinal de resgate", bem como um "produto do desamparo *mental* da criança" (p. 138, grifos meus). Obviamente, ele presume que os processos mentais, ou seja, as representações, estão presentes mesmo no bebê muito pequeno. Em outras palavras, o termo *hilflosigkeit* ou desamparo se refere tanto à condição biológica quanto psicológica do bebê. Momentos repetidos de contrariedade a esse desamparo, ou seja, aqueles momentos em que o bebê experimentou satisfação, criaram o objeto materno. "Esse objeto, sempre que o bebê sente uma necessidade, recebe uma intensa catexia que pode ser descrita como um 'anseio'" (p. 170). Para concluir, o termo "catexia de anseio" implica que o bebê tenha formado uma representação da mãe.

No texto *The unconscious*, Freud (1915c) continua lutando com o conceito de *Vorstellung* enquanto procura entender a diferença entre as experiências conscientes e inconscientes. Ele afirma que um instinto só pode ser representado por uma ideia (*Vorstellung*). Então, ele altera isso e sugere que o instinto pode ser anexado a uma ideia *ou* aparecer como um "estado afetivo" (p. 177). Aqui, Freud difere, mais claramente que nunca, entre duas *Vorstellungen*:

representação-coisa e representação-palavra. Cada representação se origina como uma representação-coisa inconsciente. Mais tarde, uma representação-palavra é adicionada e, agora, pode se tornar consciente ou, alternativamente, permanecer reprimida. Por tentativa, poderíamos concluir que, se representações-coisa inconscientes são "as primeiras e verdadeiras catexias de objeto" (p. 201), elas seriam as únicas existentes na mente do bebê. No entanto, essa conclusão nos cria um problema. Como Maze e Henry (1996) observaram, um bebê tem muitas representações conscientes que ainda não estão ligadas a palavras: a voz da mãe, o latido de um cachorro, o cheiro do leite ou a imagem angustiada que Pierre tem de mim. Tais representações, portanto, estão fora da divisão bipartidária de Freud.

Freud talvez não tenha se atentado a essa inconsistência, mas percebeu outra complicação: a diferenciação entre a representação-coisa e a representação-palavra está longe de ser clara. Representações-palavra também contêm percepções sensoriais, como quando um bebê está ouvindo o "som-imagem" (1915c, p. 210) da palavra falada. Cada palavra tem uma qualidade de "coisa" para ela mesma. Se a linha divisória entre as vidas pré-representacional e representacional é indistinta e não coincide com a aquisição da linguagem pela criança, Freud nos ajuda a entender por que uma palavra é construída a partir de "elementos auditivos, visuais e cinestésicos" (idem). É uma representação complexa cujos significados também residem na forma como ela soa, "parece" e é sentida. O nosso Andy é suscetível a esses elementos. Quando a sua mãe diz: "Vamos, você está bravo com a boba da sua mãe", isso pode ter muitos significados para ele: 'Bom som, bom sorriso, ela olha para mim, boa respiração' ou quaisquer palavras com as quais devemos nos contentar para descrever as suas representações.

Em suma, de acordo com a visão mais eminente de Freud, o bebê constrói representações. Elas são carregadas de afetos e conectadas com experiências de eventos corporais internos e/ou com um objeto externo. Melanie Klein tem sido frequentemente acusada de – ou elogiada por – ser a primeira analista a descrever as representações dos bebês. Nossa pesquisa indica que isso é historicamente incorreto. A noção de Freud de representações dos bebês não era um capricho trivial ou uma especulação confusa, mas um marco teórico. Muitos de seus conceitos foram construídos a partir de observações e hipóteses sobre as crianças: a psicologia do sonho (1900), a formação do inconsciente (1915c), o princípio do prazer (1920), a repressão primária e a repressão propriamente dita (1915b), os processos primários e secundários (1911) e a sexualidade (1905b). Devemos também lembrar que, como Freud observou, o impacto psicológico da infância continua ao longo da vida: nossa mente adulta é "baseada nos traços de memória de nossas impressões [...] as impressões que tiveram o maior efeito sobre nós – aquelas de nossa mais tenra juventude – são precisamente as que quase nunca se tornam conscientes" (1900, p. 539). Em outras palavras, existe um bebê dentro de cada um de nós.

Pesquisas sobre bebês versus *experiências psicanalíticas*

A teoria psicanalítica acredita que os bebês têm representações. Isso nos desafia com uma nova tarefa, ou seja, explicar seu conteúdo. Pierre realmente sente medo quando está olhando para mim? Se sim, como ele visualiza o médico que está na sua frente e que lhe dá alguns sorrisos amistosos intercalados com um ou dois breves comentários? Da mesma forma, o que se passa na mente de Andy quando ele é pego no colo por sua mãe, mas continua emburrado e olhando irritado para ela? Ele está dominado por representações "ruins" ou está simplesmente de mau humor, o que não tem nada a ver com qualquer imagem interna de sua mãe? Será que ele está prestes a pegar um resfriado, o que o deixa irritado e mal-humorado? A última sugestão é simples, mas foge da nossa principal tarefa: quaisquer que sejam as razões por trás do choro de Andy, devemos tentar descrever o que está acontecendo dentro de sua mente.

Vamos começar perguntando para a mãe de Andy. Ela poderia sugerir: "Andy estava bravo porque não o peguei no colo imediatamente. Agora, ele percebe que o estou confortando, mas ainda está bravo comigo". Em termos mais abstratos, ela considera que há uma divisão entre a "realidade psíquica subjetiva" (Stern, 1988, p. 506) (refletida pelo seu choro persistente) e a "realidade interpessoal" (o fato de ter conseguido o seio) dele. Talvez, Andy também tenha um problema *dentro* de sua realidade subjetiva; ele não pode lidar com duas ideias opostas ao mesmo tempo ('Mamãe é boa' e 'Mamãe é boba').

Antes de investigarmos esses fenômenos mentais do início da vida, vamos recapitular o aviso de Fonagy (1996): observações do comportamento dos bebês confirmam que as especulações psicanalíticas, por vezes, presumiram capacidades neles que estão "fora do quadro de desenvolvimento" (p. 406). De acordo com essa crítica, os psicanalistas são, por assim dizer, hipercriativos. Eles imaginam processos mentais que os bebês são, simplesmente, incapazes de ter. A relevância da observação e da pesquisa de bebês para a psicanálise tem sido debatida por Daniel Stern, André Green e outros (Sandler, Sandler, & Davies, 2000). Stern afirma que a pesquisa de bebês é essencial para nos informar sobre o seu comportamento *e* o seu mundo interno. Em contraste, Green insiste que apenas os achados no *setting* analítico podem nos levar a conclusões válidas sobre o mundo interno, ou seja, o domínio subjetivo e inconsciente, que é o foco da investigação psicanalítica.

Argumentarei a favor de uma terceira hipótese: diálogos com a mãe e o bebê em *psicoterapia psicanalítica* podem produzir uma base para as nossas suposições sobre as representações dos bebês. O método de investigação é semelhante ao que usamos com pacientes mais velhos: observamos comportamentos, ouvimos comentários e usamos a nossa contratransferência para compreender o funcionamento da mente dos participantes. Em contraste, o pesquisador de bebês não entra em diálogo com o seu jovem sujeito. Assim, as suas conclusões são baseadas apenas em observações comportamentais e diálogos com a mãe. Dito isso, também sugiro que a pesquisa com bebês pode complementar os resultados alcançados no *setting* psicanalítico: ela nos ajuda a entender o momento de acessibilidade psicoterapêutica em crianças, como discutirei no Capítulo 2. Ela também pode inspirar a compreensão psicanalítica de forma semelhante a outras influências: poesia, literatura analítica, neurociência, nossas experiências de vida etc. Por exemplo, o experimento do rosto imóvel (Tronick, Als, Adamson, Wise, & Brazelton, 1978) demonstra com grande evidência a reação de um bebê frente a uma mãe com um rosto sem vida e não responsivo. Para o analista, isso pode funcionar como uma metáfora da depressão pós-parto e de suas consequências. Usado dessa forma, poderá aprofundar a sua compreensão do trauma infantil de um paciente adulto. Também poderá chamar a sua atenção para o forte impacto da comunicação não verbal que ocorre na sessão. Outro exemplo é a observação de bebês usada na formação analítica. Muitos estudantes têm notado "a intensidade do impacto da experiência, seus efeitos duradouros e sua central contribuição tanto para a compreensão psicodinâmica de encontros íntimos com outras mentes e relações quanto para a influência de tais encontros na compreensão de si mesmos" (Waddell, 2006).

Minha hipótese é, portanto, que apenas a pesquisa com bebês ou apenas observações e reconstruções em análise com adultos não fornecerão um quadro completo dos fenômenos mentais dos bebês. Também devemos levar em conta o bebê em psicoterapia pais-bebê com orientação psicanalítica. Essa ideia surgiu a partir de um caso clínico que representa uma versão ampliada do caso de Andy. Quando conheci Nic, um menino de duas semanas de vida, e sua mãe (Salomonsson, 2007a), ela me disse que tinha uma ferida em um dos seus mamilos. Começamos o tratamento de acordo com o método psicanalítico mãe-bebê sugerido por Norman (2001, 2004). Notei que, embora a ferida houvesse cicatrizado, Nic continuava inquieto e trêmulo. Algo além da reação da mãe à dor deveria, agora, orientar seu comportamento aversivo. Como observei duas atmosferas emocionais distintas enquanto ele era amamentado, uma calma e uma agitada, presumi que ele abrigava duas representações contrastantes relacionadas com a amamentação. Alternadamente, uma representação presente era ofuscada por uma memória específica que agiu como "um guia mais potente para interpretar a 'realidade interpessoal' encontrada no momento" (Stern, 1988, p. 511). A questão era se as suas lembranças apenas diziam respeito ao mamilo machucado ou se ele também tinha percebido atitudes contraditórias *da mãe* em relação à amamentação e à maternidade. Se assim fosse, isso poderia ter dado passagem para um confronto de representações com o qual ele não podia lidar.

Encontros terapêuticos com Nic e outros bebês me levaram à hipótese de que (1) em distúrbios na relação pais-bebê, é preciso considerar os processos mentais dos pais *e* do bebê e (2) precisamos de um conceito psicológico para o que se passa na mente do bebê, independentemente do quanto tais processos mentais sejam primitivos. Vamos, agora, abordar essas ideias por meio do caso de Nic e sua mãe Theresa, ou Tessie, como era chamada.

Nic e sua mãe, Tessie – um caso de problemas com a amamentação

Primeiro, vou descrever a técnica que uso geralmente nesses casos: o tratamento psicanalítico mãe-bebê (MIP) (Norman, 2001; Salomonsson, 2007a, 2007b, 2009, 2011). Por favor, tenha paciência comigo se a descrição parece breve, voltarei a ela ao longo de todo o livro. No MIP, as sessões acontecem com os bebês e com as mães. O número e a frequência das sessões são flexíveis, desde algumas sessões semanais até um ano de trabalho analítico quatro vezes por semana. A razão para essa elasticidade é que o sofrimento e a patologia da mãe e do bebê, bem como a motivação da mãe e as possibilidades de continuar em psicoterapia, podem variar consideravelmente. Qualquer que seja a duração e a frequência que decidirmos, o *setting* nos permite manter uma atitude psicanalítica. Eu foco nas manifestações inconscientes da mãe e da criança e considero a transferência e a contratransferência como as arenas centrais em que elas emergem. O método enfatiza a contenção (Bion, 1962a) do bebê e presume que um bebê com problemas estará propenso a procurar tal contenção quando experimentar a minha atenção. Consequentemente, tento estabelecer uma relação com o bebê para me tornar esse continente. Consigo isso recebendo e processando na contratransferência a angústia que a criança evoca em mim – e, depois, comunicando-a de forma que ela possa assimilar.

É desnecessário dizer que o bebê não entende o conteúdo lexical das interpretações. A ideia é, em vez disso, utilizar a sua capacidade de processar os comprimentos de onda emocionais das palavras, ou os seus elementos auditivos, visuais e cinestésicos, como Freud chamou. Conforme o bebê é capturado por eles, talvez os afetos angustiantes por trás dos sintomas funcionais possam ser liberados. A mãe é emocionalmente afetada por esse intercâmbio e vai entender melhor como os afetos e os sintomas do seu bebê estão conectados. Isso, mais a contenção de sua angústia pelo analista, pode vitalizar os cuidados maternos e a relação mãe-bebê.

Meu contato com Tessie e Nic, de duas semanas de vida, foi intermediado por uma enfermeira do centro de saúde infantil. Na nossa primeira consulta, Tessie me disse que "quase se arrependia" de ter se tornado mãe. Ela estava assustada com fantasias de que Nic poderia ser morto em um acidente. Sua irritação e sua frustração foram misturadas com sentimentos ternos e amorosos. Notei que, durante a amamentação, ele estava empurrando e jogando a cabeça para trás como se evitasse o mamilo. Por outro lado, ele o sugava por inteiro em vez de ritmicamente, para nutrição.

Em virtude do pânico da mãe e da angústia do menino, sugeri a Tessie que nos víssemos quatro vezes por semana. Ela concordou o e tratamento foi iniciado imediatamente. Logo, descobrimos o padrão diferencial de Nic em relação à amamentação: ele aceitava bem o seio esquerdo, mas evitava ou empurrava o outro. Dado que a ferida tinha sido curada completamente, o padrão de amamentação tinha de estar fundado nas primeiras interações, que foram prejudicadas por conta do mamilo ferido. Além disso, logo me dei conta da ambivalência de Tessie em relação à maternidade e ao casamento. Ela era uma mãe dedicada e amorosa, mas também com ciúmes e raiva de seu bebê.

Além disso, fiquei com a impressão de que Nic havia internalizado as atitudes contrastantes de sua mãe. Portanto, voltei meu instrumento analítico não só para os "fantasmas no quarto do bebê" (Fraiberg, Adelson, & Shapiro, 1975) de Tessie ou suas projeções em direção a Nic (Cramer & Palacio Espasa, 1993), mas também para os fantasmas que *ele* parecia abrigar. Eu abordei a sua ambivalência em relação à maternidade e à sua própria mãe. Também pude formular uma imagem do mundo interno de Nic sentindo como as suas comunicações ressoavam (Norman, 1994; Salomonsson, 1998) em partes infantis de minha própria personalidade. Portanto, utilizei aspectos concordantes (Racker, 1968) da minha contratransferência para entender o seu mundo. Técnicas semelhantes foram sugeridas por diversos autores (Baradon et al., 2005; Lebovici Stoléru, 2003; Pozzi-Monzo & Tydeman, 2007; Thomson--Salo, 2007; Watillon, 1993). Por exemplo, Thomson-Salo (2007) argumenta que "estabelecer uma relação com as crianças ficando no mesmo nível que elas, geralmente, parece acarretar uma mudança em seus pensamentos, sentimentos e comportamentos, e nos pais também" (p. 965). A técnica MIP insiste mais no desenvolvimento de uma relação analítica específica com o bebê. No Capítulo 10, vamos discutir se isso vai fazer o bebê desenvolver uma transferência com o analista. Qualquer que seja a conclusão a que chegaremos, até o momento, percebemos que uma das principais ideias do MIP é ajudar o bebê a dirigir os seus afetos não modulados *vis-à-vis* com o analista.

Nic – uma vinheta da quarta sessão

Cinco dias se passaram desde o nosso último encontro. A mãe entra com Nic, que agora está com três semanas e meia de vida. Ela parece mais relaxada que na sessão anterior.

Analista para Nic: Você está olhando para mim, Nic. Você não fez isso antes.

Mãe: Não...

Analista para Nic: Eu vejo alguém me encarando!

Mãe: Sim, Nic, o que foi isso? Você reconhece Björn, ainda que vagamente?

A para Nic: Talvez você reconheça a minha voz. Mas no seu mundo, se passou um longo tempo desde o nosso último encontro.

Mãe: Sim…

A: Centenas de minutos atrás... Você parece cansado, Nic... Seu olhar está se movendo em direção ao teto. Talvez você esteja prestes a dormir.

M: Ele caiu no sono assim que saímos de casa... Pensei muito nesse fim de semana sobre o que falamos da última vez que estivemos aqui. Foi pesado. Ontem e hoje, as coisas ficaram melhores. Uma das grandes mudanças desde o nascimento de Nic é que me sinto tão limitada, até para ir ao banheiro! Eu não posso suportar a ideia de que preciso estar lá, o tempo TODO, para ele. Eu quero ir ao banheiro quando eu preciso!

Neste momento, Nic geme e espreguiça.

Mãe para Nic: Sim ...?

Analista para Nic: Você está gemendo e espreguiçando. Você parece irritado, talvez você se sinta limitado como a mamãe.

Mãe muda Nic para uma posição mais confortável em sua cadeirinha, mas ele não está satisfeito.

Mãe: Isso não parece confortável, Nic.

A para Nic: Há algo nisso que o desagrada. Agora, você está virando a cabeça para o lado contrário da sua mãe.

Mãe: Sim...

A para Nic: Você olha para outro lugar, para algum lugar lá fora.

As representações de Nic

Presumi que o gemido, o espreguiçar e a recusa do olhar de Nic estavam relacionados com o descontentamento da mãe. Portanto, supus que ele carregava representações a respeito de uma interação angustiada. Também pensei que, quando ele mamava calmamente no seio esquerdo, suas representações estavam em ressonância com as atitudes maternais positivas dela. Em contraste, os movimentos de sua mão direita e suas caretas pareciam ser resultado das representações que refletiam o sentimento negativo da mãe em relação à maternidade. Um exemplo da ambivalência dela ocorreu quando Nic sugou o dedo em vez de sugar o mamilo. Em um tom de preocupação, ironia e irritação, ela exclamou: "Não, querido, não há comida em seu dedo!". Na contratransferência, me senti desconfortável, preocupado e confuso, uma vez que sua mensagem parecia, ao mesmo tempo, útil, desencorajadora e rejeitadora.

A contínua inquietação de Nic, no entanto, não podia ser explicada apenas pela ironia de sua mãe. Cheguei a essa conclusão quando observei que ele também resmungava quando ela estava relaxada e era afetuosa. Assim, traços de memória de experiências emocionais contrastantes tinham começado a se organizar. Eu comecei a falar sobre elas me dirigindo a Nic: "Você tem muitos sentimentos, Nic. A fome dói dentro de você. Você sente o leite maravilhoso da sua mãe. Você também se lembra de quando não gostava do seio dela, porque ela disse "'Ai'" quando ele estava machucado. Seus sentimentos entram em conflito. Você não quer o seio e joga a cabeça para trás. Então, você fica com fome e quer o seio de qualquer maneira. E a mamãe fica estressada". Isso é um exemplo de como contenho um bebê angustiado. Outro exemplo é encontrado no trecho anterior, quando eu disse a Nic que ele estava se espreguiçando, parecendo irritado e sentindo-se limitado.

Bailly (2012) sugere que cada indivíduo tem um sistema de teorias desenvolvido a partir das experiências ao longo da vida. Tais experiências são capazes de produzir traumas quando não se consegue traduzi-las em símbolos. Um evento terrível pode resultar tanto em um "buraco na cadeia de significantes" (p. 7) como em um desajuste em relação ao sistema de teorias do indivíduo. Em seguida, "pedaços de informação incompatíveis" (idem) surgirão na psique ao mesmo tempo. Esse foi o dilema de Nic. O comentário da mãe "Não há comida no seu dedo" lhe forneceu informações incompatíveis: uma mistura entre um fato concreto (leite não emerge de um dedo), uma faceta da atitude emocional da mãe ("Eu te amo e quero ajudá-lo a sugar o meu mamilo") e ainda outra faceta ("Você é tão cansativo quando está reclamando"). Nic não poderia construir um sistema coerente de teorias diante de tal confusão. A minha fala, "Seus sentimentos entram em conflito", visa clarear essa "ruptura do processo de transcrição" (p. 7).

Usando outra terminologia, eu contive a criança prestando atenção à interação mãe-bebê, refletindo sobre seus possíveis significados e *nomeando* as angústias presentes nela. As minhas palavras para Nic visavam transmitir que havia alguém do outro lado do muro tentando entender a confusão dele e de sua mãe. Acredito que isso tenha sido responsável pelo progresso de Nic; a amamentação foi normalizada completamente depois de algumas semanas e ele terminou sua participação no processo terapêutico depois de dois meses. Tessie queria continuar em psicoterapia individual, pois, como ela mesma disse, "Eu não sinto que sou uma boa mãe". Esse trabalho durou três anos e girou em torno de suas tendências anoréxicas, sua insatisfação conjugal e seu mundo de fantasia masoquista. Uma relação ambivalente com a sua própria mãe também foi analisada. Sua psicoterapia me permitiu acompanhar o desenvolvimento de Nic por meio de seus relatos. Também o encontrei novamente uma ou duas vezes. Ele permaneceu uma pessoa feliz e sociável, e Tessie me enviou uma carta positiva quando ele tinha 4 anos de idade. Assim, foram anos de psicoterapia para ajudá-la em sua ambivalência em relação à maternidade e à feminilidade, mas apenas algumas semanas para ajudar Nic a dissolver as suas representações ambivalentes a respeito do seio.

Um comentário crítico

Aqui, um ponto crítico apresenta-se de imediato: "As intervenções do analista não atingem o bebê. Elas têm um efeito na mãe, cujas angústias diminuem. Quando ela se acalma, Nic se acalma também". Esse argumento e a minha resposta são ilustrados na Figura 1.

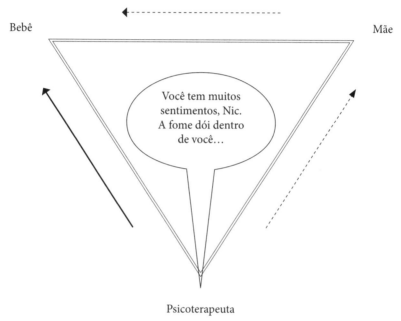

Figura 1 *Uma visão esquemática da interação entre psicoterapeuta, bebê e mãe.*

A visão do nosso crítico colega é ilustrada por meio das duas linhas pontilhadas que partem do terapeuta para a mãe e, daí, para o bebê. Ele considera que as minhas palavras "Você tem muitos sentimentos, Nic" tocam, na realidade, a mãe. Elas alteram o equilíbrio emocional dela, que se torna capaz de confortar Nic. Compartilho dessa visão, mas, para mim, ela só fornece metade da explicação. A outra metade é que o bebê também é afetado diretamente pelas minhas intervenções. Esse argumento é representado pela linha grossa que parte do terapeuta para o bebê. Como isso é possível? Percebo a dificuldade em dar uma resposta plausível – mas esta dificuldade desafia igualmente o nosso colega crítico. Ele poderia argumentar que a intervenção ajudou a mãe a mudar o seu tom de voz, o seu jeito de segurar o bebê, a sua tensão muscular etc. Embora isso soe bastante razoável, não é possível explicar completamente o mecanismo psicoterapêutico. Nosso colega teria o desafio de explicar como o bebê é capaz de captar a nova maneira da mãe de confortá-lo.

Assim, se o nosso colega afirma que a mãe é afetada pelas intervenções analíticas e o bebê sentirá os seus efeitos secundariamente – ou eu afirmo que ele *também* pode ser afetado diretamente por minhas intervenções –, nós enfrentamos o mesmo desafio: explicar como o bebê é afetado pela interação humana. Não vejo nenhuma diferença entre eu dizer a Nic "Você tem muitos sentimentos" e Tessie dizer a ele "Vamos, Nic, o que há com você hoje?". Essas são comunicações que estão no mesmo nível e afetam o menino. Para ser honesto, Nic não foi afetado pelo conteúdo lexical das minhas intervenções, mas por outros níveis de comunicação, como o meu tom de voz, as minhas expressões faciais, os meus gestos de mão espontâneos etc. Penso que essa comunicação foi capaz de transmitir representações que eram menos angustiantes e mais continentes. Isso fez com que elas diferissem das que ele guardava – e/ou das que a mãe lhe comunicava.

Neste ponto, nosso colega pode estar convencido de que ambos lidamos com a mesma questão, ou seja, como o bebê é afetado pela alteração do estado mental da mãe e/ou pelas intervenções do psicoterapeuta. Porém, ele pode ter outro argumento: "Tudo bem, não podemos responder por quem o bebê é afetado, mas, qualquer que seja a resposta correta, é apenas o seu comportamento que é afetado, não o seu mundo interno." Como resposta a isso, eu diria que, se queremos compreender a influência das nossas intervenções a partir de um ponto de vista psicanalítico, devemos especular sobre como elas afetam as representações do bebê. Assim, é hora de voltar a esse conceito.

Representações na teoria de Stern

Abordarei as representações infantis a partir de uma perspectiva teórica, começando com um dos pesquisadores mais citados neste campo, Daniel Stern. Em *The interpersonal world of the infant* (1985), ele fala das primeiras representações da criança como "formas, intensidades e padrões temporais", isto é, "qualidades globais da experiência" (p. 51). Ele descreve o bebê com uma "vida subjetiva muito ativa, cheia de paixões e confusões que se transformam" (p. 44). O bebê vive em "um estado de indiferenciação", enquanto luta com "eventos sociais obscuros que, possivelmente, são vistos como desconectados e não integrados" (idem). Essas experiências são acompanhadas de *afetos de vitalidade*. Na verdade, a própria subjetividade é constituída por meio destes. Os seus "movimento, dinâmica e evolução temporal... imprimem significado à experiência de um sentimento, uma sucessão de memórias, ou qualquer processo mental" (Koppe, Harder, & Væver, 2008, p. 169). Seu significado é *forma*, por exemplo, "surgindo, esmorecendo, desaparecendo" etc. (Stern, 1985, p. 54). É possível que eles correspondam à noção de Freud de "descarga motora", um fenômeno que está sempre incluído em uma experiência afetiva (1915c, p. 179). No entanto, Freud imaginou que algum tipo de pensamento foi incorporado num afeto. Em contraste, esses afetos de vitalidade "não refletem o conteúdo categorial de uma experiência" (Sandler et al., 2000, p. 86).

Como o autodesenvolvimento da criança continua, ela se torna capaz de calcular e representar pré-verbalmente eventos e experiências interativos importantes e recorrentes. Ela criará "representações de interações que foram generalizadas (RIG)" (p. 97). A fim de me concentrar em como os meus próprios pontos de vista e os de Stern diferem, vou deixar essas RIG de lado uma vez que elas aparecem numa idade mais avançada que a de Nic. Os "afetos de vitalidade" de Stern diferem das representações que considerei que dirigiam os grunhidos e as lamentações de Nic. Quando eu disse: "Há algo de que você não gosta. Você está virando a cabeça para o lado oposto ao que sua mãe está", imaginei que o seu comportamento refletia algum conteúdo ideacional, ainda que primitivo. Para expor outra divergência, Stern diz que um bebê não experimenta o mundo primariamente em termos de prazer/desprazer nem faz representações de uma mãe "boa" e "ruim". Para ele, tais noções refletem uma tendência de "adultomorfizar" ideias sobre a mente da criança, ou seja, imputar processos à sua mente que, de fato, são originárias do nosso mundo de fantasia adulto (Peterfreund, 1978). Essa crítica é semelhante à de Fonagy (1996), citado anteriormente, a saber, que os analistas tendem a presumir capacidades que se encontram fora do quadro de desenvolvimento do bebê.

Apesar de respeitar a lógica por trás dessas objeções, tive muitas experiências psicoterapêuticas que indicaram que prazer e desprazer são categorias essenciais nas representações de um bebê. Evidentemente, sei tão pouco quanto qualquer outra pessoa sobre o que o bebê "realmente" pensa. Concordo também que termos como "a mãe má" ou "o self mau" são simplistas. No entanto, eles apelam para a nossa intuição e se mostram produtivos para os nossos esforços psicoterapêuticos. Para abordar essas questões, temos de esperar até o Capítulo 2 e sua seção sobre a teoria semiótica. Nela, discutirei se temos quaisquer métodos válidos que possam confirmar – ou refutar – tais noções.

Stern retorna às representações de bebês, ou "esquemas-de-estar-com", em *The motherhood constellation* (1995). Eles são construídos a partir de experiências interativas, ao passo que "fantasias e elaborações imaginárias" são adicionadas posteriormente (p. 81). A sua dimensão afetiva é descrita como "formas de sentimento" ou "envelopes protonarrativos", não como possuidora de qualquer conteúdo. Consequentemente, o bebê não tem fantasias a respeito da realização de desejos e não precisa repelir o conteúdo desagradável "por razões defensivas" (1985, p. 11). Em contraste, argumento que a angústia de Nic espelha *representações com conteúdo afetivo de oposição* que ele deve evitar. Portanto, sustento que, se os afetos de vitalidade não são emoções, estados motivacionais ou percepções puras e se eles "não pertencem a nenhum conteúdo particular" (2010, p. 8), então, esse conceito corre o risco de se fixar "sobre as congruências da forma pura" (Koppe et al., 2008, p. 175) e ignorar o conteúdo do afeto e o objeto humano que este pode englobar.

Minha crítica aos conceitos de representação e afeto de vitalidade de Stern é diferente da de André Green (J. Sandler et al., 2000, p. 86). Para ele, a observação de bebês "não pode nos dizer nada sobre os processos intrapsíquicos que realmente caracterizam a experiência do sujeito" (p. 60). Nossa pesquisa a respeito da teoria psicanalítica clássica prova até que ponto isso é baseado em especulações que emergiram das observações de bebês feitas por Freud – embora não sistemáticas. Minha crítica, por outro lado, é voltada para Green *e* Stern, uma vez que eles não fazem uso das experiências provenientes das psicoterapias pais-bebê. Estes cenários evocam múltiplos dados e os tornam interpretáveis. Não afirmo que minhas interpretações sejam objetivas. Em vez disso, elas são baseadas em minha atenção flutuante às comunicações dos pacientes e às minhas reações subjetivas. Similarmente a qualquer outra interpretação, elas refletem minhas suposições sobre o que o bebê e a mãe estão comunicando sobre seus mundos internos; em suma, como eu procuro entender o que se passa nas mentes de Tessie e Nic. Assim, me sinto no direito de supor um conteúdo afetivo por trás do comportamento da criança em psicoterapia. Apenas o curso clínico pode validar ou refutar tais suposições. Qualquer um poderia, naturalmente, alegar que um bebê não pode confirmar uma intervenção. Portanto, minhas suposições sobre o significado oculto em um comportamento devem ser incertas. No entanto, isso também se aplica ao trabalho com adultos. Um psicoterapeuta que ouve apenas o conteúdo literal das palavras de um paciente vai se perder, a não ser que ele também leve em conta os modos de falar, a posição corporal, o comportamento, a qualidade de voz – e a contratransferência que existe em paralelo. Essa é outra consequência de a psicanálise ser o que Green (J. Sandler et al., 2000, p. 86) chama de empreendimento "polissêmico" (p. 71).

Vamos ouvir outra objeção. "Se a psicanálise é um empreendimento polissêmico, qualquer sinal poderia significar qualquer coisa. O choro de um bebê poderia significar desespero, fome, felicidade ou nada!" Essa, provavelmente, é a razão pela qual Stern só nos permite atribuir significado ao comportamento infantil se a atribuição é "evidente para qualquer um e [é] uma parte normal da experiência comum" (idem). Isso parece bastante justo, mas como devemos agir no encontro psicoterapêutico? A mãe de Andy acreditava que ele estava bravo com ela, a mãe de Pierre pensou que ele estava com medo de alguma coisa e Tessie sentiu que Nic estava inquieto. O psicoterapeuta poderia, claro, abster-se de interpretar esses comportamentos dos bebês porque seus significados não eram aparentes ou não pareciam uma parte normal da experiência comum. No entanto, ao fazer isso, ele confrontaria as intuições das mães. Ele também se negaria a possibilidade de utilizar o seu instrumento analítico para compreender o mundo interno do bebê e como ele foi moldado na interação com os pais. Como veremos no Capítulo 4, a pequena Karen está chorando intensamente e sua mãe sugere que a menina está triste. Isso soa como algo do senso comum, mas a investigação analítica apontará para outra direção: Karen está furiosa com a mãe, que está se comunicando de forma confusa e não verdadeira.

Para resumir, até agora, vimos que a teoria psicanalítica supõe que as crianças têm representações, mas estas não foram definidas de forma consistente dentro da teoria. O conceito de afetos de vitalidade de Stern desenvolve suas propriedades formais, mas pouco sobre o seu conteúdo. Sugeri, por meio dos exemplos de Andy, Pierre, e Nic, que um bebê pode ser atormentado por representações. Por outro lado, Stern está certo sobre nossas suposições sobre o que se passa na mente de um bebê serem incertas. Neste momento, tememos ter chegado num beco sem saída: nunca poderemos provar qualquer conteúdo das representações de um bebê, mas não podemos fazer nada em psicoterapias pais-bebê sem tal conceito. Evidentemente, esses tratamentos colocam questões filosóficas sobre epistemologia (como o conhecimento é adquirido) e semiótica (como a mente reúne conhecimentos utilizando sinais). Abordaremos essas disciplinas no Capítulo 2. O objetivo é nos equiparmos melhor para responder nossa pergunta principal: o que se passa na mente de um bebê?

2. Representações primárias – Tina, 3 meses de vida

No primeiro capítulo, argumentei contra a posição de Stern (1985, 1995) de que as representações ou os afetos de vitalidade de uma bebê não têm qualquer conteúdo ideacional. Também argumentei contra a postura de Green (J. Sandler et al., 2000) de que só a psicanálise com pacientes que falam nos habilita a dizer algo sobre o seu mundo interno. Sugeri que o processo analítico com bebês e mães fornece um instrumento de investigação adicional. Ele revela que os bebês formam representações que estão vinculadas a afetos e seres humanos com quem interagem. Forneci três exemplos. Um deles era um exemplo comum de Andy, um menino que não parou de chorar quando sua mãe o pegou para amamentá-lo. O segundo foi Pierre, que ficou com medo de mim durante nosso primeiro encontro. O terceiro exemplo foi o caso clínico de Nic. Pode parecer precipitado supor que um menino de um mês de idade que afasta sua cabeça do seio seria influenciado por representações mentais. Talvez, um caso de um bebê um pouco mais velho possa nos ajudar aumentar a credibilidade de tais suposições.

Tina e sua mãe, Nathalie

No centro de saúde infantil em que trabalho como clínico, pediram-me para ver Nathalie, uma mãe de três filhos. A razão para o encaminhamento é que sua filha de 3 meses de idade tem chorado incessantemente. Além disso, a mãe não consegue se decidir sobre o nome da menina. Sua dúvida sobre isso tem-na atormentado constantemente. Durante nossas entrevistas iniciais, conheci a história de vida de Nathalie. Ela fala da preocupação de sua mãe consigo mesma, da pessoa exigente que é seu pai e de sua anorexia no momento do divórcio de seus pais, quando ela tinha 17 anos. Depois de algumas entrevistas, passamos a nos ver duas vezes por semana. Vou fornecer material de duas sessões iniciais.

Durante a quinta sessão, a garota está dormindo em seu carrinho. Nathalie me conta sobre o batizado no último sábado: "Finalmente, ela tem um nome: Christina Jennifer Martine! Meu pai me disse que sua bisavó também se chamava Christina. Martine é por parte da família de William (seu marido) enquanto Jennifer eu mesma escolhi. Eu queria que ela tivesse um nome que contivesse as letras "na" para combinar com o meu nome, Nathalie. Eu até pensei em dar-lhe o meu nome, mas isso seria estranho! Christina é bom. No fim, ela terá algumas de minhas letras". Pergunto como ela quer que eu chame a menina, e ela responde Tina, o nome usado em casa. Tina está chorando menos agora em comparação a quando a psicoterapia começou. Nathalie lamenta que ela não seja tão boa em confortá-la como William.

> Mãe: Ela começa com os seus ataques de choro quando estamos prestes a sair para um passeio. Assim que eu coloco o seu suéter, tudo começa. Eu não entendo por quê!

> Analista: Será que isso tem a ver com o fato de como *você* se sente em relação a sair?

> M: Creio que não. Eu não sinto nada em especial. Talvez eu fique tensa pois ela está tensa.

> A: Um tipo de círculo vicioso entre vocês. E quem sabe onde um círculo começa?

> M: É. O seu choro é terrível. Na creche do meu filho, eles a chamam de "alarme de incêndio".

A menina acorda. Nathalie a pega com um sorriso e a coloca em seu colo. Eu e Tina fazemos contato visual por um minuto. Ela está sonolenta e sorri brevemente. Depois de dois minutos, ela começa a gritar. É um terrível grito agudo que penetra nos meus ossos. Tenho a sensação de que algo perfura minha cabeça e que meu cérebro se debate contra meu crânio. Nathalie está tensa.

Analista para Tina: Você está chorando desesperadamente e nós não sabemos o motivo. Isso deve ser muito difícil para você. Como é isso para a mamãe?

Mãe: Eu sinto pena dela. Eu não entendo por que ela está gritando. Neste momento, apenas o peito vai resolver. Mas eu não quero amamentá-la o tempo todo. Isso não é certo!

A: Tina, eu também noto que você não olha a mamãe nos olhos. Você estava olhando para uma pintura na parede, mas quando seus olhos voltaram para a mamãe, você os fechou. Bem, isso não é verdade, às vezes você olha brevemente para a mamãe. Eu me pergunto por que você não olha a mamãe diretamente nos olhos.

M: Sim, é verdade. Eu me pergunto o mesmo...

A: para a ainda chorosa Tina: Tina, talvez você tenha duas mães? Uma aparece quando você sorri alegremente para ela e olha em seus olhos. A outra você não ousa olhar. Você parece ter medo dela.

M: Quando você fala em duas mães, penso em seus nomes Christina e Tina. Eles são tão diferentes. Tina soa agradável e acolhedor, enquanto Christina é mais... duro e ultrapassado. Mas também contém "Stina", que eu acho que tem um tom delicado. Eu a deixei confusa ao chamá-la de Christina e Tina. Eu brinco que ela vai se tornar esquizofrênica um dia.

A menina continua gritando. A mãe não pode mais suportar isso e lhe oferece o seio. Ela o suga imediatamente. Temos uma cena calma e harmoniosa agora, e acrescento:

Analista: Talvez haja uma terceira mamãe? Eu pensei nisso agora que você, Tina, está sonolenta. Talvez a "mãe sonolenta" seja a terceira mamãe.

M: Eu acho que é tudo culpa minha. Após o nascimento, ela sempre olhava nos meus olhos enquanto era amamentada, mas eu sempre estava verificando as mensagens de texto no meu celular ou os meus e-mails! Sinto-me culpada por tê-la rejeitado e é por isso que ela não olha nos meus olhos!

Na sessão do dia seguinte, a menina parece um pouco mais calma e sorri para mim. Em seguida, ela volta a chorar, embora sem aquele tom estridente de antes. A mãe e eu começamos a usar "Tina" e "Christina" não só para indicar o nome e o apelido da menina, mas também para funcionar como uma metáfora para as partes da personalidade de Nathalie. "Christina" refere-se aos seus aspectos anoréticos, bem controlados e elegantes, enquanto "Tina" refere-se a aspectos confusos e espontâneos. Nathalie considera mais difícil encontrar essa última parte dentro dela. Também sugiro para a *garota* que ela comece a chorar quando não conseguir encontrar a "Tina" no rosto da mãe. Isso parece ocorrer, especialmente, quando Nathalie está bloqueando a "parte Tina" dentro de si mesma. Ela confirma sentir que o apelido da filha é simplório e comum, o que a deixa com vergonha.

Digo para Nathalie que deve ser um dilema ter uma "armadura Christina" cobrindo a sua "parte Tina", que não pode emergir. Enquanto uso as duas mãos para personificar a armadura e as partes ali abrigadas, também faço contato com a menina. A pequena Tina está olhando atentamente enquanto deixo minha mão esquerda aberta cobrir meu punho direito cerrado.

Analista para Tina, ao fazer o gesto com as mãos: A mamãe tem uma pequena Tina dentro dela e uma grande Christina fora dela, mas, às vezes, a sua pequena Tina espia aqui fora (deixo um dedo "espiar" através de minha mão fechada). Pergunto-me se você, Tina, notou isso sobre a mamãe. Você está seguindo meus dedos! Agora, você estende a sua mão como se quisesse apertar a minha. Então, você olha para o lado oposto ao da mamãe e isso é muito difícil para ela. Parece uma punição para ela.

Alguns períodos de grito e calma se seguem. A amplitude está diminuindo lentamente. Sugiro à mãe que estamos trabalhando com duas versões de "Tina" e "Christina": uma tem 30 anos, e a outra, apenas três meses de idade. Nathalie tem uma autorrepresentação que é bem controlada e rígida. Historicamente, está ligada à sua anorexia e às exigências dos seus pais durante a infância. A outra autorrepresentação é mais espontânea e bagunçada. Também uso os dois nomes para indicar a experiência do bebê em relação à mãe: a "mamãe *Christina*" é mais dura e a rejeita, enquanto a "mamãe *Tina*" é amorosa e aco-lhedora. Até chego a conceber uma terceira representação da menina: "mãe sonolenta". Tina começa a chorar quando fica com medo da mamãe Christina. Às vezes, isso acontece porque a mãe está exibindo algumas atitudes aversivas na interação com a menina. De vez em quando, no entanto, não consigo discer-nir os sinais da mãe. É como se a menina tivesse armazenado os três tipos de representações que – pelo menos em certa medida – vivem uma vida própria.

Embora pareça que as representações de Tina nem sempre são provoca-das pelo comportamento presente da mãe, atribuo a sua gênese às autorre-presentações correspondentes de Nathalie. Já na sala de parto, a mãe teve problemas para integrar as imagens "elegante" e "vulgar" de si mesma ao que sentia pela recém-nascida. Este foi o momento em que ela começou a pensar nos nomes desta última. Contudo, meu ponto é que, hoje, já não podemos afirmar que a menina apenas grita por conta das ruminações ambivalentes da sua mãe. Agora, a *garota* desenvolveu "fantasmas infantis" similares ou representações divididas da mãe. Até que os levemos em conta e nos dirija-mos à criança sobre eles, não estaremos totalmente equipados para ajudá-las. Apenas duas sessões depois, os gritos da garota haviam diminuído considera-velmente. Em contraste, as ansiedades anoréticas de Nathalie, a sua ambi-valência em relação à menina e as suas exigências perfeccionistas persistiram e foram tratadas na psicoterapia que se seguiu.

Representações e teoria semiótica

É comum ouvirmos que, na "cura pela fala" psicanalítica, as palavras são as principais transportadoras de significados. Se a análise tem como objetivo "tornar consciente o que é inconsciente" (Freud, 1916-1917, p. 435), e se as palavras diferenciam as representações conscientes das inconscientes (Freud, 1915c), então a troca verbal é essencial para o avanço do tratamento. É por isso que encorajamos o paciente a *nos dizer* o que se passa em sua mente. Ainda assim, Freud sabia que os seres humanos usam outros métodos para transmitir um significado: "Nenhum mortal pode guardar um segredo. Se os lábios são silenciosos, ele tagarela por meio das pontas dos dedos; a traição escorre para fora dele por todos os poros" (Freud, 1905a, p. 77). Ele estava se referindo à brincadeira expressiva de Dora com sua pequena bolsa enquanto estava no divã. Mais uma vez, descobrimos que a psicanálise é um empreendimento polissêmico, como sugerido no Capítulo 1. Interpretações analíticas também precisam levar em conta *a forma* como o paciente transmite significados: por meio de sua aparência e seu comportamento, e como suas palavras soam e são sentidas.

Se quisermos estabelecer os significados de um suspiro, um sorriso, um grito ou um contorcer do corpo, precisamos de uma epistemologia que abranja todas as formas de sinais. Para este fim, a filosofia de C. S. Peirce (Kloesel & Houser, 1992, 1998) é útil, uma vez que combina epistemologia com semiótica, a ciência dos signos. Peirce afirma que nunca podemos garantir quaisquer crenças básicas ou conhecimento genuíno. Todas as proposições são hipotéticas e falíveis. Portanto, uma interpretação nunca pode dizer a "verdade", mas apenas chegar "ao ponto mais alto possível" (Apel, 1995, p. IV). Não alcançamos a certeza "comparando *crenças* com a forma como as coisas *são* [...] [mas] mostrando que elas são necessárias se o nosso conjunto de crenças precisa ser totalmente consistente e coerente" (De Cooper, 1999, p. 8).

Para obter uma compreensão coerente da comunicação humana, entramos num circuito infinito de indução, abdução e dedução. Para exemplificar, vamos relembrar Andy, do Capítulo 1. A ideia indutiva de sua mãe era: "Andy está chorando. Os bebês que choram estão com fome. Então, ele está com fome". Ela o alimentou e ele caiu no sono. Sua dedução foi rápida: "Ahá, ele estava chorando e eu o alimentei. Mamou avidamente e se acalmou. O que eu disse, ele estava com fome!". Ela pode estar correta, mas tais deduções também são expressas por muitas mães com dificuldades na amamentação. Elas interpretam cada grito como um sinal de fome e oferecem o seio à criança. Poderíamos, portanto, duvidar de sua dedução e sugerir: "Andy estava chorando, depois foi amamentado e agora está calmo. Ele se acalmou por que você o amamentou, lhe deu afeto, ajudou-o com a sua cólica, ou ...?" Toda abdução produz novas induções ("Bebês que choram constantemente estão com fome ou querem interagir") ou deduções ("Na vez seguinte que ele chorou, eu só acariciei a sua mão sem amamentá-lo. Ele se acalmou. Parece que um choro indica fome ou um desejo de contato").

Esses termos constroem uma plataforma conceitual para a compreensão a respeito do que os bebês e as mães transmitem um ao outro em sua interação. Uma maneira de definir a saúde de uma díade é a flexibilidade com que seus membros se movem em circuitos inferenciais. Uma mãe relaxada sabe que o significado do choro do seu bebê pode variar. A relação entre o signo (o choro) e o que ele significa (fome, busca por contato, dor de barriga etc.) é *momentânea* (Guiraud, 1975, p. 40). Quando é confrontada com tal relação objeto-signo, ela cria um interpretante, neste caso, o seu pensamento quando ouve o choro do bebê. Um interpretante pode ser "emocional" (Kloesel & Houser, 1998, p. 409) e se concentrar em seus sentimentos ("Eu fico tensa quando ele está chorando"). Pode ser "energético" e evocar uma urgência de fazer algo ("Eu devo amamentá-lo"). Ou pode ser "lógico" e evocar um pensamento sobre o que está acontecendo ("Bebês que choram estão famintos ou solitários"). Cada interpretante vai se tornar um novo objeto para a sua mente ("Ele está mesmo chorando" como geralmente o faz quando está com fome? Não, hoje há um tom diferente"). Esta é a forma como os seres humanos pensam, independentemente de estarem em análise ou na cozinha com um bebê: um triângulo interminável de objetos, signos e interpretantes.

É bastante para a imaginação da mãe sobre o seu bebê. A questão mais difícil é se também podemos falar de representações em bebês. No primeiro capítulo, comecei a responder essa pergunta de forma afirmativa. Iniciei com Andy e segui via Pierre até o caso de Nic. Argumentei que a psicoterapia pais-bebê é um instrumento para interpretar representações, incluindo as da criança. Agora, sugerirei que podemos compreender alguns conteúdos das representações de um bebê se usarmos uma *adultomorfização qualificada*. Para acompanhar o meu argumento, devemos, primeiro, lembrar dois dos conceitos de signo de Peirce, o ícone e o índice, que nos interessam, particularmente, quando pensamos nos bebês. Assim que a mãe se aproximou de Andy, ele, talvez, experimentou-a como um ícone de angústia: 'A cara feia/voz áspera/vibração desagradável da mamãe'. Ícones "transmitem ideias das coisas que eles representam, simplesmente por imitá-los" (Kloesel & Houser, 1992, 1998). Também pode ser que Andy a experimentou como um índice. Se assim fosse, ele compararia sua aparência com outras situações e entenderia o significado 'mamãe QUER algo de mim que eu não quero fazer/ter/ser. VÁ EMBORA, mamãe boba'. Um índice transmite energia e "força a mente a tratar daquele objeto" (p. 14). Na psicoterapia com Tina, fiquei com a impressão de que ela experimentou sua mãe como um ícone incompreensível, uma mistura de 'Tina-conforto' e 'Christina-rejeição'. Os aspectos da mãe, interpretados como índices, talvez tenham sidos alternados entre 'mamãe-Tina quer você' e 'mamãe-Christina repreende e ignora você'.

O que conecta certos ícones e índices a determinados significados emocionais? As conexões não podem ser arbitrárias. Por exemplo, um bebê que chora dificilmente poderia ser interpretado como alguém que transmite felicidade e contentamento. Neste ponto, o conceito de *representações analógicas* torna-se útil. Rosolato (1985) exemplifica-o com o gesto humano, que ele descreve como um espelho corporal dinâmico das nossas emoções. Representações analógicas copiam os movimentos corporais que acompanham nossas emoções. É importante salientar, no entanto, que elas não são meros diagramas de emoções e – em contraste com representações digitais – não podem ser definidas de forma inequívoca. Em vez disso, funcionam como partes de um "sistema aberto" (Corradi Fiumara, 1995, p. 64) em que todas as partes se relacionam entre si. Para exemplificar: interpretada como um signo digital, a luz vermelha do semáforo sempre nos diz para parar o carro. Em contraste, quando interpretamos um sorriso como um signo analógico, ele pode ter muitos significados: boas-vindas, escárnio, ameaça, maldade, desejo etc. Nossa interpretação depende da rede de signos em que percebemos o sorriso. Para complicar ainda mais, qualquer signo pode ser interpretado tanto no modo analógico como no digital. O motorista que enfrenta um tráfego e lamenta a "irritante luz vermelha" está reagindo ao signo no modo analógico – enquanto, esperamos, ele para o seu carro obedecendo à significação digital.

Corradi Fiumara sugere que as representações analógicas são as nossas ferramentas preferidas para a comunicação inconsciente e que elas utilizam o corpo para transmitir afetos e pensamentos. Os leitores familiarizados com Susanne Langer (1942) reconhecem a semelhança com o seu termo simbolismo presentacional, "aquilo que é não discursivo e intraduzível, não permite definições dentro de seu próprio sistema e não pode, diretamente, transmitir generalidades" (p. 97).

Agora que diferenciamos as representações analógicas das digitais, enfrentamos outra questão: *como* elas transmitem um significado? Podemos evocar um argumento olhando para a série de metáforas linguísticas que refletem tais representações. Elas são comuns e facilmente compreendidas por qualquer pessoa. Permitam-me exemplificar: se eu usar a frase "ele bateu com o punho na mesa", é evidente que estou falando de uma pessoa com raiva. As metáforas copiam os movimentos corporais de uma pessoa decisiva e com raiva. Se digo "sinto-me caloroso em relação a ela", entendemos a qual emoção a minha metáfora se refere, porque ela conecta calor físico com conforto e proximidade aos nossos entes queridos. Tais metáforas exemplificam a ideia de Lakoff e Johnson (1999) de que a mente é inerentemente encarnada. Muitos conceitos abstratos, também, são essencialmente metafóricos e baseados na linguagem sensorial. Concebemos um evento importante como "grande" ou uma situação angustiante como um "fardo".

Tais metáforas são construídas da seguinte forma, de acordo com Lakoff e Johnson. Em primeiro lugar, o indivíduo faz um "julgamento subjetivo" (Tabela 4.1, p. 50). Quando "sentimo-nos calorosos em relação a alguém", nosso julgamento se concentra em torno da afeição à qual uma experiência proveniente do domínio da temperatura foi adicionada. Em dado momento, o sentimento e o domínio sensório-motor foram experimentados como sendo "fundidos" (p. 49): um estágio primordial no qual um bebê tem a experiência de que *possuir* um afeto e "*sê-lo*" em seu corpo eram o mesmo. Apenas quando os dois domínios forem diferenciados será possível transformar experiências primárias em metáforas ou representações analógicas. A criança passa de ter se sentido concretamente aquecida quando segurada carinhosamente por seus pais para formar uma noção geral não conectada com temperatura. Como adolescente, ela dirá: "Eu me sinto calorosa[2] em relação a meus amigos e a questões de direitos humanos".

Pesquisas sobre o desenvolvimento infantil demonstram que o recém-nascido já possui alguns recursos que são necessários para participar da comunicação analógica. Sua capacidade de imitar a protrusão de língua e a abertura da boca de um adulto (Kugiumutzakis, Kokkinaki, Makrodimitraki, & Vitalaki, 2005; Reddy, 2008) indica "percepção intermodal" (Bahrick & Hollich, 2008) ou "mapeamento intermodal ativo" (Meltzoff & Moore, 1977):

---

2. *I fell warmly*, no original [N.T.].

ele pode observar as caretas de um adulto e vinculá-las aos seus próprios movimentos musculares. A respeito dos afetos, ele parece aprender sobre eles gradualmente observando versões "ressaltadas" ou exageradas pelos pais das emoções que acham que o bebê está experimentando (Fonagy, Gergely, Jurist, & Target, 2002). Isso acontece no dia a dia, como quando a mãe de Andy o pega com uma expressão facial e uma melodia vocal especiais: "Você está *bravo* com a boba da sua mãe que não lhe pegou *de uma vez*!?"

Ainda assim, a questão permanece: como é que nós, adultos, intuímos as representações por trás de gritos, sorrisos, suspiros e movimentos corporais do bebê? A resposta deve ser: por meio das *nossas próprias* representações analógicas. A mãe entende que o choro de Andy implica sofrimento porque ela mesma chora quando está angustiada. Ela percebe que o sorriso dele após a amamentação demonstra satisfação porque ela, também, sorri quando está satisfeita. Sugiro, portanto, que entendamos os bebês por meio de uma *adultomorfização qualificada*, isto é, apoiando-nos em *representações analógicas conectadas às nossas próprias experiências corporais*. Quando foram criadas em nossa infância, elas copiaram conteúdos e gestos dos nossos afetos. Hoje, na frente do bebê, reconhecemos a semelhança entre o seu comportamento e as nossas representações.

Em casos de preocupações de bebê, tais adultomorfizações qualificadas ficam comprometidas por projeções dos pais em relação à criança. Nathalie não consegue entender os gritos de sua filha, porque são evocados pela "parte Christina" da mãe – e em resposta a ela. Da mesma forma, o desdém da mãe por uma "parte Tina" espontânea dentro de si faz com que ela a reprima e, assim, torne-a indisponível para a sua filha. Nathalie tem um conflito interno "Christina-Tina" que se estende à garota. Isso resulta em confusão para o bebê: 'Quem sou eu, como a Christina ou como a Tina?'. Cada nome também representa uma oposição interna: obsessivo/bem estruturado e adorável/simplório. Poderíamos expressar esse conflito como: 'Se eu sou Christina, eu sou correta ou rígida? Se eu sou Tina, eu sou adorável ou simplória?'.

É desnecessário dizer que a minha sugestão, de nos apoiarmos sobre as nossas representações analógicas quando tentamos compreender o significado do choro de uma criança, traz o risco de "hipersemiose": podemos atribuir um significado exagerado ou mesmo errôneo ao comportamento de um bebê.

Na verdade, como Tronick (2005) diz, a construção de significados para qualquer díade é sempre confusa e cheia de mal-entendidos. Para lidar com esse problema nas nossas psicoterapias, usamos circuitos inferenciais. Observamos o comportamento do bebê e presumimos que ele quer comunicar algo – e que isso é guiado por representações a respeito dos pais ou do analista. Em seguida, formulamos uma intervenção, como quando me dirigi a Nic a respeito dos seus sentimentos conflitantes. A resposta vai determinar a veracidade de meu palpite e como proceder com o circuito inferencial.

Usar circuitos inferenciais para promover o entendimento tem sido fundamental para o trabalho psicanalítico desde a sua invenção. Para ser franco, Freud também usou critérios de veracidade "da ciência e de uma ideia de história decorrente da ciência" (Kermode, 1985, p. 4). Mas muitas passagens indicam que ele também se baseou em um método semiótico de validação da verdade. Um exemplo é quando ele rotula psicanálise uma *Deutungskunst* (Freud, 1923, p. 238). *Deuten* é semelhante a quando um profeta ou adivinho interpreta sinais naturais como indicadores da próxima catástrofe. Uma perspectiva semiótica também é evidente quando ele define pulsão como "o *representante* psíquico dos estímulos provenientes de dentro do organismo que alcançam a mente" (1915a, p. 122, grifos meus). Da mesma forma, ele fala de memórias como sendo "registradas em várias *espécies de signos*" (Bonaparte, Freud, & Kris, 1954, p. 173). Finalmente, seu tratado sobre o inconsciente (1915c), como referido no Capítulo 1, termina com a definição de consciente e inconsciente em termos semióticos: em termos de representações-palavra e representações-coisa.

Durante as últimas décadas, a teoria semiótica tem influenciado muitos analistas que trabalham com adultos (Chinen, 1987; Martindale, 1975; Gammelgaard, 1998; Goetzmann & Schwegler, 2004; Grotstein, 1980, 1997; Müller & Brent, 2000; Muller, 1996; Olds, 2000; da Rocha Barros & da Rocha Barros, 2011; Van Buren, 1993). Por exemplo, Grotstein (1980) vê a pulsão como um "mensageiro de informações" (p. 495) que gera significantes para necessidade ou perigo. Ele também considera afetos como significantes: eles indicam como nos sentimos sobre tais informações internas. Muitos analistas franceses unem a teoria freudiana das pulsões com a teoria semiótica e usam esses modelos nas interações mãe-bebê. Eles falam do choro do bebê como

70 REPRESENTAÇÕES PRIMÁRIAS – TINA, 3 MESES DE VIDA

"um signo falando com a mãe" (Lebovici & Stoléru, 2003, p. 254). Eles enfatizam a função simbolizante do objeto e os efeitos devastadores quando esta hesita (Roussillon, 2011). Para descrever especificamente representações *de bebês*, outros autores franceses têm sugerido termos como "significante demarcador" (Rosolato, 1978, 1985), "significante formal" (Anzieu, 1990) e outros dois que vamos investigar agora: o significante enigmático (Laplanche, 1999b) e o pictograma (Aulagnier, 2001).

A "mensagem enigmática" de Laplanche

É possível integrar a teoria clássica das pulsões ao conhecimento moderno das interações mãe-bebê fornecido por pesquisadores experimentais e psicoterapeutas? Jean Laplanche teria respondido de forma afirmativa. Sua metapsicologia incorpora "concretamente as origens do ser humano, isto é, a criança" (1989, p. 89). Ele se refere a bebês *reais*, não reconstruções psicanalíticas ou partes infantilizadas da personalidade adulta. Ele mantém um pé na psicanálise clássica e o outro nas pesquisas sobre a relação mãe-bebê e na teoria do apego – estando ciente de que a última não fala da mente inconsciente (2002).

Primeiramente, notemos que Laplanche define a pulsão em termos semióticos, isto é, "o impacto sobre o indivíduo e sobre o ego [...] das representações-coisa reprimidas" (1999a, p. 129). A mente está, assim, sob a pressão direta das representações e só indiretamente sob a pressão de quaisquer processos biológicos que possam ser paralelos a elas. Impulsionado por uma necessidade biológica, o bebê suga o seio. Impulsionado por uma representação pulsional, ele pode, simultaneamente, ter prazer ao sugá-lo. O "objeto da função" (leite) torna-se deslocado para o "seio fantasmático" ou sexual (Stein, 1998, p. 597). Um dos pontos-chave de Laplanche é que as representações do bebê a respeito desse seio excitante são provenientes, principalmente, *dos pais*. Dessa forma, o autor francês integra a teoria da pulsão a observações de interações mãe-bebê. A pulsão surge no bebê porque ele traduz erroneamente as mensagens de seus pais. O termo central é *a mensagem enigmática*, que é "sublinhada, delimitada, oferecida, implantada [...] pelo mundo adulto" (Laplanche, 1999b, p. 64) – mas cuja importação completa o bebê ainda não consegue apreender.

Um exemplo cotidiano: Rufus, um bebê de 9 meses, está desmamando. Sua mãe quer comprar um sutiã novo e a família visita uma loja de departamento. No provador, ela experimenta um belo sutiã enquanto o marido a espera do lado de fora com Rufus. Ela pede ao marido que entre e dê uma olhada. Ele olha através da cortina e diz que ela está adorável, mas Rufus também consegue vê-la e começa a chorar. Poderíamos conjecturar que ele está atormentado por uma representação como: 'Este seio não é mais meu. Isso é difícil. Quando eu vejo o seu seio inesperadamente, fico furioso por não ter acesso a ele'. Sabemos que existem nuances ocultas, que Rufus só pode captar vagamente. 'Por que a mamãe mostra os seios para o papai? Eles são *minha* propriedade! O que o papai tem a ver com eles? Será que ele também quer o leite proveniente deles? Ou está acontecendo outra coisa entre eles?' A mãe de Rufus anseia por recuperar seus seios e o casal anseia por trazê-los de volta ao seu relacionamento erótico. De tudo isso, Rufus apenas tem a sensação de um sorriso, um cheiro ou um tom especial na pergunta da mamãe: "Querido, o que você acha deste sutiã? Ele é legal?"

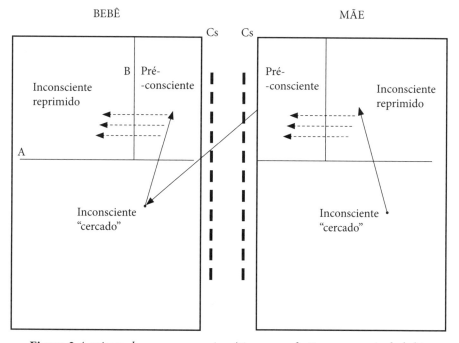

Figura 2 *A origem da mensagem enigmática e seus destinos na mente do bebê. Fonte: modificado de Laplanche (2007, p. 206).*

Como tais mensagens enigmáticas são integradas? Laplanche sugere um processo de duas etapas. Primeiro, elas são inscritas ou "cercadas" (Laplanche, 2007, p. 208) no aparelho psíquico do bebê, mas ele não as entende. Em uma segunda etapa, elas reaparecem como um corpo estranho, que o bebê deve integrar ou dominar. Somente as mensagens que ultrapassam essa segunda etapa podem ser reprimidas. A Figura 2 é uma versão modificada de Laplanche (2007, p. 206). Adicionei o quadro referindo-se à mãe para enfatizar que as suas mensagens têm raízes em seu inconsciente: elas estão "comprometidas" (p. 100) por ele. O comentário de Tessie para Nic, "Não há nenhuma comida em seu dedo", é um exemplo de mensagem que estava comprometida por raiva e ciúme inconscientes. Talvez a mãe de Rufus, ao chamar o marido para o provador de roupas, também tivesse uma intenção inconsciente de mostrar ao seu filho que a relação entre eles estava prestes a mudar.

Quando as mensagens da mãe chegam até a mente do bebê, isso resulta em uma divisão inicial, como indicado pela linha horizontal A na Figura 2. Mensagens permanecem no "cercado" do bebê submetidas à repressão primária. Por enquanto, ainda não há nenhuma linha (B) dividindo os sistemas pré-consciente e inconsciente. Apenas quando B é erguida a repressão dinâmica se torna possível. Agora, representações aumentam repentinamente em direção à consciência e provocam repressão, como indicado pelas três linhas pontilhadas. A figura retrata um bebê que está animado, confuso, furioso e apaixonado – e uma mãe que se sente de forma semelhante, embora sintonizada com sua sexualidade adulta.

As ideias de Laplanche unem a teoria das pulsões e os conceitos interativos. Existem, no entanto, dois problemas. O termo "mensagem enigmática" indica que a comunicação da mãe é desorientadora para a criança, mas não diz que tipo de representações gera *nesta última*. A mensagem cercada implica outro problema: uma mensagem sem sentido pode ser meramente inscrita, mas como poderíamos dizer algo sobre fenômenos sem sentido? Como Laplanche, Bailly (2012) difere entre significante e "experiência bruta". Eu afirmo que, se existem experiências brutas, elas estão fora de qualquer discussão psicanalítica. Nosso instrumento de investigação só nos permite comentar sobre fenômenos que carregam significado. Como analistas, podemos comentar sobre representações, mas não sobre percepções puras. É outra questão se representações podem ser significadas em diferentes *níveis semióticos*. Isso é, precisamente, o que torna as mensagens enigmáticas do adulto problemáticas para o bebê. Ele experimenta uma tensão entre os diferentes níveis de significado da comunicação materna. Rufus, provavelmente, experimentou isso enquanto espiava o provador de roupas: a mãe chamando o seu marido e as nuances ocultas de seus segredos íntimos.

No caso de Rufus, houve um ou dois minutos de choro e ele foi consolado. Em seguida, ele ficou bem novamente. Em casos clínicos, a mistura semiótica pode criar problemas que nem a mãe nem o bebê podem resolver. Em um nível simbólico da palavra, o comentário da mãe de Nic, "Não há nenhuma comida no dedo", objetivou confortá-lo e guiá-lo na amamentação. Em outros níveis semióticos, o tom, a formulação, os movimentos corporais e as expressões faciais continham outras mensagens: "Pare de me incomodar... Eu desejava não ter me tornado mãe... Eu quero o melhor para você... Eu estou tão irritada com essa situação". Essas significações entraram em confronto, bem como as representações insuportáveis de Nic: 'Eu me sinto mal, eu quero isso de outra forma... Mamãe me ama, não, sim, não'. Possivelmente, seus tremores corporais refletiam seu esforço, como se tremer fosse, literalmente, colocar essas representações para fora. A pequena Tina carregava um enigma similar: integrar os desejos da mãe de ser espontânea e generosa com ela – e de rejeitá-la e controlá-la.

Processo primário e representações primárias

Falarei agora dos conceitos de Piera Aulagnier (2001) de processo primário e pictograma. Minha esperança é resolver o problema presente na ideia de Laplanche da mensagem meramente inscrita e, também, conceitualizar melhores representações de bebês. Para Aulagnier, a tarefa primária da psique é criar representações mentais. Elas se originam quando a psique do bebê encontra a da mãe. Da mesma forma que Laplanche, ela reconhece o inevitável "choque entre o que a criança percebe e [a] estimulação ambiental" (p. xix), mas ela não acredita que as mensagens do adulto são simplesmente inscritas na psique da criança. Em vez disso, ela invoca *le processus originaire*, "o processo primário", que produz essas primeiras representações em resposta ao contato do bebê com a mãe.

Para acompanhar o argumento de Aulagnier, voltemos a Freud brevemente. Em *The interpretation of dreams* (1900), ele sugeriu que o modo original do bebê de reduzir o sofrimento é alucinar que o seu desejo é atendido. Quando este método falha, ele começa a chorar. Então, ele é alimentado e sua necessidade é silenciada. Esse é o início da formação do desejo. Aulagnier concorda com Freud, mas, para ela, o bebê faz mais que apenas tentar "restabelecer a situação da satisfação original", como Freud sugeriu (p. 565-6). Ele também processa, ativamente, informações que emanam "de um espaço [a mãe] que é heterogêneo para [o aparelho psíquico do bebê]" (Aulagnier, 2001, p. 17). Ele deve metabolizar isso em um material que seja homogêneo com a estrutura da *sua* psique. Essa metabolização ou transformação é o objetivo do processo primário.

O processo primário funciona criando *pictogramas*. Se Andy é amamentado e sente-se confortado, o "pictograma de conjunção", talvez, leve a algo como 'Seio bom excluindo boca má'. Isso é dual, uma vez que é composto por uma zona erógena com uma parte objetal complementar: boca + seio. No entanto, o bebê representa isso como singular e criado por ele mesmo. Além disso, está relacionado com um afeto. No "pictograma de rejeição" reverso, 'boca-seio' implica desprazer. Pictogramas são, portanto, também duais, uma vez que unem o objeto representado com a emoção conectada a este, por exemplo: 'Vá embora, seio mau e experiência ruim'.

Aulagnier, como Laplanche, enfatiza o papel das representações inconscientes da mãe em relação à criança. Em suas palavras, a mãe vê seu filho como uma "sombra" de suas projeções. Uma criança como Nic enfrenta o desafio de criar um pictograma não relacionado com o comentário de Tessie, cuja palavra simbólica transmite um fato (um dedo não contém leite), enquanto outros níveis de significado são resultado de suas projeções ("Nic, você está me explorando"). Talvez seu pictograma seja escrito 'Venha seio-boca bom e necessário, vá embora seio-boca mau, eu criei ambos, eu sou ruim, eu sofro'. Da mesma forma, para as representações de bebê confusas da pequena Tina, poderíamos imaginar pictogramas como: 'Venha Tina aconchegante, vá embora Christina rígida, vocês parecem iguais, vá embora Tina tola, venha

Christina adequada, eu não sei quem é quem e o que é o que em cada uma de vocês'. Sugiro que essas representações, que não foram separadas nem se tornaram conscientes, eram raízes essenciais para os gritos da menina.

Os casos de Tina e Nic demonstram que os pictogramas confusos de um bebê correspondem à ambivalência inconsciente da mãe em relação ao filho. Com o desenvolvimento do trabalho psicoterapêutico, podemos falar com a mãe sobre os seus sentimentos paradoxais. Com o bebê, enfrentamos mais problemas. Obviamente, sabemos pouco do que ele entende. Retornaremos em breve a essa questão. O segundo problema é que, muitas vezes, o bebê parece sentir que *ele* é ruim. Se ele acreditar que criou o pictograma, concluirá que a maldade emana de si mesmo: 'Eu criei ambos, eu sou ruim, eu sofro'. Sintomas como lamentar-se, tremer, gritar/chorar e grunhir podem expressar a convicção de que 'Eu-seio é ruim e eu tenho de me livrar dele'. Minhas intervenções com Nic propuseram: "Você está resmungando e tremendo o seu corpo. Você parece irritado, talvez igual à mamãe com a sensação de estar limitada". Transmiti que ele *não* era ruim e que seus sentimentos e seus comportamentos eram interessantes e precisavam ser falados.

Agora, estamos prontos para sugerir um termo que responde a pergunta do Capítulo 1: o que se passa na mente do bebê? Tenho argumentado por que devemos supor que os bebês produzem e trabalham com representações mentais. O problema tem sido encontrar o termo mais adequado para elas. Sandler e Rosenblatt (1962) fizeram uma distinção entre "imagem" e "representação". A primeira é uma construção mental rudimentar que é "indistinguível de experiências de satisfação de necessidades". Em contraste, uma representação tem "uma existência mais ou menos permanente" e é "construída a partir de uma grande variedade de impressões" (p. 133). Os autores restringem "imagem" ao comportamento biologicamente orientado do recém--nascido, enquanto "representação" refere-se a uma organização mental mais avançada que a de bebês pequenos como Nic e Tina. Sugiro, portanto, uma expressão que, em termos de desenvolvimento, fica entre imagem e representação: *representação primária*.

Similarmente à representação no sentido tradicional, a função de uma representação primária é "perceber sensações que surgem de várias fontes, para organizá-las e estruturá-las de uma forma significativa" (p. 131) e transformar "dados sensoriais brutos em percepções significativas" (p. 132). Ainda assim, existem grandes diferenças, também, entre representações no sentido tradicional e representações primárias. Os aspectos formais desta última estão dentro do conceito de afeto de vitalidade de Stern, mas a sua dimensão afetiva vai além de "formas de sentimento" ou "envelopes protonarrativos" (Stern, 1995). Representações primárias têm um conteúdo afetivo: elas são *sobre* algo ou alguém. Tina começa a gritar no colo da mãe porque ela tem medo ou frustração em relação a aspectos do objeto materno. Os grunhidos de Nic enquanto está no seio refletem suas representações confusas de uma mãe que diz palavras amigáveis em um tom rude. Nosso principal desafio ao descrever essas representações é que a nossa linguagem é absolutamente insuficiente. Precisamos imaginar os balões com interjeições de uma história em quadrinhos, os gritos agudos e caóticos da música atonal ou os pontos borrados de uma pintura abstrata. Tais imaginações, no entanto, apenas refletem o aspecto formal das representações primárias. Para descrever seu conteúdo afetivo, ainda temos de confiar em palavras. É por isso que me refiro a ambas Tina e sua mãe com palavras como "Você parece com raiva" ou "Isso é difícil para você".

Representações primárias, desenvolvimento da linguagem e acessibilidade psicoterapêutica

Vou terminar este capítulo usando o conceito de representações primárias para explicar um fenômeno observado por muitos psicoterapeutas de mães-bebês: crianças pequenas em psicoterapia parecem particularmente flexíveis em aliviar-se do sofrimento. Com a proximidade do seu primeiro aniversário, sintomas e traços de caráter se tornam mais relutantes. A razão pode ser que a influência parental negativa durou mais tempo e a preocupação materna primária (Winnicott, 1956) – a capacidade de "sentir-se no lugar do seu filho" (p. 303) – começou a diminuir. Norman (2001) sugeriu outra explicação: que "a flexibilidade única em mudar as representações de si mesmo e dos outros" (p. 83) por parte do bebê resulta da sua capacidade pouco desenvolvida para simbolizar. A questão surge: o que caracteriza tal simbolização pouco desenvolvida?

A meu ver, durante o primeiro ano, as representações primárias serão sobrepostas cada vez mais por representações elaboradas. Assim, as palavras se tornam cada vez mais estreitamente ligadas às representações icônicas e indiciais. Esse desenvolvimento tem dois lados. Quando um bebê saudável como Andy completar um ano de vida, ele vai se acalmar mais rapidamente dizendo "mamãe boba", perdoando-a e ficando alegre novamente. Em contraste, os bebês angustiados como Nic e Tina poderão se assentar em sua patologia e se tornar mais relutantes aos esforços psicoterapêuticos. Alguém poderia fazer a objeção de que isso não reflete qualquer "psicopatologia de natureza psicodinâmica" (Stern, 1985, p. 202) no bebê. Assim, não devemos nos dirigir a ele com a intenção de analisar o seu mundo interno. No entanto, penso que é essencial compreender também o mundo interno do bebê. Claro, minha posição levanta a questão de quanta linguagem um bebê entende. Portanto, vou abordar estudos experimentais sobre a percepção da linguagem em bebês. O objetivo é entender como o desenvolvimento das capacidades linguísticas ajuda a soldar juntas representações primárias e representações--palavras e, mais além, como isso vai afetar a acessibilidade psicoterapêutica da criança.

Pesquisadores do desenvolvimento infantil têm investigado como a linguagem se desenvolve durante o primeiro ano de vida. Vou integrar os seus achados a uma perspectiva semiótica. O mundo que o recém-nascido experimenta consiste em imagens nebulosas, zumbidos e cheiros marcantes, os quais estão, provavelmente, relacionados com estados afetivos. Em termos semióticos, eles pertencem ao que Peirce chama de primeiridade. Nesta categoria, não há "nenhuma comparação, nenhuma relação, nenhuma multiplicidade reconhecida [...] nenhuma mudança, [...] nenhuma reflexão, nada além de um simples caráter positivo" (Kloesel & Houser, 1998, p. 150). Fenômenos são experimentados em sua "presentividade positiva direta" (idem). Nenhum sinal tem qualquer significado específico: tudo é marcado pela *fluidez semiótica*, o que torna a categoria tão difícil de imaginar. É, provavelmente, semelhante à "experiência bruta" de Bailly (2012, p. 10). Para citar Peirce: "Afirme [primeiridade] e ela já perdeu toda a sua inocência característica" (Kloesel & Houser, 1992, p. 248). A secundidade, em contrapartida, está relacionada a outra experiência: uma está contra a outra. Quando a mamãe diz olá para o bebê, experimentar a secundidade implica tomar as suas palavras como um alerta ou uma reação. Isso também marca uma diferença: mamãe tinha ido embora, agora ela está aqui. Green (2004) descreve isso como uma "reação brutal a uma força proveniente do lado de fora" (p. 112). A secundidade é um requisito para o desenvolvimento do bebê de capacidades linguísticas, no sentido de diferenciar os sons (e, mais tarde, os significados também) de palavras diferentes.

Estudos sobre o desenvolvimento infantil esclareceram que o recém-nascido experimenta o discurso como um tipo *especial* de som. Ele pode discernir contrastes fonéticos em várias línguas (Kuhl, 2004) e classificá-los de acordo com propriedades rítmicas globais (Nazzi, Bertoncini, & Mehler, 1998). Ele também parece preferir a prosódia da sua língua nativa (Mehler et al., 1988) e a voz da sua mãe (DeCasper & Fifer, 1980). Com 2 meses de vida, ele prefere discurso verdadeiro que sons semelhantes, porém produzidos artificialmente (Vouloumanos & Werker, 2004).

No entanto, o bebê não entende nenhum significado verbal. Ao contrário, ele se engaja em interações face a face estabelecendo de quem é a vez, com sorrisos, vocalizações, movimentos de braço e emoções complexas (Trevarthen, 2001). As palavras são apenas um confortador, uma intimidação ou um som cativante, tudo depende da qualidade emocional dessas interações (Markova & Legerstee, 2006). Em termos semióticos, signos icônicos e indiciais ainda não foram soldados a seus símbolos-palavra correspondentes. Vivona (2012), entretanto, dá um passo além e nega que exista um período não verbal durante o desenvolvimento. Ela cita estudos (Gervain, Macagno, Cogoi, Peña, & Mehler, 2008) mostrando que o recém-nascido é mais sensível aos padrões de percepção típicos da fala infantilizada dirigida a ele, como *mama e papa*. Mesmo bebês com idade tão tenra quanto 2 meses mostram uma lateralização do cérebro semelhante à dos adultos quando ouvem um discurso (Gervain & Mehler, 2010). Recém-nascidos também compreendem que as palavras, em contraste com os sons em geral, podem ser utilizadas para classificar os objetos (Ferry, Hespos, & Waxman, 2010). Vivona cita esses estudos ao mesmo tempo que enfatiza que eles não dizem nada sobre a *compreensão* do bebê a respeito da palavra.

Vivona acredita que subestimamos a compreensão linguística dos bebês. Confiamos demasiadamente nas observações de que eles extraem significado "da música da fala dos pais" e "da prosódia ou do tom emocional"

(p. 249). Ela argumenta que representações sensoriomotoras e linguísticas estão "inexoravelmente ligadas" (p. 254). Assim, a linguagem falada pode levar com ela reminiscências de memórias corporais turvas. Isso coincide com a sugestão de Freud de que uma palavra é um conjunto de elementos auditivos, visuais e cinestésicos (1915c). Vivona conclui que o bebê é *pré-verbal* e *verbal*, mas nunca *não verbal*. Ele "começou a acumular um vocabulário de formas acústicas de palavras, para associar significado [a elas], para aplicar de forma confiável em novos contextos [...] e para entender a fala como um ato comunicativo" (p. 256). Assim, não há nenhuma autoexperiência que esteja além do alcance da linguagem.

Algumas das observações de Vivona se conectam bem com o meu conceito de representação primária. Suponho, por exemplo, que Tina tem diferentes representações cinestésicas e afetivas quando sua mãe a trata como "Tina" ou "Christina". Também vale ressaltar o argumento de Vivona de que a compreensão linguística se desenvolve mais cedo do que havíamos pensado até agora. No entanto, faço uma distinção em relação aos períodos durante o primeiro ano da criança. Muitos estudos citados por Vivona referem-se a crianças com mais de 5 meses de idade. Nessa idade, uma importante mudança ocorre. Os bebês que, antes, podiam discriminar entre consoantes que são significativas *em qualquer* idioma perderão essa capacidade gradualmente (Krentz & Corina, De 2008; Werker & Tees, 2002). Com 10 meses, eles "preferem" a sua língua nativa. Crianças de seis meses preferem a linguagem americana de sinais à pantomima, uma vez que elas discernem que só a primeira tem propriedades linguísticas. Alguns meses mais tarde, elas preferem pantomima e consideram a linguagem de sinais como estrangeira (Krentz & Corina, 2008). Seu estranhamento *vis-à-vis* com a língua não nativa mostra que a fluidez semiótica está diminuindo durante a segunda metade do primeiro ano de vida e que os significados de símbolos-palavra estão começando a ser relacionados com os seus objetos correspondentes. Se apontarmos para um quadrúpede e dissermos "cachorro" ou *"chien"* (a mesma palavra em francês) para um bebê de 5 meses, suas reações serão semelhantes, mas dizer *"chien"* para um bebê de 10 meses vai gerar protestos.

As conclusões clínicas de Vivona dizem respeito a pacientes adultos, o que, para mim, é uma restrição desnecessária. Litowitz (2012), em uma resposta a

Vivona, sugere que os bebês aprendem a entender a fala durante as atividades diárias com os adultos. O adulto não ensina a língua. Em vez disso, "o discurso e outros sistemas de signos (como gestos, movimentos corporais, expressões faciais, músicas) são simplesmente parte dessas atividades" (p. 269). Vou usar duas sugestões feitas por Litowitz para explicar como eu aplicaria as descobertas de Vivona aos pacientes bebês: (1) o analista usa a linguagem para alcançar "um entendimento comum" (p. 272) com o seu paciente e (2) "a criança extrai padrões significativos do seu ambiente de forma visual e comportamental" (idem) e por meio de sons vocais. Concluo que também existe algum "entendimento comum" entre o analista e o bebê. Isso *não* consiste na compreensão léxica. Em vez disso, ele percebe a atenção, a empatia e a intuição do analista na tentativa de compreender o que podem significar suas comunicações.

Quando me dirijo a Nic, com 1 mês de vida, sei que, em suas representações primárias, as ligações entre símbolos-palavra, ícones e índices permanecem fluidas. No entanto, o seu "apetite" linguístico faz com que ele ouça a linguagem dirigida e a considere como um modo especial de comunicação. Seu significado é incompreensível no nível léxico, mas não no que diz respeito aos afetos e aos sentidos. Paradoxalmente, minhas palavras têm um impacto especial *porque* elas são incompreensíveis para Nic, mas demonstram a minha intenção de compreender a sua situação (T. Baradon, comunicação pessoal, 2012). Elas atraem sua atenção para a mensagem afetiva das minhas palavras, incluindo o reasseguramento calmo de que emoções dolorosas podem ser discutidas. Isso só se torna confiável se sou sincero na minha comunicação. Não se pode falar "blá-blá-blá" para um bebê. Em um nível simbólico da palavra, Nic não diferenciaria "blá-blá-blá" de "Tudo isso faz com que os seus sentimentos se confrontem". Mas, em um nível afetivo, a diferença seria tangível e decisiva para o resultado psicoterapêutico.

Assim, finalizamos encarando um paradoxo: parece mais fácil ajudar uma criança quando ela *não* entende o conteúdo léxico das nossas intervenções. Tenho procurado explicar isso por meio da fluidez semiótica durante os primeiros meses de vida: ícones e índices permanecem não ligados a símbolos-palavra. A questão principal nos dois primeiros capítulos foi: o que se passa na mente do bebê? A minha resposta é: representações primárias. Às vezes, elas sobrecarregam o bebê, mas podem ceder à benéfica influência externa. Isso pode ocorrer quando um momento de consolo ou a amamentação vão, finalmente, transformar o tumulto emocional de um bebê em quietude – como aconteceu com Andy. Em casos clínicos, como os de Nic e Tina, representações primárias dolorosas e contraditórias governam suas interações e seus comportamento. O conceito de representações primárias nos ajuda a colocar o bebê em pé de igualdade com um paciente na psicoterapia pais-bebê. Ele ainda é desigual no que se refere ao desenvolvimento biológico, à maturação psicológica e às capacidades linguísticas. Mas ele é igual no sentido de que forma representações, para as quais eu propus o termo "representações primárias".

3. Continência – música materna e palavras paternas com Frida, 3 meses de vida

As vinhetas com Nic e Tina, nos Capítulos 1 e 2, demonstraram como e por que me reporto ao bebê tanto quanto aos pais. Enfatizei que não acredito que um bebê angustiado entende, literalmente, o conteúdo verbal das nossas falas. Para fornecer uma base epistemológica para essa técnica e explicar como as comunicações fluem nesse tratamento, introduzi a semiótica. Um exemplo clínico fornecido foi o momento em que disse a Tina: "Você está gritando terrivelmente e não sabemos a razão. Isso deve ser muito difícil para você". Argumentei que ela perceberia que eu realmente queria entender o que estava acontecendo com ela, algo que ela só podia expressar por meio de gritos. Também sugeri que o bebê talvez processasse os comprimentos de onda emocionais das palavras. Como esse processo acontece e como esses comprimentos de onda aparecem na realidade clínica? Obviamente, um bebê não alcança um *insight* refletindo sobre as nossas interpretações. Outro mecanismo de trabalho deve explicar as melhorias que registramos nessas psicoterapias.

Iniciemos com uma visão geral e superficial do desenvolvimento na técnica e na teoria psicanalíticas durante a segunda metade do século passado. Percebe--se uma mudança que, na verdade, já foi inaugurada por autores anteriores (Ferenczi, 1931, 1933; Balint, 1949, 1952): refiro-me a uma crescente ênfase na relação analista-analisando. Hoje em dia, os analistas estudam mais extensamente o impacto dela no processo psicoterapêutico, e também pensamos que a melhoria psicoterapêutica vem, pelo menos em parte, por meio da própria relação. Diferentes tradições psicanalíticas falam dessa ênfase na relação paciente-psicoterapeuta usando vários termos, como a tendência "intersubjetiva" (Beebe et al., 2005; Levenson, 2005 (1983)) e o objeto-relacional no sentido winnicottiano e pós-kleiniano (Joseph, 1985; Rosenfeld, 1987; Steiner, 1993).

Quando Bion introduziu o termo *continência,* ele considerou que isso era a essência do trabalho analítico. Embora tenha baseado as suas ideias no trabalho com adultos psicóticos, ele ancorou o modelo no que imaginou acontecer entre uma mãe e o seu bebê angustiado. Melanie Klein se centrou no funcionamento da vida interna do bebê, mas não elaborou como este afeta a mãe e a sua resposta ao sofrimento projetado pela criança. Bion expandiu o modelo de Klein e focou, também, na interação entre *dois* mundos internos: o do bebê e o de sua mãe. O termo continência se refere ao que acontece dentro da mãe enquanto ela recebe, processa e retorna ao bebê as ansiedades, ou "os conteúdos", que ele projetou nela.

Norman (2001, 2004) levou o conceito de continência de Bion para dentro da sala de psicoterapia pais-bebê para descrever o que se passava entre ele e o bebê. Como muitos outros psicoterapeutas, ele considerava o bebê um ser intersubjetivo que se relaciona ativamente com os seus objetos primários desde os primeiros momentos da vida. Mas ele deu um passo adiante: alegou que um bebê angustiado buscaria continência *do psicoterapeuta,* desde que fosse exposto à sua atenção cuidadosa. Consequentemente, ele tentou estabelecer um relacionamento com o bebê para se tornar esse recipiente continente. Sua ideia era que, até o momento, o bebê estava sofrendo com afetos que não podia integrar a partes mais maduras de sua personalidade em desenvolvimento. Em vez disso, eles surgiam como vários sintomas que angustiavam o bebê e os pais.

O argumento de Norman levanta uma questão: o que realmente fazemos quando *contemos* um bebê? Vou abordar a questão por meio de um caso que voltará a aparecer no capítulo sobre a sexualidade infantil. Ele foi tirado de uma sessão de psicoterapia gravada com Kate, de 23 anos, e sua filha Frida, de 3 meses de vida. Entre as vinhetas, vou apresentar algumas considerações teóricas sobre a continência, especialmente a respeito de dois aspectos: a "música materna" e as "palavras paternas".

Frida: Vinheta 1 – uma garota chorona

Kate, a mãe, me diz que Frida tem estado agitada toda a manhã. Ela está sentada com Frida em seu colo, embora a segure a certa distância. Frida chora sem parar e treme o seu corpo em angústia. Eu movo minha cadeira para mais perto de Kate enquanto tento capturar o olhar de Frida.

Analista para Frida: Oh, algo terrível está acontecendo dentro de você!

Frida continua chorando no colo da mãe, que a está balançando rapidamente com visível ansiedade. A mãe tenta olhar Frida nos olhos, mas ela continua chorando. Eu tento fazer contato visual com a menina, dizendo:

A para F: Isso é realmente difícil para você.

Frida olha para o teto e, então, para fora da janela. Ela pisca rapidamente, como se fechasse os seus olhos.

A para F: Olá, minha pequena amiguinha, você está olhando para fora, para aquelas árvores lá fora.

Olho para fora também, enquanto a mãe me lança um olhar rápido e desesperançoso. Eu olho para Frida enquanto continuo a falar com ela. Ela continua chorando enquanto a mãe tenta, em vão, confortá-la.

Analista para Frida e a mãe: Tudo deu errado esta manhã! A mamãe ficou brava comigo ontem, então você, Frida, ficou brava com ela porque ela não estava com você... Como você poderia desculpá-la? Isso é realmente um incômodo. Que horror!

A mãe fica um pouco mais pensativa e calma enquanto Frida ainda está chorando.

Analista: Como tudo isso faz você se sentir, Kate?

Mãe: Terrível!

A: Você se sente impotente.

M: Sim!

Contexto clínico

Meu contato com Kate teve início oito meses antes, quando ela me pediu ajuda com as consequências de uma adolescência turbulenta e prolongada. Ela estava grávida de cinco meses e o pai era um rapaz com quem ela não estava se relacionando mais. Começamos um atendimento psicoterápico com frequência de duas vezes por semana e lidamos muito com problemas com regulação dos afetos: ela poderia, de repente, se sentir envergonhada e desajeitada, incapaz de verbalizar sua situação interna ou influenciar acontecimentos externos. Essas dificuldades se aplicavam a quaisquer sentimentos fortes como raiva, tristeza, felicidade e orgulho. Quatro meses após o início da psicoterapia, Frida nasceu. O parto correu bem e, embora a sua relação com o pai da menina não fosse amistosa, sua própria família a apoiou bastante. Ela pôde amamentar e logo retomamos a psicoterapia.

O nosso ponto de partida não foi uma mãe em busca de ajuda com o seu bebê, mas uma mulher grávida com problemas pessoais que ela temia transmitir para a sua futura filha. Até a sessão apresentada anteriormente, eu pouco havia me dirigido a Frida. Na maioria das vezes, ela descansava tranquila no colo de sua mãe. Mas quando Frida estava com 2 meses de idade, Kate começou a mencionar a sua inquietação. Presumi que isso estava conectado às dificuldades dela em regular seus afetos. Muitas vezes, Kate transbordava de emoções não moduladas, como quando expressava as suas esperanças em relação ao futuro ou emitia opiniões sobre a sua família de origem. Ela ficava corada e sua voz vacilava enquanto lágrimas escorriam pelo seu rosto. Nesses momentos, ela não podia olhar Frida nos olhos e lhe explicar o que estava acontecendo dentro dela – e parecia que Frida estava começando a reagir negativamente a isso. Eu tinha começado a apontar isso para Kate, mas, até o momento, não tinha observado qualquer conexão instantânea entre os rubores afetivos dela e a agitação de Frida. Portanto, tinham havido poucas ocasiões para eu me dirigir à pequena sobre como ela reagia à mãe. Em resumo, essa foi uma psicoterapia com uma mãe grávida que, em seguida, começou a trazer o recém-nascido também.

Durante a sessão apresentada, no entanto, eu passei a usar a abordagem MIP com as duas. Kate reuniu coragem e disse que eu deveria tê-la preparado para a possibilidade de um telefonema durante a sessão de ontem. Eu estava esperando uma chamada importante e, pela primeira vez na minha vida profissional, tinha deixado meu celular ligado. Na metade da sessão, o telefone tocou. Desculpei-me e deixei-as por alguns minutos. Após o meu regresso, Kate comunicou vagamente que tinha se sentido abandonada. Era mais fácil para ela falar de tristeza que de raiva pura e simples, um sentimento que confirmei que ela tinha boas razões para abrigar em virtude de minha violação do quadro psicoterapêutico.

Quando Kate abordou esse incidente no dia seguinte, ela estava ansiosa e envergonhada e me disse que quase quis fugir. Em seguida, ela relatou que Frida tinha estado impaciente toda a manhã. Enquanto recebia sua crítica de forma respeitosa e dizia que entendia que ela estava com raiva de mim, também refleti sobre a manhã de Frida. Ponderei se resultava de sua sensação de abandono por uma mãe que estava preocupada com a raiva que estava sentindo de mim. Portanto, supus que a decepção e a raiva de Kate tinham-na impossibilitado de conter a sua filha de forma adequada.

Como Frida começou a chorar, decidi dirigir-me a ela diretamente a fim de "recuperar as partes do mundo interno da criança que foram excluídas da continência" (Norman, 2001, p. 93). Fiz isso partilhando com Frida suas experiências afetivas intensas desta manhã: "Sua mamãe ficou com raiva de mim ontem, e agora você ficou brava com a mamãe porque ela não pôde estar com você da maneira correta". Eu estava me referindo à continência duvidosa a que ambas tinham sido expostas. Também formulei isso como um problema com afetos não metabolizados de Frida: "Há algo acontecendo dentro de você". Finalmente, evoquei sua capacidade de agenciamento (Stern, 1985) na forma como ela lidou com o ressentimento e o desespero. Conectei isso com a minha empatia em relação a seu sofrimento: "Como você vai desculpar a sua mamãe? Oh, isso foi realmente um incômodo".

O que Frida entenderia dessas intervenções? Será que, na realidade, não falei com a mãe, mas por meio dela, uma questão abordada na Figura 1, no

Capítulo 1? Ou, se foi Frida a quem realmente me dirigi, será que ela não foi afetada por algo além de minhas declarações verbais? Se sim, como poderíamos conceituar esse "algo além" e como ele a afetou? Nos capítulos anteriores, respondi essas perguntas usando conceitos da semiótica. Aqui, vou abordá-las focando a continência. Iniciarei formulando uma pergunta.

A quem o psicanalista contém?

Vou comparar duas situações aparentemente diferentes: um trio de música de câmara e uma sessão de psicoterapia mãe-bebê. Se dois músicos estão preocupados com as frases um do outro, mas desatentos ao terceiro parceiro, isso resultará em uma música insípida ou superficial. O músico abandonado pode reagir com raiva, desespero ou indiferença. Uso essa cena para retratar, metaforicamente, um risco na psicoterapia mãe-bebê: o abandono da criança. Quando pedimos que a mãe nos conte sobre as preocupações do seu bebê, este pode sentir algo como: 'E quanto a MIM? Eu também sou um membro deste trio!'.

Tal abandono do bebê ocorre com frequência. Ao longo dos anos, testemunhei dezenas de apresentações de caso e demonstrações por meio de vídeo em seminários e congressos internacionais. Apesar da intenção do psicoterapeuta de atender igualmente à mãe e ao bebê, na realidade, outra coisa volta e meia acontece: a mãe e o psicoterapeuta falam sobre o bebê, cujas atividades continuam relativamente despercebidas até que ele comece a chorar ou demonstrar diferentes expressões faciais. Então, os adultos "acordam" e o atendem ou mesmo falam com ele. Um trio surgiu a partir do duo – mas, muitas vezes, apenas por um tempo.

O psicoterapeuta tem muitas razões para não notar o bebê. Ele e a mãe falam a mesma língua e acham que é mais fácil entender um ao outro, em comparação às expressões faciais, aos tremores e aos gemidos de uma criança pré-verbal. Em segundo lugar, as comunicações de um bebê que está com problemas são angustiantes para nós, adultos. Seu desespero provoca não só o desamparo mais primitivo da mãe, mas também o do analista. Isso explica a poderosa contratransferência na psicoterapia mãe-bebê. O analista reage a estar com uma pessoinha tão incompreensível e no início do seu desenvolvimento, porém tão próxima do seu próprio *self* infantil.

Embora tenhamos a intenção de incluir o pequeno bebê em um diálogo, tendemos a esquecê-lo. Se fizermos isso de forma consistente, conteremos a mãe esperando que, simultaneamente, aliviaremos o sofrimento da criança. Esse foco no adulto pode ser apoiado pelo seguinte argumento: "A sua metáfora do trio pode muito bem ilustrar as interações clínicas. Certamente, você não deve negligenciar Frida e deve falar com ela, também! Porém, já que ela não o entende, na realidade, é a mãe que é atingida quando você fala com o bebê". Essa objeção já foi expressa no Capítulo 1. Para fundamentar o meu argumento ainda mais, deixe-me dar mais um passo com a metáfora do trio. Quem se relaciona com quem em um trio? A frase de um músico pode ecoar a de seu companheiro e, ainda, anunciar a do outro colega. Um trio no qual uma parte é apenas acompanhada pelos outros dois produz uma música entediante. Então, a quem o nosso músico realmente se endereça? Obviamente, a ambos seus companheiros, mas suas mensagens têm funções diferentes para cada um deles.

Quando eu disse: "Sua mamãe ficou com raiva de mim, e agora você ficou brava com a mamãe", essa mensagem teve dois destinatários e várias camadas de significado. O seu nível verbal sugeriu a Kate que sua filha reagiu às mudanças dentro de si mesma causadas por sua raiva comigo. Desse nível, Frida compreendeu tão pouco quanto uma pessoa musicalmente analfabeta compreenderia na frente de uma partitura musical. Essa pessoa, no entanto, pode "entender" a música no sentido de apreciá-la, atuá-la e ser movida emocionalmente por ela. Da mesma forma, acredito que Frida entendeu outros níveis da minha comunicação e que eu teria reduzido o meu arsenal psicoterapêutico se eu tivesse me abstido dela.

A metáfora do trio implica que as nossas intervenções sempre afetarão tanto a mãe quanto o bebê. Tecnicamente, temos a escolha de nos comunicar com um ou ambos os participantes. Há uma diferença essencial entre olhar Frida em seus olhos e dizer: "Isso é difícil para você" – e voltar-se para a mãe explicando: "Isso é difícil para ela". Stern salienta que, com o aumento do número de participantes, o processo de psicoterapia se torna menos linear e menos previsível. "O que acontece é mais espontaneamente cocriado, muito desleixado, cheio de erros, reparos e mudanças bruscas de direção" (Stern, 2008, p. 180). Penso que Stern concordaria que essa espontaneidade e esse desleixo são ingredientes essenciais da "música de câmara" da psicoterapia pais-bebê.

O analista "músico" deve ouvir os seus dois companheiros. Se ele se concentra muito no bebê, pode perder a confiança da mãe e todo o atendimento. Se ele se concentra muito na mãe, as angústias do bebê permanecerão não contidas. No final, isso também pode levar a um impasse. Em vez de prescrever quando se dirigir a quem, vou descrever as vantagens e os inconvenientes de cada alternativa. Embora este livro traga a questão da comunicação com o bebê, adianto que esta apenas funcionará uma vez que a mãe tenha compreendido as nossas razões para usá-la. Se não, ela poderá sentir que isso é besteira e ficar irritada ou ofendida. Kate e eu tínhamos uma relação psicoterapêutica longa, e a sua aliança de trabalho comigo tinha passado por muitos testes de transferência negativa. Porém, em tratamentos recém-iniciados, tento avaliar se a mãe compreendeu por que eu falo com o seu bebê. Se necessário, tento explicar a ela, embora não superestime os efeitos da pedagogia. Como alternativa, espero por um momento em que o bebê demonstra ser sensível à comunicação emocional. Então, indico isso à mãe. Dessa forma, ela testemunha, em primeira mão, que o seu bebê é "uma pessoa", como uma mãe uma vez expressou sua observação com surpresa.

É verdade que, quando contemos o bebê, isso pode levar à "reparação da díade mãe-bebê" (Norman, 2001, p. 94). Às vezes, no entanto, o desejo da mãe de ser contida pode perturbar essa reparação. Se ela se sente deixada de fora pelo nosso foco no bebê, devemos falar com ela sobre isso. O mesmo acontece se ela está emocionalmente ausente ou sobrecarregada por problemas pessoais. Suas reivindicações de ser escutada podem surgir da parte adulta ou de partes mais infantis de sua personalidade. Seja qual for o caso, suas reivindicações são justificáveis. Às vezes, não é necessário um descuido tão grande do analista para que uma bola de neve de transferência negativa por parte da mãe comece a rolar e, então, estamos a caminho da interrupção do tratamento. Mães com preocupações de bebê são frágeis. Elas, muitas vezes, se sentem condenadas, pois acham que o amor que têm pelos seus bebês não é bom o suficiente. Elas se sentem confusas por forças que não compreendem.

A alegria que sentem se mistura com sentimentos de culpa e baixa autoestima. Qualquer intervenção, seja direcionada para os bebês ou para elas, pode ser lida como: "O que o psicoterapeuta quer dizer ao falar dessa maneira? Há algo de errado com a maneira como eu trato o meu filho?"

Nossa melhor lente para decidir em quem nos concentrar é a nossa contratransferência. Meu foco oscilando entre Frida e Kate foi guiado por mudanças espontâneas em minhas identificações. Às vezes, eu me identificava com Kate ("Como tudo isso faz você se sentir, mãe?"). Isso ocorreu quando pude ver a sua angústia diante de Frida gritando. Às vezes, eu estava mais em sintonia com a criança ("Algo terrível está acontecendo dentro de você"). Nesses casos, eu "fui" o bebê que estava gritando impotentemente porque ninguém me entendia! O fato de sermos lançados entre identificações primitivas e mais maduras é uma das razões para a contratransferência sempre intensa no trabalho pais-bebê (Golse, 2006).

Como o psicanalista contém o bebê?

Usei o tratamento direto "Você ficou brava com a mamãe" porque queria alcançá-la pessoalmente. Um aspecto central da continência é transmitir à criança sua atenção integral: não só observando-a, mas também contemplando e verbalizando o que supomos estar acontecendo dentro dela. Para tanto, a contratransferência é de imenso valor por fazer eco aos comprimentos de onda das ansiedades da criança. No entanto, não é uma fonte de informação à prova de erros. Isso precisa ser complementado pela observação do bebê e da mãe após a nossa intervenção. Estamos de volta ao circuito inferencial de Peirce, citado no Capítulo 1. Imaginei que a angústia de Frida em casa tinha a ver com a indisponibilidade emocional da mãe em virtude de sua raiva comigo. No entanto, até agora, a minha suposição não foi confirmada. Enquanto eu continha Frida, tive uma nova ideia: o fato de ela olhar as árvores lá fora sugeriu que ela, também, estava se fazendo indisponível para os consolos da mãe.

Usar o tratamento direto não era simplesmente uma questão de dizer "você" para Frida – enquanto eu realmente queria dizer "ela" ao falar com a mãe sobre o bebê. Isso deu a entender que todo o espectro da minha comunicação foi concedido a ela: minhas vocalizações em um ritmo de discurso, as inflexões de voz com subidas e descidas e a qualidade de som em termos de atenção e empatia. Penso que, quando atingimos *Einfühlung* – o "sentimento dentro" de empatia –, nossa voz é colorida por variações naturais de *piano* e *forte*, *crescendo* e *diminuendo, accelerando* e *ritardando, tenuto* e *sforzando* – todas aquelas qualidades que transformarão as notas de uma partitura musical em música viva. A soma total dessas qualidades constitui os comprimentos de onda emocionais da nossa comunicação com o bebê – e são esses elementos que acredito que o bebê é capaz de processar.

Até agora, falei sobre o componente auditivo da continência. Ela também dispõe de elementos visuais que capturam a atenção do bebê: lá estava o meu olhar nos olhos de Frida e minhas sobrancelhas sendo levantadas em virtude da minha atenção específica a ela. Gravações em vídeo indicam que as minhas expressões faciais tendem a espelhar, inadvertidamente, as da criança. Por exemplo, às vezes, noto um olhar triste em meu rosto quando estou falando com um bebê triste. Tais expressões só refletirão a contratransferência de alguém genuinamente e só farão parte de uma continência bem-sucedida se forem espontâneas e naturais. O mesmo se aplica aos gestos de mão do analista e aos seus movimentos corporais. Muitos bebês são capturados por movimentos de mão, provavelmente porque eles refletem a minha ênfase emocional. Quando eu disse a Frida: "Isso é realmente difícil para você", fiz um movimento com o braço para enfatizar as minhas palavras. Notei que ela observou o meu braço atentamente.

Se esta "ópera" (Golse, 2006) de sons, gestos e imitações constitui uma parte importante da continência, como isso afeta a criança? O que faz com que ela se interesse em fazer "música de câmara" comigo e com a mamãe? Por que ela acreditaria que eu falo sobre o seu sofrimento? Para responder, vou invocar a "musicalidade comunicativa" (Trevarthen & Aitken, 2001) na interação mãe--bebê. A criança é "atraída pelas narrativas emocionais carregadas na voz humana" e quer "participar num desempenho compartilhado que respeite pulsação, fraseamento e desenvolvimento expressivo comuns" (p. 12). O analista usa a sua aptidão para atingir e interagir com o bebê. Descrever a interação de nossa continência e a musicalidade da criança é tão difícil quanto descrever uma experiência musical em palavras. Ao longo deste livro, tento construir uma ponte sobre o abismo entre os domínios não verbal e verbal por meio de conceitos como representações primárias, representações analógicas, simbolismo presentacional, ícones e índices.

O conceito de continência também está ancorado em uma visão semiótica da mente. Em resumo, conter é transformar signos. Isso se torna evidente quando lembramos que o continente metaboliza o que Bion nomeou elementos *beta*, que, afinal, não são nada além de signos primitivos. Continência resulta em um crescimento da função *alfa* do bebê, como aconteceu no meu diálogo com Frida. Inspirado por estudos sobre atendimentos pais-bebê, James Grotstein (2008) aplica os conceitos de Bion com as crianças. Ele supõe que elas têm uma função alfa rudimentar (herdada) com a qual elas estão "preparadas para gerar comunicações pré-lexicais e receber comunicações lexicais prosódicas da mãe" (p. 45). Gostaria apenas de acrescentar: e as comunicações do analista. Se pudesse formular em linguagem infantil o que estava acontecendo na mente de Frida enquanto me dirigia a ela, eu diria: 'Mim sente melhor', ou, parafraseando a melodia gospel, 'Ninguém sabe o problema em que eu me encontro, ninguém sabe, exceto aquele homem'.

A ideia de usar metáforas musicais para descrever as interações mãe-bebê não é nova. Para Daniel Stern (1985), o *self* emergente do recém-nascido é representado como "formas, intensidades e padrões temporais" (p. 51). Ele descreveu o afeto de vitalidade em termos musicais e forneceu evidências de que os bebês podem discernir padrões temporais em suas interações com os pais. De modo correspondente, uma mãe, de forma intuitiva, torna a "estrutura temporal de seu comportamento" (p. 84) óbvia para o bebê cantando e falando com ele. Feldman (2007) também entendeu o tempo como um aspecto central das emoções. Beebe et al. (2000) afirmam que tempo e ritmo organizam *toda* comunicação e *todo* comportamento. É o ritmo do olhar, do toque, da respiração e das palavras.

No entanto, não nos esqueçamos de que eu adiciono uma dimensão, além da estrutura temporal, ao afeto do bebê. Como argumentei no Capítulo 1, este também tem algum conteúdo primitivo: trata *sobre* algo agradável ou desagradável. Os gritos de Frida expressam algo que rotulo de 'pânico porque minha mãe está aqui, mas ela não está realmente comigo'. Continência, então, implica não só receber e conter as angústias do bebê, mas também tentar entender por que Frida está gritando. Vamos, agora, acompanhar se a sessão se desenvolveu de forma a aumentar minha compreensão.

Frida: Vinheta 2 – "Estou totalmente encantado!"

Depois que Kate manifestou como ela se sentia impotente quando Frida estava chorando, falamos sobre o seu sentimento de impotência em relação a mim e meu celular e aos homens em geral. A pequena Frida, de repente, chorou. Isso chamou a minha atenção para o fato de eu tê-la deixado fora de foco. Ela ainda está sentada no colo de sua mãe e tem a chance de olhar para nós dois.

Analista para Frida: Sim, nós também deveríamos falar sobre você, não é mesmo?

Mãe: Mmm...

Analista para a mãe e Frida: As coisas ficaram complicadas para vocês duas, bem, se estivermos certos sobre tudo isso. Alguma outra coisa pode explicar o que aconteceu. Talvez uma flatulência ou um cocô vão aparecer!

Ao dizer isso, coço a minha cabeça, um pouco nervoso. A menina olha para o seu lado direito, passando por mim, e, em seguida, para o meu peito mais uma vez. Sinto o seu vago esforço em fazer contato comigo.

A para F: Olá! Isso foi muito difícil para você!

A menina olha entre a mãe e eu.

A para F: E todas essas coisas se mantêm aí, dentro de você!

Mãe (me olhando com confiança): Você quer dizer que essas coisas estão ligadas: o físico e o psíquico...?

A para M: Como essa ideia soa para você?

M: Eu acho que é verdade.

A para M: Mmm... Ontem você estava com raiva de mim. Talvez você também estivesse com medo de estar com raiva.

A mãe concorda com a cabeça enquanto balança a filha, que está um pouco mais à vontade.

A para M: Você estava pensando: "Como eu poderia falar com Björn sobre isso e exigir que ele lidasse com o celular de outra maneira?"

M: Sim!

A menina está mais calma.

A para M: Então, você não estava com os pensamentos em Frida (aponto a mão direita para um ponto entre as duas).

M: Ontem, sim.

A para F: A mamãe não estava conectada com você desde ontem, Frida.

A menina fecha os olhos um pouco e está mais calma agora.

Analista para Frida: Oh, você está cansada. Mas sabe de uma coisa, pequenina? Você também não está conectada com a mamãe, porque, há um tempinho, você não a olhou nos olhos. Era como se você estivesse se vingando da mamãe. Eu entendo isso. Pareceu ontem, quando a mamãe não olhou nos meus olhos. Eu tive de perguntar a ela: "Olá, Kate, por que você não diz nada, podemos entrar em contato?".

A menina está calma agora. Seu olhar parece mais em paz enquanto ela olha para fora da janela, em silêncio.

A para F: A mamãe apenas levantou você, mas eu lhe vi olhando para o outro lado. E você, mamãe, estava sentada em casa ontem, olhando para outro lugar e não para Frida, pensando em mim e em você. Enquanto isso, você, Frida, estava olhando para o outro lado e não para a sua mãe. Então, você começou a chorar e agora você está cansada.

Eu aceno com a cabeça lentamente, copiando espontaneamente a sua fadiga. Isso captura a sua atenção. A mãe sorri para ela. A menina afasta um pouco o olhar de mim novamente.

A para F: Talvez, amanhã de manhã, você terá perdoado a mamãe. Em um sonho, talvez. Afinal de contas, a mamãe é a melhor!

A mãe olha amorosamente para Frida, que sorri abertamente para ela.

A para F: Parece que você já começou a perdoar a mamãe.

A menina me dá seu primeiro sorriso ao olhar nos meus olhos.

Analista para Frida: Oh, que sorriso, Frida. Estou totalmente encantado!

Ela continua sorrindo por pouco tempo e, depois, volta a chorar.

A para F: Ah, a coisa ruim dentro de você está voltando: 'Mamãe boba, boba, boba! Da próxima vez, você tem de me dizer quando está de mau humor para eu me preparar para isso!'. Mas você sabe, Frida, a mamãe nem sempre pode dizer com antecedência, pois ela é apenas humana.

Emoções e movimentos no discurso analítico

No trabalho pais-bebê, fazemos uso da afinidade entre as línguas da música e dos afetos. Elas estão ligadas via *corpo humano*. Percepções cenestésicas (Spitz, 1965) e auditivas dependem de fenômenos vibratórios e, portanto, se misturam indiscriminadamente. Ouvimos música enquanto sentimos suas vibrações e seus movimentos afetivos gestuais. Música, portanto, retrata os afetos imitando, analogamente, as suas expressões corporais (Salomonsson, 1989). Em resumo, a nossa experiência é como se a música *soasse* da mesma forma que as emoções são *sentidas* dentro dos nossos corpos. O tom das ondas de ascensão e queda, *piano* e *forte*, agudo e suave, *legato* e *staccato* corresponde a ondas de afeto semelhantes nos seres psicossomáticos. Esses pensamentos refletem a descrição de Stern (1985) de afetos de vitalidade em "termos dinâmicos e cinéticos, como 'surgindo', 'esmorecendo', 'sumindo', 'explosivos', 'crescendo' e assim por diante" (p. 54). Eles também evocam a ideia de Susanne Langer (1942) de que a nossa própria vida interna tem propriedades formais "semelhantes às da música – padrões de movimento e repouso, tensão e liberação, concordância e discordância, preparação, realização, excitação, mudança repentina etc." (p. 228).

Podemos fazer uma conexão entre música e afetos para explicar como a continência se faz presente no trabalho pais-bebê. O analista diferencia um grito de felicidade de um angustiado ou a *joie de vivre* do pânico em um tremor repentino. Ele também diferencia pânico, vergonha, hostilidade, amor e culpa da mãe por meio de palavras, suspiros, expressões faciais e movimentos dela. Ele é, portanto, "musical" no sentido de que entende as "emoções", ou seja, os movimentos dos afetos conforme eles aparecem visual, auditiva e proprioceptivamente.

Então, do que Frida é capaz? Penso que ela capta os sentimentos paralelos às minhas palavras. Isso acontece por meio do "tempo [...] do andaime, da melodia, sobre os quais o conteúdo verbal é [...] superposto" (Beebe et al., 2000, p. 101). A música de continência detém, assim, Frida em uma "cama de som". Minha intervenção a acalma – mas não porque as minhas palavras vão direto ao ponto, uma vez que isso seria impossível. Em vez disso, é algo que a ajuda quando as minhas expressões se tornam cada vez mais coordenadas conforme uso a minha contratransferência. Quanto mais entendo a situação de Frida, mais o meu discurso se aproxima do meu comportamento. Sugiro que ela monitora esse processo em mim, o que, gradualmente, lhe permite criar primitivos "atos de significado" ou "representações protolinguísticas", como Bruner (1990) as nomearia.

Em um determinado ponto da vinheta 2, fico com medo de ter ignorado alguns problemas gastrintestinais e coço a cabeça. Conscientemente, quero abordar as suas experiências com a mamãe. Inconscientemente, fico ansioso por estar à deriva. Esse choque faz com que as minhas palavras expressem uma coisa e as minhas mãos, outra. Minhas palavras são: "Isso não é perigoso", enquanto os meus gestos indicam: "Oh, querida, é como se eu estivesse perdendo uma calamidade médica!". Mas retomo a minha coragem e digo para Frida "algo que, pelo menos no momento, parece ser verdade" (Norman, 2001, p. 96). Como Norman enfatiza – e o meu ato de coçar a cabeça também indica –, "isso pode, às vezes, ser doloroso para o analista formular" (idem). À medida que elaboro a minha ansiedade, os níveis verbal, indicial e icônico da minha intervenção vão unir-se em uma *Gestalt* continente. Em contraste, a *Gestalt* continente da sua mãe, provavelmente, tinha sido inconsistente na parte da manhã. Conscientemente, Kate queria acalmar Frida. Inconscientemente, ela estava residindo em sua raiva de mim. Isso fez com que a mensagem da mãe se tornasse "confusa" (Tronick, 2005), o que provocou ansiedade e desespero em Frida.

Outro elemento pode atrapalhar a continência: nossas mensagens para a criança são, inevitavelmente, "enigmáticas e sexuais" (Laplanche, 1997, p. 661), como discutimos no Capítulo 2. Elas carregam conotações além do uso comum da linguagem e além da nossa consciência. Nossas comunicações são, portanto, "igualmente opacas ao seu receptor e ao seu transmissor" (Laplanche, 1995, p. 665). Esta "situação antropológica fundamental" é causada pela assimetria entre a sexualidade do adulto e da criança (Laplanche, 2007, p. 99). Quando digo para a Frida sorridente: "Estou totalmente encantado", expresso a minha alegria em relação ao nosso repentino e carinhoso contato. Mas a palavra "encantado" também aborda, embora fosse inconsciente para mim no momento, sua sexualidade em desenvolvimento. Essa nuance oculta nunca vai se tornar inteiramente consciente, nem para Frida nem para mim, e não acredito que isso atrapalhe a minha possibilidade de contê-la. Retornaremos a Frida e à sexualidade infantil no Capítulo 9.

Um último comentário a respeito dos elementos visuais e auditivos da continência: a razão de eu ter enfatizado o aspecto musical é que, muitas vezes, ele é negligenciado na literatura psicanalítica. A psicanálise teve início como uma "cura pela fala", cujo conteúdo musical tem sido tratado, em alguma medida, sem entusiasmo. Por outro lado, as impressões visuais são minimizadas na prática analítica: o paciente é colocado em um divã e temos pouco contato visual. Isso resultou no destaque, na sessão, dos aspectos do signo referentes ao simbolismo das palavras. No entanto, acredito que a nossa mente nasce "no balanceio do ritmo" do coração e das entranhas da mãe, de seu andar e sua fala e do ruído sempre presente dos seus vasos sanguíneos. Muitos psicoterapeutas de criança acreditam que experiências auditivas formam a primeira conexão entre "o estado concreto da experiência somática" e "a atividade mental abstrata conectada a imagens visuais" (Ciccone et al., 2007, p. 17). Após o nascimento, esses "objetos sonoros" (Maiello, 1995) pavimentam o caminho para a interação do bebê com a mãe e vão fazer do ritmo a base da segurança. Isso se torna evidente quando ouvimos uma mãe falar com o seu bebê de forma suave e rítmica, muitas vezes com repetições enfáticas: "Vamos, vamos, por que ESTAMOS chorando, bem, bem, agora, agora". Acredito que tenha feito algo semelhante quando disse a Frida: "Mamãe ficou com raiva de MIM ontem, e então VOCÊ, Frida, ficou brava com ELA". Esta é a música que captura a atenção dela e a acalma: o aspecto maternal da continência. Agora, vamos investigá-lo mais a fundo e compará-lo com a continência paterna.

Continência – materna e paterna

Vamos voltar à vinheta 2. Em alguns momentos, senti empatia em relação ao pânico de Frida, como quando disse a ela: "Mamãe não estava emocionalmente com você ontem". Em outros momentos, apontei que ela tinha desempenhado um papel ativo no ocorrido. Ela tinha evitado os olhos da mãe e isso foi doloroso para Kate. Esses exemplos mostram os dois aspectos diferentes da continência: o materno e o paterno. Na continência materna, "seguramos" (Winnicott, 1965) a angústia da criança. Somos pacientes, empáticos, imaginativos e sonhadores a fim de nos aproximarmos das representações primárias do bebê. Isso se aproxima do modelo de continência de Bion (1962a, 1970), que é construído na relação mãe-bebê. Na dimensão paterna (Quinodoz, 1992; Salomonsson, 1998), representamos a ordem humana: nela, existem convenções e leis que regulam as nossas interações e devem-se usar palavras e inequívocos signos não verbais para expressar os desejos.

Quando Bion (1962a) introduziu a polaridade continente-contido, ele usou um sinal feminino (Vênus) para o continente e um masculino (Marte) para o contido. Assim, a continência seria uma atividade feminina ou materna – enquanto a ansiedade seria restrita ao masculino. Uma divisão estranha! Apenas em raras ocasiões Bion falou do aspecto paterno da continência, como quando comentou que a mãe continente precisa associar a sua *rêverie* ao amor pela criança *ou pelo seu pai* (Bion, 1962a, p. 36, grifos meus). Provavelmente, ele tinha em mente que a visão da mãe do amor genital e de suas delícias contrabalanceiam seu medo de que o terror sem nome da criança a devore a partir de dentro. Seu amor pelo pai da criança engendra fantasias eróticas. Marte enche o peito de Vênus e a faz feliz, e Vênus envolve o membro de Marte e o faz feliz. Se transpusermos essas imagens para o mundo da continência, percebemos que esta é uma atividade bissexual. O contido enche o continente de identificações projetivas angustiadas. A mãe-continente é inspirada pela sua *rêverie* do pai a envolver o contido e contentá-lo. Isso ajuda a mãe não só a acalmar a criança, mas também a sentir amor por ele/ela em meio a lágrimas e gritos.

Se olharmos para a continência pelo lado de fora, ela parece ser uma atividade entre mãe e filho. Mas, vista a partir do interior, ela é uma relação triangular: "o pai está presente na *rêverie* da mãe-analista" (Quinodoz, 1992, p. 629). O analista sonha junto com as fantasias do paciente sem questioná-las – mas ele também mantém o princípio de realidade (Salomonsson, 1998). Na continência materna, construímos uma unidade ilusória e idealizada com o paciente. Aqui, as palavras são usadas para sustentar e confirmar esse estado. Nesse modo, o analista é "musical" em seguir as "e-moções" da linguagem afetiva do paciente. Ele está em contato com o seu ser psicossomático quando "dança" com o bebê. Às vezes, ele pode sentir que as suas intuições estão seguramente ancoradas. Outras vezes, ele se sente solto no mar ou em pânico, como quando eu cocei a cabeça para Frida.

Na continência paterna, negamos a "ilusão materna" em favor do princípio de realidade. Reconhecemos as fronteiras entre as partes e esclarecemos que, para cruzá-las, deve-se usar um modo comum de comunicação: palavras que são claras e inequívocas. Prefiro descrever esse modo com o termo de Lacan *le Nom-du-Père*, ou "o nome do pai". Para entendermos esse termo, vamos começar a partir de sua visão de que a mãe e a criança dividem uma ilusão do "momento primordial ideal" (Lacan, 1998, p. 148). O bebê demanda que a mamãe compreenda os seus desejos secretos e ela se impõe o mesmo. Claro que isso é impossível, já que "o desejo chega significado diversamente do que estava no início [...] portanto, o desejo é sempre enganoso" (p. 148). Esse é o caso especialmente com um bebê angustiado como Frida, que expressa seus desejos de forma confusa. Como Kate suspirou: "Eu não sei o que ela quer. Eu tento confortá-la, mas nada ajuda".

As queixas de uma mãe frustrada não devem, entretanto, nos fazer esquecer do outro lado da moeda: a ilusão de que uma mãe satisfaz a todos os desejos de seu filho e de que o pequeno é seu "falo", fazendo dela um ser humano perfeito (Porge, p. 135). O falo refere-se a uma fantasia mutualmente compartilhada sobre completude e grandeza – independentemente do sexo da criança (Diatkine, 2007, p. 650). É aqui que a ordem simbólica e o seu representante, o nome do pai, aparecem como um fator de contrapeso. Ele lembra a mãe e a criança de que eles estão sujeitos às limitações da realidade e à lei: nenhum deles é uma criatura bissexual e maravilhosa. A lei diz que o desejo deve ser transformado em uma vontade, que pode ser concedida ou refutada pelo outro. Frida deve aprender a expressar-se de modo que a mãe possa entendê-la.

Duas objeções talvez surjam contra o uso do nome do pai para bebês. Já lidamos com a primeira, ou seja, que o bebê não entende as palavras. É fácil demonstrar que o nome do pai está operando muito antes de a criança entender as palavras literalmente. Rufus, de 9 meses de idade, apresentado no Capítulo 2, quer escalar um pequeno banco. Ele checa se sua mãe o está assistindo e, quando o caminho está livre, começa a sua expedição de escalada. Embora não entenda a importância verbal da proibição da mãe, ele entendeu o seu mandamento. Da mesma forma, Frida reage à minha sincera observação quando aponto a janela e digo que ela está evitando os olhos da mãe. A segunda objeção seria a de que Lacan não incluiu formas de expressão não verbais em *le symbolique*. Como mencionei no capítulo anterior, os autores franceses pós-lacanianos cunharam conceitos sobre como o bebê significa seu desejo. Refiro-me ao "significante de demarcação" (Rosolato, 1978, 1985) e ao "significante formal" (Anzieu, 1990). Eles funcionam como *porte-paroles* (porta-vozes) do bebê do *le symbolique*. Quando Rufus está amuado assim que sua mãe o vê no banco, este é um significante de que ele compreendeu a sua mensagem e se sente envergonhado e frustrado.

De muitas maneiras, o *Nom-du-Père* está destinado a infligir dor psíquica. Uma razão é que ele lembra a mãe e o bebê de que outro objeto também está envolvido no desejo dela: o pai da criança. As suas mensagens enigmáticas insinuam que, embora ela diga que o seu bebê é a pessoa mais bonita do mundo, há alguém que se aproxima mais de atender concretamente ao seu desejo. Ela está fazendo e sentindo coisas com o pai da criança em particular, o que limita a criança no sentido de ser seu único amante. Se ela diz "Bebê, eu te amo" para o bebê ou para o pai, as palavras têm significados muito diferentes. Quando os pais se olham, brincam um com o outro ou se acariciam, eles transmitem comprimentos de onda que o bebê compreende apenas vagamente. Às vezes, o bebê os intui e reage com dor. Lembremos a indignação de Rufus, no Capítulo 2, quando a mãe pediu que o pai olhasse o seu novo sutiã no provador de roupas. O nome do pai também provoca dor de outro modo. Ele obriga o bebê a pagar "o preço de uma perda" (Marks, Murphy, & Glowinski, 2001, p. 194), uma espécie de taxa para entrar no mundo dos símbolos: ele deve expressar o seu desejo em palavras. Quando aceita isso, ele entra na comunidade cultural. Dolto (1982) rotula essa renúncia de "castração *simbolígena*" (p. 47). Ela ajuda a criança a se tornar um membro da família e da comunidade humana. Mais importante, ela deve ser instituída lentamente e com a ajuda de adultos benevolentes. Caso contrário, a "frustração não será simbolígena, será traumatizante" (p. 61).

Expresso nesses termos, o objetivo da continência paterna é estabelecer a castração simbolígena. Conforme enunciado, ela provoca dor, como quando eu disse a Frida que ela estava evitando a mamãe e vingando-se dela. As minhas palavras descreveram suas intenções, suas ações e suas consequências para ela e sua mãe. Notei que Frida ficou mais relaxada e estava olhando para fora da janela. Ela parecia interessada no meu comentário apesar de sua mensagem austera, da qual, talvez, tenha capturado uma inflexão de voz ou uma expressão no meu rosto. Sua reação poderia sugerir que ela estava prestes a se identificar comigo, o *porte-parole* do nome do pai.

Frida: Vinheta 3 – "Oooh, oooh, oooh"

Este capítulo começou com uma nota musical e vou encerrá-lo da mesma forma, uma vez que esclarecemos os dois componentes da continência. Conforme a sessão relatada anteriormente continuou, Kate e eu estávamos conversando. Ela se sentia melhor com o incidente do celular. No entanto, isso permaneceu em sua mente, pronto para ser recuperado se ela ficasse desapontada comigo de novo. Agora, volto-me para Frida.

> Analista: Acontece o mesmo com você, Frida. Você estava quieta por um tempo, mas, depois, algo no seu "corpo-alma" surgiu, circulando dentro de você novamente. Tudo acontece em círculos (faço um movimento circular com a mão). A sua mãe estava olhando para longe, ela estava com raiva de mim, ela estava ocupada com essas coisas, e tudo ficou preso no seu "corpo-alma" e você chorou.

Frida (olhando para mim): Oooh... Oooh...

A: Sim... sim...

F: Oooh... oooh... oooh...

A: Sim, Frida... sim ...

O tempo do nosso intercâmbio rítmico foi fluindo pacificamente do *andante* para o *adágio*. Enquanto Kate parecia à vontade e chamava Frida para mais perto de si, a criança e eu estávamos balançando lentamente no ritmo da música da continência. Ela e eu tínhamos nos tornado objetos da interação musical que ocorria entre nós. Neste momento, nossas duas vozes no trio de música de câmara estavam compondo uma música realmente interessante, enquanto a voz da mãe estava pausada por um tempo. Uma parte da música consistia em nosso dueto de: "Sim... sim..." e "Oooh ... oooh... oooh...". Outras eram de esclarecimento ou trabalho paterno, por exemplo, quando eu disse que o "corpo-alma dela" estava se movendo em círculos.

Concluindo: é a combinação de dois elementos – o ritmo do diálogo materno e as palavras interpretativas paternas – que tornam a continência útil. Para continuar com a nossa metáfora musical: é a combinação entre música e *libretto* que resulta numa ópera, seja no palco ou no nosso consultório.

Epílogo

Algumas semanas mais tarde, Frida tinha se tornado um bebê capaz de expressar todos os tipos de emoções de uma forma saudável e direta. Em termos de apego, um apego evitativo em relação à mãe (Ainsworth, Blehar, Waters, & Wall, 1978), *in statu nascendi* desde seu segundo mês, não era mais observado. Durante os oito meses seguintes, ela seguiu presente nas sessões da mãe. Então, ela começou a frequentar o jardim de infância e Kate continuou em psicoterapia individual.

Termino este capítulo com um curioso incidente. Quando Frida estava com 3 anos de idade, sua mãe me disse uma vez: "Outro dia, Frida estava muito inquieta. Eu não entendia o porquê. Ela insistiu: 'Tem um urso do lado de fora da janela'. Eu ignorei essa fala, mas ela continuou. Finalmente, olhei para fora e, de repente, percebi a conexão com você. Então, eu disse: 'Ah, agora eu entendo o que você quer dizer, sim, há um grande urso lá fora' – e ela se acalmou".

Faz-se necessário dizer que o meu nome, Björn, significa urso. Será que Frida se acalmou porque sabia que "Urso" era uma figura importante para a sua mãe? Ou ela teria vagas lembranças próprias, conectadas com ter sido contida pelo "Urso"? Nem a mãe nem eu tínhamos certeza, mas, evidentemente, a menina não relaxou até que a mãe reconhecesse que havia um urso, ou um *björn*, do lado de fora da janela.

4. O que um bebê entende? – Karen, 8 meses de vida

Neste capítulo, vamos explorar mais de perto o que um bebê talvez entenda das nossas intervenções. Escolhi um bebê mais velho que os apresentados anteriormente: Karen, de 8 meses de idade, e sua mãe, Miranda. Ela foi capaz de responder às intervenções de forma mais elaborada que os bebês apresentados até o momento. Isso permitirá que eu demonstre mais claramente o meu diálogo com ela, bem como compreenda o seu papel no tratamento.

Karen e sua mãe, Miranda – outro caso de dificuldades com a amamentação

Fale comigo, bebê, me diga qual é o problema agora.
Você está tentando desistir de mim, bebê, mas você não sabe como?
Eu tenho sido a sua escrava, desde que me tornei a sua garota
Mas, antes de eu vê-lo indo embora, eu vejo você em seu túmulo.
Eu sou uma boa garota, mas o meu amor é inteiramente errado.
Eu sou uma boa garota, mas o meu amor se foi.
("Long gone blues", Billie Holiday, 1939)

"Long gone blues", de Billie Holiday, me veio à cabeça enquanto eu estava atendendo a Karen e sua mãe, Miranda. "Fale comigo, bebê, me diga qual é o problema agora" representava as súplicas da mãe quando ela encarava o choro incessante de Karen e a sua demanda para ser amamentada. Como os dois amantes da canção melancólica, elas se tornaram escravas uma da outra, tentando, em vão, salvar seu relacionamento às avessas. Durante o tratamento MIP, pude entender as conexões entre a perturbação de Karen e uma interação descarrilada com a sua mãe. Ela comunicou muitos conflitos intrapsíquicos e interpessoais não resolvidos com esta última. Ela não me disse, literalmente, "qual é o problema agora", mas a sua capacidade de se expressar e entender o que eu lhe comunicava se mostrou muito bem desenvolvida.

Nos capítulos anteriores, tentei enfatizar que os bebês têm curiosidade em relação à comunicação verbal, embora eles não entendam nenhum significado das palavras. Em vez disso, eles se envolvem numa conversa cara a cara com características de um diálogo, como respeito à vez de cada um falar, sorrisos, vocalizações e movimentos de braço que expressam as suas emoções. Agora, analisarei a comunicação entre o analista e o bebê abordando as seguintes questões. Colegas costumam me perguntar:

- "Você fala com o bebê em trabalho interpretativo. Como você sabe que a criança entende o que você diz a ela?"

- "Se ela o entende, o *que* entende?"

- "Considerando que a criança entende alguns aspectos da sua comunicação, como você sabe que vocês dois entendem os mesmos aspectos?"

- "Será que a resposta da criança não indica, simplesmente, reações inespecíficas e não interpretáveis à sua presença?"

- Resumindo: "Será que o bebê realmente entende o que você transmite a ele e você entende o que ele transmite a você?"

Para responder, precisamos, primeiro, continuar construindo o nosso corpo teórico para a comunicação nos ambientes analíticos. Talvez alguém pense que isso é irrelevante: "Você apenas confia na sua contratransferência para compreender a comunicação do bebê, assim, não precisa se aprofundar na questão do que o bebê entende ou não". Concordo que a contratransferência é vital para o meu entendimento, mas, uma vez que eu e o bebê nos comunicamos de diferentes jeitos, as suas dicas raramente são fáceis de entender. Portanto, preciso de um corpo teórico mais sólido para compreender a natureza das nossas comunicações. No Capítulo 2, sugeri que usássemos um "entendimento adultomórfico qualificado" para adivinhar o que se passa na mente do bebê. Confio no meu próprio eu infantil e verifico em que medida os seus sinais estão de acordo com o que observo no bebê. Agora, vou me concentrar na compreensão *do bebê*. Vou utilizar pesquisas sobre desenvolvimento psicológico para dar conta de como e quando uma criança desenvolve as suas capacidades comunicativas perceptuais e cognitivas.

Na minha explicação, usarei a teoria semiótica e as pesquisas sobre o desenvolvimento como disciplinas assistentes. Em comparação à opinião de André Green (Sandler et al., 2000) sobre a observação e a psicanálise de bebês, como referida no Capítulo 1, eu sou menos "purista". Penso que precisamos de outras disciplinas para compreender a comunicação do trio nas psicoterapias com pais e bebês. O conhecimento advindo das investigações experimentais sobre as habilidades comunicativas dos bebês nos ajudará a enfrentar a crítica de "hipersemiose" (Capítulo 2): nós exageramos o que pode ser interpretado e o que o bebê entende disso. Essa posição não me impede de considerar essas psicoterapias como verdadeiramente psicanalíticas: elas visam compreender os processos inconscientes, usam um quadro estritamente definido para a investigação e entendem a subjetividade do analista como um instrumento de investigação essencial. Neste aspecto, sou um purista.

Psicoterapia psicanalítica mãe-bebê – comentários adicionais

O método MIP (Norman, 2001, 2004) desenvolve-se a partir de quatro hipóteses:

- Uma relação pode ser estabelecida entre a criança e o analista.

- A criança tem uma subjetividade e um *self* primordiais como base para a intersubjetividade e a busca por continência.

- A criança tem uma flexibilidade única em mudar as representações de si e dos outros que termina enquanto o ego se desenvolve.

- A criança é capaz de processar aspectos da linguagem (Norman, 2001, p. 83).

No Capítulo 3, quando falei sobre Frida, mostrei como trouxe "a perturbação do bebê à troca emocional do aqui-e-agora da sessão, tornando-a disponível para a continência na relação mãe-bebê" (Norman, 2001, p. 83). O MIP se inspira em Winnicott, que utilizava terapeuticamente a "fluidez da personalidade da criança e o fato de sentimentos e processos inconscientes serem tão próximos aos primeiros estágios da infância" (1941, p. 232). No entanto, ele afirmou que foi, essencialmente, a partir do estudo da transferência *adulta* que pudemos "ter uma visão clara do que ocorre na infância" (1960, p. 595). Norman radicalizou essa posição e passou a conversar com o *bebê* sobre o que ele pensava que estava se passando com o próprio bebê.

O problema é que as crianças não falam e entendem muito mal, se é que entendem, as nossas palavras. No Capítulo 2, aprendemos sobre o seu "apetite" em relação à linguagem. No entanto, somente a partir dos 12 meses o bebê será capaz de compreender cerca de dez palavras, e ele começará a produzir suas "primeiras palavras reconhecíveis entre os doze e os vinte meses" (Karmiloff & Karmiloff-Smith, 2001, p. 62). Balkányi (1964) usou esse viés do desenvolvimento entre a compreensão e a expressão da linguagem para explicar por que as crianças frente a um trauma que não conseguem verbalizar podem se encontrar em agitação emocional. Para Norman, o problema do bebê não é tanto não conseguir verbalizar o trauma, mas o fato de ele não ter sido contido. Talvez, a mãe tenha dito palavras suaves ao mesmo tempo que emitia mensagens inconscientes com significados diferentes. Isso foi ilustrado por Frida (Capítulo 3), que foi deixada em uma situação desconcertante com a sua mãe durante aquela manhã infeliz. As minhas interpretações objetivaram conter essa situação traumática. A questão é o que uma criança como Frida pode entender delas. Em breve, voltarei a este ponto.

Antes de falar sobre o caso de Karen, direi apenas algumas palavras sobre a frequência das sessões. Norman enfatizou a necessidade de uma frequência alta, se possível, quatro sessões por semana. Eu me tornei menos insistente neste aspecto em virtude de minhas experiências no centro de saúde infantil.

Por vezes, pode machucar ou assustar as mães se eu sugerir psicoterapia de alta frequência. Parafraseando o *blues* de Holiday, elas se voltam para nós e perguntam: "Fale comigo, Doutor, me diga qual é o problema com o meu bebê". Se sugerimos uma análise com quatro sessões semanais, ela pode ouvir isso como um indicativo de: "Eu vou te dizer, mãe, o que há de errado com *você*". Para uma mãe que já está em um equilíbrio narcísico frágil, em virtude de sua preocupação materna primária (Winnicott, 1956) e, talvez, também de sentimentos depressivos, isso é assustador, naturalmente. Outro argumento para um tratamento de baixa frequência é que se pode, por vezes, conseguir mudanças substanciais com tratamentos breves de uma consulta por semana. A urgência da mãe e do bebê em sanar a situação incômoda, as representações primárias flexíveis do bebê, o "olhar interior" e a "transparência" da mãe (Bydlowski, 2001) *vis-à-vis* com seus processos inconscientes e a sua vontade de trabalhar duro em análise contribuem para que, às vezes, os tratamentos de baixa frequência sejam surpreendentemente instrutivos e eficientes.

Dito isso, análises de alta frequência são, por vezes, essenciais. Uma mãe pode estar tão aterrorizada com os seus impulsos destrutivos, como Tessie, no Capítulo 1, que apenas sessões frequentes fornecerão continência adequada para a sua angústia. O mesmo vale para um bebê que está deprimido, sem dormir ou em pânico em relação ao seio – emoções que colocam em risco a ligação com o analista, a menos que nos encontremos com frequência. Tratamentos de alta frequência também nos ajudam a desenvolver o conhecimento psicanalítico da patologia do vínculo e a comunicação entre mãe e bebê. No caso de Karen, sugeri uma frequência alta, já que a mãe e o bebê pareciam tão angustiados e impotentes. Miranda não tinha nenhuma pista sobre "qual é o problema agora" com o seu bebê nem tinha nenhum adulto em quem confiar e com quem pudesse conversar. O tratamento durou dois meses, com quatro sessões semanais.

Karen: Vinheta 1 – uma garota estrondosa

Karen tem 8 meses de idade. Ela demanda ser amamentada continuamente e tem severos problemas para dormir. Ela não consegue cair no sono sem o seio. Qualquer contratempo faz com que ela chore e sua mãe está exausta e impotente. Miranda diz que está preocupada com a saúde de Karen. Ela sabe que, do ponto de vista médico, não há nada sério. No entanto, ela está angustiada, o que contrasta com o seu tom de voz suave. Miranda não aceita a minha sugestão de que a situação deve ser difícil tanto para ela como para Karen. Sinto que ela confunde as suas identidades, como quando ela usa "nós" para se referir a uma delas. Se estou certo de que Miranda teme os seus próprios afetos a respeito da saúde de Karen, sinto que ela não está em um estado mental no qual possa conter os afetos de Karen. Considero se o choramingo de Karen pelo seio está relacionado com a maneira como a mãe está lidando com essa situação complexa.

Enquanto Miranda está falando e eu reflito sobre os meus sentimentos a respeito do nosso contato artificial, Karen chora e começa a engatinhar. Ela cai sobre um banquinho no meu consultório e começa a chorar.

Analista: Agora você caiu.

Mãe para Karen: Oh, querida! Você caiu e machucou a sua cabeça.

Analista para Karen: Bem, na verdade, você parece com *raiva* quando está olhando para mim. Talvez você se pergunte que tipo de homem é esse que você veio encontrar, com o seu banco bobo... Sim?... Mas não era tão perigoso.

Karen se acalma, mas o choramingo continua. Miranda descreve como o bebê acorda durante a noite e apenas o seio a acalma.

A mãe continua, como se estivesse falando com Karen: Quando você acorda durante a noite, a única coisa que ajuda é ter o seio de uma vez. Caso contrário, você fica *tão triste*.

No entanto, tenho a impressão de que Karen está aborrecida.

Analista para Karen: Alguém poderia se perguntar: "Você fica triste porque não tem o seio? Ou você fica com *raiva*?!".

Neste ponto, Karen berra.

A para K: Bem, isso soa bastante bravo, eu acho!

Karen para de chorar.

O que me leva a atribuir tal significado para a comunicação de Karen? Afinal, ela não diz que está com raiva de mim. Ela berra. Que conceito soa mais adequado para tal comunicação? Tradicionalmente, quando os psicanalistas sentem que o paciente transmite um significado além do óbvio, dizemos que isso aparece de forma simbolizada. O berro de Karen seria, assim, um *símbolo* da raiva. Agora, vou mostrar que a definição vaga de símbolo na teoria psicanalítica nos deixa em apuros quando tentamos entender *se* e *o que* as crianças estão comunicando.

O conceito de "símbolo"

"Os símbolos podem ser concebidos como instrumentos para expressar nossos sentimentos para o outro e também como instrumentos de significação e compreensão" (Silver, 1981, p. 271). A teoria psicanalítica tem, frequentemente, suposto uma relação constante entre "o símbolo e o que ele simboliza no inconsciente" (Laplanche & Pontalis, 1973, p. 443). Como diz o jargão, um charuto sempre significa um pênis. Aqui, o símbolo é formado em analogia ao que é simbolizado (Gibello, 1989, p. 37), gira em torno das funções corporais e das questões existenciais e não evoca associações (Jones, 1916). Isso contrasta com a definição original de Freud de que *qualquer* formação substitutiva é simbólica: não há nenhuma condição para uma constante conexão consciente-inconsciente, mas o símbolo é simplesmente considerado um transportador geral de significado. Nessa definição, "a decifração do inconsciente é análoga à de uma língua estrangeira" (Anzieu, 1989, p. 10). Um exemplo são os elementos de um sonho que simbolizam um conflito defensivo (Laplanche & Pontalis, 1973, p. 443).

Uma terceira definição se infiltrou nas discussões clínicas hoje em dia. Diz-se que alguns pacientes têm "dificuldades para simbolizar": eles entendem nossas interpretações concretamente e suas palavras são confusas e retratam vagamente os afetos. Essa definição se aproxima da "equação simbólica" de Segal (1957, 1991), em que parte do ego se identifica com o objeto e é confundida com ele. Isso resulta em um símbolo bruto e incompreensível.

A quarta definição foi introduzida por Lacan (1966). Os modos de funcionamento do inconsciente são similares a uma linguagem. O problema é que a sua ênfase nas palavras tende a ofuscar outros modos expressivos que nós, seres humanos, usamos – e não apenas os bebês! Essa crítica tem sido expressa como se segue: o conceito *le symbolique* (o simbólico) tende a silenciar as "expressões de afetos, o investimento de objetos estéticos, a representação e a organização de imagens" (Arfouilloux, 2000, p. 25). Essa crítica atinge, especialmente, os bebês, uma vez que eles se expressam sem palavras. Se a ordem simbólica está baseada apenas em uma definição linguística, não podemos aplicá-la à comunicação de uma criança, como o seu choro e as suas caretas. Lacan, posteriormente, percebeu essa lacuna e introduziu o conceito de "*la lalangue*", o balbucio infantil (1975, p. 175), mas ele não investigou isso no trabalho com os bebês ou em pesquisas.

Assim, nenhuma dessas definições de "símbolo" vai nos ajudar a explicar o berro de Karen. Dificilmente ele significaria o conteúdo inconsciente de alguém: um berro pode significar muitas coisas e Karen parecia consciente de sua emoção. Ele poderia simbolizar o seu conflito defensivo, mas expressava o seu afeto de forma aberta e não está claro qual seria a defesa por trás disso. Obviamente, ela teve dificuldades para simbolizar, mas quando um berro é suficientemente complexo para merecer ser chamado de símbolo? Quanto à equação simbólica de Segal, esse termo também parece não se aplicar aqui, uma vez que Karen transmitiu qualquer coisa, menos uma fronteira confusa entre nós.

Finalmente, afirmar que o berro pertence a *le symbolique* no sentido lacaniano seria incorreto, uma vez que um berro não é uma expressão linguística. No entanto, a resposta de Karen à minha intervenção "Bem, isso soa bravo" indicava que ela tinha compreendido algum aspecto da minha continência paterna. Seu berro era uma réplica do meu discurso de que ela estava zangada com a mãe. Se pudéssemos desatar *le symbolique* da amarra linguística, poderíamos encontrar um conceito para designar o berro de Karen. Guy Rosolato (1978, 1985), e também Eco (1968) e Corradi Fiumara (1995), dividem a comunicação em duas dimensões: analógica e digital. Lacan focou na linguagem digital: o discurso consiste em unidades distintas reunidas de acordo com as leis linguísticas. Rosolato enfatizou o aspecto analógico da comunicação: o tom, a intensidade e outras nuances do fluxo da palavra. Relembremos, do Capítulo 2, como ele descreveu o gesto humano como uma representação analógica, um espelho corporal dinâmico de emoções. Quando ouço o choramingo de

Karen e faço uma conexão entre isso e minhas impressões a respeito da comunicação fingida da mãe, presumo que ela estava com raiva. Assim que lhe digo isso, ela berra. Tomo o seu berro como uma "cópia" da sua raiva e faço essa interpretação da representação analógica porque ela corresponde às minhas próprias representações de raiva. Na verdade, a minha "compreensão adultomórfica qualificada" é apenas uma versão especializada de uma ferramenta que todos os pais usam para compreender o bebê.

Assim, o bebê compreende aspectos de declarações como "Isso soa bastante bravo, Karen!". Se pudéssemos, ao menos, encontrar um termo geral para o modo como o significado é transmitido entre os seres humanos, seria mais fácil conceituar como e o que um bebê compreende neste intercâmbio. Tal termo deve estar livre de dicotomias como consciente/inconsciente, verbal/não verbal e objeto separado/fundido. A partir desse termo, uma terminologia deveria se ramificar para cobrir significações em diferentes níveis de consciência, complexidade e *status* do objeto. Para este fim, sugiro o termo *signo*: o berro de Karen é, simplesmente, um signo de um afeto – em qualquer nível que isso seja significado. Definido isso, o nível é o segundo passo. Ao longo do livro, usei o termo "signo" sem realmente defini-lo. Agora, chegou o momento.

"O que é um signo?"

"Esta é uma pergunta mais que necessária, uma vez que todo raciocínio é uma interpretação de signos de algum tipo" (Kloesel & Houser, 1998, p. 4). O filósofo C. S. Peirce reserva *o signo* como um termo geral para invocar significado. Desse termo, surge uma infinidade de tipos de signos, dos quais "símbolo" é apenas um. Sua definição mais concisa de signo é: uma "coisa que serve para transmitir conhecimento sobre alguma outra coisa, que é dita para significar ou representar. Essa coisa é chamada de objeto do signo; a ideia na mente que o signo provoca, que é um signo mental do mesmo objeto, é chamada de interpretante do signo" (p. 13).

As experiências envolvidas quando percebemos algo como um signo são classificadas em três categorias universais: primeiridade, secundidade e terceiridade. Primeiridade foi definida, no Capítulo 2, como uma experiência imediata não relacionada com outras experiências. Secundidade foi definida como estando relacionada a outra experiência: uma experiência está contra ou é comparada com outra. Terceiridade aplica-se à percepção de leis, convenções e regularidades. Esses termos dão cobertura à experiência humana na sua totalidade, desde a sua forma mais crua até a sua forma mais elaborada.

Nossas experiências são significadas, essencialmente, de três formas: como ícones, índices e símbolos. Esses termos também foram introduzidos no Capítulo 2. Se a minha impressão da raiva de Karen foi uma experiência de primeiridade de "raiva", eu experimentei o seu rosto como um ícone ou uma "imagem" (Kloesel & Houser, 1998, p. 273) de raiva. Se eu comparar o seu semblante com rostos em outras situações, isso seria um índice de raiva. Situei a minha experiência dentro de um contexto de interação dinâmica. Um índice "representa o seu objeto em virtude de uma conexão real com ele, ou porque força a mente a prestar atenção àquele objeto" (p. 14). Finalmente, as minhas palavras para Karen, "Isso soa bravo!", eram símbolos-palavra. Eles foram "associados a seus significados pelo uso. Assim, são a maioria das palavras e frases [...]" (Kloesel & Houser, 1998, p. 5). "Um símbolo é um signo que se refere ao objeto que ele denota em virtude de uma lei" (p. 292). Esse é o principal tipo de signo que Lacan inclui em *le symbolique*.

Signos são como tijolos de construção para o pensamento: "nós pensamos apenas em signos" (Kloesel & Houser, 1998, p. 10). Peirce enfatizou que os signos se referem a qualquer coisa, desde um ponto colorido a uma declaração verbal. Ele também enfatizou que eles não se referem a algo de forma fixa. Um berro nem sempre é um signo para raiva e o choro não é sempre um signo para tristeza. Além disso, como já foi sugerido no Capítulo 2, um signo pode ser interpretado em todos os três níveis: como ícone, índice e símbolo. Interpretados como símbolos-palavra, "Isso soa bravo" descreveu a raiva de Karen. Isso não a impede de me interpretar num nível icônico, talvez como 'homem amigável interessado em meus sentimentos'.

Semiose, a atribuição de sentido, é um processo sem fim. Meu interpretante imediato, isto é, pensar sobre o que o berro de Karen significou, foi emocional. Senti que ela estava com raiva de mim por causa do incidente com o banco de madeira. Perceber isso me fez sentir afetado por sua raiva. Agora, o meu interpretante era enérgico. Finalmente, pude refletir sobre a palavra "raiva" como um interpretante lógico e perguntar se ele descreveu a emoção dela de maneira apropriada. Digamos que, de repente, eu suspeitei que estava exagerando. Essa ideia poderia funcionar como um interpretante emocional numa nova cadeia de pensamentos. O processo semiótico pode ser descrito como uma série infinita de triângulos em que uma das pontas engancha numa das pontas do triângulo seguinte de interpretante, objeto e signo. A Figura 3 é uma adaptação de Sheriff (1994, p. 35).

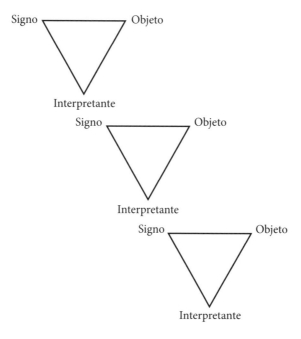

Figura 3 *A cadeia semiótica de triângulos. Fonte: adaptada de Sheriff (1994, p. 35).*

O triângulo coloca o signo numa cadeia de sentido em que não há nenhum ponto fixo de ancoragem. Nenhum signo é definido *por si*, mas apenas em relação a outros signos. Mesmo o interpretante de um ícone é baseado em algum tipo de código (Eco, 1968, p. 208). Eu mesmo usei o meu código pessoal quando vi a cara de brava de Karen: ela se parecia com outras pessoas raivosas que já encontrei na vida. Essa subjetividade se faz presente claramente quando lembramos que, para a sua mãe, em contraste, era um ícone de um bebê triste. Percebemos que apenas os circuitos inferenciais mencionados

116   O QUE UM BEBÊ ENTENDE? – KAREN, 8 MESES DE VIDA

no Capítulo 2 estabelecerão qual é a interpretação não "verdadeira", uma vez que uma interpretação verdadeira é um mito, mas a mais frutífera.

O processo semiótico – mãe e bebê, analista e analisando

Comecei este capítulo permitindo que o meu interlocutor perguntasse: "será que o bebê realmente entende o que você transmite a ele e você entende o que ele lhe transmite?". Se eu precisar de um código para interpretar Karen, a resposta parece negativa. Por outro lado, sugeri que uma "adultomorfização qualificada" pode nos ajudar a interpretar a criança. Mas um adulto que está se dirigindo a um bebê não está apenas interpretando *para* ele. Ele também está envolvido numa interação *com* o bebê para criar significado em um processo mútuo e em evolução. Existem diversos modelos do processo intersubjetivo de criação de significado (Beebe & Lachmann, 2002; Muller, 1996; Stern, 1985; Trevarthen & Aitken, 2001; Tronick, 2005). Por exemplo, Muller descreve como o bebê e a mãe intuem a comunicação um do outro durante o desenvolvimento de suas capacidades semióticas. Por meio do espelhamento mútuo com a mãe, o bebê constrói representações de ícones e responde: mamãe franze a testa – ele franze a testa.

Mais tarde, os signos indiciais vêm à tona: mamãe franze a testa – ele entende que ela sente alguma coisa em relação a ele. Ele se sente afetado e responde. Por fim, a mãe e a criança participam de um tráfego de palavras-símbolo: "É hora de ir para a cama" – 'Eu não quero'.

Como as crianças dão sentido a todas as expressões com que elas se deparam? Bruner (1990) sugere que as comunicações verbais se tornam "atos de sentido" e que os bebês procuram ativamente "certas classes de significado com as quais os seres humanos estão sintonizados de forma inata e que eles buscam de forma ativa" (p. 72). Essas "representações protolinguísticas" (idem) estão estruturadas como narrativas e funcionam como primeiros interpretantes para a criança. Em outras palavras, nossos diálogos na sessão são pequenas histórias que se desenrolam. "Era uma vez uma menina chamada Karen. Um dia, ela tropeçou em um banquinho. Ela ficou com raiva e berrou".

Karen, assim, apreende alguma qualidade narrativa das minhas intervenções. Mas não é melhor reservarmos o termo "narrativa" para linguagem?

Não, responde Langer (1942), que discorda que os seres humanos só compreendem expressões discursivas ou linguísticas. Essa ideia errônea, diz ela, está baseada em duas incompreensões: "1) que a linguagem é o único meio de articular pensamento e 2) que tudo o que não é um pensamento dizível é sentimento" (p. 87). "Há coisas que não se encaixam no esquema gramatical das expressões [...] questões que requerem um entendimento por meio de algum esquema simbólico diferente da linguagem discursiva" (p. 88). Eu interpreto a comunicação de Karen como uma imagem ou uma dança, ou o que Langer chama de símbolo presentacional. Este "simbolismo sem palavras, que é não discursivo e intraduzível, não permite definições dentro de seu próprio sistema e não pode, diretamente, transmitir generalidades" (1942, p. 97). Podemos reconhecer, aqui, a semelhança com o termo representação analógica de Corradi Fiumara e de Rosolato.

Até agora, temos vários conceitos para explicar como bebês e adultos entendem um ao outro. No entanto, eles não fazem sentido se não incluirmos o objeto interativo. É somente por meio da interação que o bebê escala a escada semiótica. A explicação de Bion é pertinente: um bebê ouve a sua mãe, que percebeu um estado mental "antes que o bebê tivesse consciência disso, como quando ele dá sinais de que precisa ser alimentado antes que esteja devidamente consciente disto" (1962a, p. 34). Ela responde: "Qual é o problema, querido, você está com fome?". O bebê se acalma quando entende ícones e índices expressando a continência da mãe. Essa descrição vale para o processo analítico também. É um esforço de criação de significado contínuo, às vezes bem-sucedido e, por vezes, abortivo. Permitam-me exemplificar com uma segunda vinheta, na qual vou indicar os níveis de signo da nossa comunicação em três vias.

Karen: Vinheta 2 – "Por que você está brava?"

Na segunda sessão, Miranda critica o pai de Karen de forma suplicante.

Karen lamenta, murmurando "Maeh-Maeh". [Ícone não claro: expressão triste + pedido indicial: Trate-me como uma pobre criatura + possivelmente um esforço para formar o símbolo-palavra "mama".]

Analista: Sim...? [Pergunta-símbolo: O que você quer dizer? + índice de incentivo: Vá em frente, se expresse, Karen! + Ícone: face atenta].

Karen berra. [Índice distinto: Eu estou brava com você! Sinta!]

Analista: Sim... Agora você parece furiosa, eu acho. [Interpretação-símbolo: Você está irritada + índice: Vá em frente, eu estou interessado e não tenho medo da sua raiva.]

Karen lamenta novamente. [Retorna significação icônica e indicial para provocar uma resposta no analista: Sinta pena de mim! Estou Triste!]

Analista: Talvez haja duas pessoas bravas aqui! [Interpretação-símbolo: Vocês duas estão irritadas + comunicação indicial: Eu não tenho medo da sua raiva.]

Mãe: Mmm. [Comentário-símbolo: Eu concordo + comentário indicial: Eu estou pensando sobre o que está acontecendo aqui.]

A: Uma mãe brava com o pai... [Interpretação-símbolo + índice: Eu estou refletindo.]

Karen franze a testa e berra visivelmente. [Ícone e índice agora se harmonizam: cara e voz bravas + Eu quero dizer para vocês dois que estou com raiva.]

A: ... e uma Karen brava comigo e com a mamãe porque falamos muito. [Etc.]

Karen chora com raiva.

A: É numa situação como esta que Karen quer mamar?

M: Sim, agora é hora de dar o peito...

Karen chora novamente.

A para K: Karen, eu acho... Eu acho que você está com raiva.

Karen chora ainda mais brava.

M: Sim, agora ela não está triste, agora ela está com raiva!

A para K: Vamos tentar descobrir com o que você está irritada?

Agora, Miranda interpreta a garota de forma mais sucinta e Karen mostra signos mais inequívocos de suas emoções. Mais cedo, os signos foram distorcidos, já que não havia contato entre as emoções e as memórias de quando eles surgiram. Em vez disso, eles estavam ligados à ânsia pelo seio. Uma parte de sua psique expressava sintomas e fervilhava de afetos. Outra parte silenciava a sua raiva em favor de choramingo. Após esta clivagem, sintoma e personalidade foram fixados e a repressão estava prestes a acontecer. E Miranda ficou presa em interpretações estereotipadas: "Ela está tão triste".

Podemos, agora, responder as perguntas do início deste capítulo. "Como você sabe que a criança entende o que você diz a ela?" Ela entende por meio de uma interação semiótica em desenvolvimento comigo e com a mãe. "O que ela entende?" Ela entende a minha comunicação como ícones e índices. Apenas bem depois do seu primeiro aniversário a importação léxica das palavras se tornará significativa para ela. "Como você sabe que vocês dois entendem os mesmos aspectos da comunicação?" Por meio de um circuito inferencial de indução, dedução e abdução. Observar a minha contratransferência, bem como as comunicações da mãe e da criança, me ajuda a seguir esse circuito.

O entendimento do bebê a respeito das emoções – resultados da pesquisa desenvolvimental

Às vezes, afirma-se que o psicoterapeuta deveria usar o mesmo tipo de fraseamento com o bebê que a mãe: o chamado *mamanhês*. Isso ajuda a criança "a identificar unidades linguísticas em um discurso contínuo" (Fernald, 2004, p. 58). Além disso, ele parece ter um efeito calmante sobre a criança. No entanto, a minha razão para me dirigir a Karen não é tanto acalmá-la, mas conter a sua ansiedade e falar sobre o seu conteúdo. Então, por que eu uso palavras cujo significado simbólico, digital ou lexical ela não consegue entender? A minha resposta é que ela entende a comunicação emocional. Veremos alguns resultados das pesquisas psicológicas desenvolvimentais que sustentam essa hipótese.

No experimento do rosto imóvel (Tronick et al., 1978), a mãe está brincando com o seu filho e, de repente, mantém o seu rosto imóvel. O efeito é dramático. O bebê para de sorrir e olhar para a mãe e fica angustiado. A troca e a construção de sentido mútuas são substituídas pelos "comportamentos regulatórios auto-organizados [do bebê] para manter sua coerência e sua complexidade" (Tronick, 2005, p. 303). Muir e colaboradores (Muir, Lee, Hains, & Hains, 2005) focaram nas reações emocionais do bebê durante o experimento do rosto imóvel. Eles mostraram (D'Entremont, 1995) que os bebês de 3 meses de idade reagem a uma mudança de expressão feliz para triste no adulto. Se esses bebês pequenos podem "ler" e classificar diferentes expressões emocionais faciais, então, com 8 meses de idade, Karen já é uma *expert* em ler emoções. Isso explica os seus problemas para entender as mensagens enigmáticas da mãe, como quando Miranda está com raiva, mas confunde esta emoção com uma pena carinhosa e disfarçada. Em tais situações, Karen não pode conectar o que a mãe lhe transmite consciente e inconscientemente ou, em outras palavras, o que os seus signos divergentes querem dizer.

A vantagem da "alfabetização" emocional de Karen é que ela reage a uma intervenção psicoterapêutica dirigida sinceramente. Isso pressupõe que as minhas expressões icônicas e indiciais estão em concordância com os meus símbolos-palavra. Caso contrário, sua compreensão emocional estaria prejudicada. A concordância se mostra presente quando "o tom de voz do analista, seus gestos e o significado léxico das palavras expressam o mesmo significado" (Norman, 2001, p. 96). Quando falo com Karen, o conteúdo das minhas palavras está de acordo comas as minhas expressões emocionais. Quando eu pareço e soo como as palavras que estou dizendo a ela, isso indica que estou sendo sincero. Isso a ajuda a se libertar da comunicação confusa da mãe. É por isso que uso uma linguagem clara e simples, que não tempero com nenhuma entonação infantil.

Muitos obstáculos impedem o analista de ser sincero. Se temo que Karen ou a mãe não possam suportar qualquer menção a respeito da raiva, provavelmente, mostrarei isso iconicamente, mesmo que eu esteja em silêncio. Se falo com a mãe seguindo o seu interpretante lógico de que Karen está triste, enquanto ignoro o meu interpretante emocional ou energético de que ela está com raiva, também não estarei sendo sincero. Se pareço encorajador, mas me sinto triste diante da comunicação de ambas, vou repetir o experimento de expressão facial feliz-voz triste de Muir e colaboradores. Para ser sincero, deve-se examinar continuamente a contratransferência.

Comunicação e ação psicoterapêutica

As duas questões que resumem o que foi discutido aqui: "Será que o bebê realmente entende o que você transmite a ele e você entende o que ele transmite a você?". Espero ter esclarecido minhas razões e minhas ressalvas ao responder afirmativamente as duas perguntas. Karen entende a minha comunicação nos níveis icônico e indicial que acompanham as minhas interpretações verbais. Ela é afetada pelos meus esforços para compreendê-la e para expressar sinceramente o que penso que se passa com ela. Entendo isso com base nas comunicações dela e de sua mãe, bem como na minha contratransferência. Também lancei mão de ferramentas perceptuais e cognitivas dos bebês para compreender a comunicação linguística e emocional.

Às vezes, me perguntam se esse método funciona simplesmente porque a mãe escuta o meu diálogo com o seu filho e se identifica comigo. Essa questão toca na discussão sobre a Figura 1, no Capítulo 1. Na verdade, a posição pensativa de Miranda e a sua crescente resistência ao pânico quando Karen chora provam que ela se identificou comigo. Creio que a sua identificação se dá a partir de duas fontes. Ela é a primeira testemunha da luta de Karen com os seus afetos durante as sessões. Além disso, também interpreto a interação delas. Miranda, assim, passa a compreender mais sobre o mundo interior da menina e as suas próprias contribuições para este clima emocional. Isso vai dar a suas experiências uma qualidade "subcutânea", que a leva a se identificar. Dito isso, espero ter mostrado que o método também funciona por ter atingido Karen diretamente.

Ou, para bancar o advogado do diabo, e se Karen tiver mudado para uma direção benéfica simplesmente como resultado do seu desenvolvimento normal? Entretanto, alguns argumentos sustentam que ela tinha a necessidade de um trabalho interpretativo para recuperar o passo desse desenvolvimento. Quando a mãe a trouxe, Karen parecia desamparada e imatura. Era como se a sua psique tentasse atrasar o estabelecimento da repressão. Sem a psicoterapia, o que teria permitido o restabelecimento do curso normal do seu desenvolvimento? Afinal, Karen havia chorando e ansiado por algo quase toda a sua vida. Isso mudou radicalmente durante o tratamento, e descrevi os mecanismos psicoterapêuticos que a ajudaram a voltar ao trilho do desenvolvimento normal.

Karen: Vinheta 3 – brincando no reservatório de leite

A última cena mostra como o processo semiótico entre mãe e filha se desenvolveu. Karen chega à 12ª sessão recém-acordada e um tanto com fome. Ela está um pouco irritada, mas se mantém firme. Ela olha para mim com sinceridade e eu espero. Inesperadamente, ela engatinha até um armário e alcança a maçaneta da porta. Ela bate nesta e leva a mão à boca, como se bebesse algo. Ela dá uma risada e Miranda diz: "Você está bebendo no reservatório de leite, não é?". A brincadeira de Karen mostra que ela integrou as minhas interpretações a respeito de sua raiva do seio da mãe e seus temores em relação a esse sentimento. O trocadilho de Miranda, "reservatório de leite", mostra que ela não é mais encurralada pelas demandas de Karen pelo seio. Isso também é um signo da sua identificação comigo, já que, às vezes, uso essa linguagem lúdica.

Esse incidente exemplifica o problema com o conceito de *le symbolique*, como relatado no início deste capítulo. O jogo de Karen é mudo, nenhuma palavra é pronunciada, e, ainda assim, é uma comunicação bastante expressiva. Ela transpõe a situação da amamentação para outra em que a maçaneta da porta significa o mamilo e o armário o seio ou o reservatório de leite. É, portanto, uma comunicação dentro do domínio analógico, um gesto, ou um símbolo presentacional – e é estritamente pré-verbal. Karen também transmite que ela, pelo menos durante esse jogo, aceitou a ordem simbólica. É importante ressaltar que ela *não* transmite isso no sentido de verbalizar um desejo, porque isso ainda está além de suas capacidades. Mas o seu jogo indica que ela está prestes a aceitar que determinadas regras governam as interações humanas: a mãe é a titular dos próprios seios e Karen tem de pedir por eles em vez de insistir neles. Não é surpreendente que, durante o tratamento, Miranda decidiu parar de amamentar, um processo que se iniciou com breves protestos, mas que, depois, correu sem problemas.

***

Citando a música de Billie Holiday "Long gone blues": "Fale comigo, bebê, me diga qual é o problema agora". Ou expressando-a de maneira diferente: "Signifique para mim, bebê, e eu vou traduzir os seus ícones e índices em signos mais compreensíveis e transmiti-los a você. As suas representações protolinguísticas de emoções formarão uma narrativa que vamos explorar em conjunto. O nosso diálogo se tornará uma dança, o simbolismo presentacional do que vamos interpretar". A última formulação descreve adequadamente a comunicação no trabalho psicanalítico com bebês. Por outro lado, seria um título de *blues* ruim. Mas isso é uma outra história.

5. A experiência de um bebê em relação à depressão materna – Beate, 16 meses de vida

Pode um pai ver seu filho / chorar, e não ser pela tristeza invadido?
Pode uma mãe se sentar e ouvir / um bebê gemer, um bebê temer?
Não, não, nunca será possível.
Nunca, nunca será possível.
Do poema "Sobre o sofrimento de outro"
(Blake, 1994, p. 62. Originalmente publicado em 1789)

Representações analógicas, simbolismo presentacional, ícones, índices, narrativas protolinguísticas: nossa lista de conceitos complicados e, talvez, confusos tornou-se bastante comprida. O leitor pode exclamar: "OK, eu acredito que os bebês entendem alguma comunicação humana. Quando paro para pensar, eu sempre acreditei nisso! Eu não precisei de filosofia para justificar a minha frase para o bebê de que ele está bonito com o seu pequeno boné! Eu nunca me interessei pelos conceitos semióticos, mas OK, aqueles que você forneceu nos dão um esqueleto teórico. Obrigado, mas eu não preciso de todos esses termos para falar com os bebês nem para entender que, por vezes, eles sofrem e precisam de ajuda. Eu ainda não estou convencido de que as suas intervenções afetam o bebê *diretamente*. Talvez você deva fornecer uma descrição coerente de uma psicoterapia. Faça isso e, quem sabe, poderei me convencer!".

Para atender a essa solicitação, vou apresentar um tratamento que terminou em uma clássica análise com criança. O objetivo é provocar algumas reflexões sobre a forma como uma criança pode sofrer com a depressão de sua mãe. Beate estava em tratamento desde os 16 meses e assim seguiu até os 3 anos e meio. No início, trabalhei com ela em conjunto com sua mãe, uma vez que elas estavam vivendo "uma certa unidade inconsciente baseada na estreita relação entre o inconsciente da mãe e o do bebê" (Klein, 1959, p. 248). Eu queria atingir as duas mentes que pareciam funcionar com um inconsciente singular e confuso. A minha tarefa consistiu em ajudá-las a consolidar as suas respectivas personalidades. Quando isso foi alcançado de forma satisfatória, mudamos o atendimento de MIP para uma análise com criança, na qual Beate e eu trabalhamos sozinhos.

Em termos do seu desenvolvimento, Beate estava em uma fase de transição – de não verbal e corporal para modos mais verbais de expressar as suas fantasias inconscientes. No início, ela desejava o seio da sua cansada e resignada mãe de forma ansiosa. Então, ela desenvolveu um fascínio e um medo em relação a buracos em diferentes lugares. Finalmente, ela revelou os seus temores noturnos de fantasmas e monstros. O término da análise foi inaugurado quando ela começou a fazer uma conexão entre essas criaturas horríveis e pontos concretos no meu consultório. Isso me permitiu interpretar os seus medos dentro da transferência. Agora, podíamos falar sobre eles diretamente e ela foi capaz de tratá-los com maiores franqueza, força egoica e autoestima.

Beate: Vinheta 1 – agarrando o seio

A mãe, Nadya, me telefona para falar sobre "alguns problemas" com Beate, de 16 meses. Ela é filha única de Nadya e seu marido. Na nossa consulta, encontro uma menina de voz estridente, comprida, alerta, tensa e intrometida que fala poucas palavras. Ela se comporta de maneira peculiar: pega um banquinho no banheiro, volta para o consultório, corre para a sala de espera para pegar a sua bola, retorna novamente, joga com a mãe por meio minuto e, em seguida, refugia-se num canto. Seu comportamento me dá a ideia de uma garota confusa e angustiada. Depois de um minuto, ela quer sair de novo e decido dirigir-me a ela.

Analista para Beate: Você quer sair. Por que será...

Beate me evita de forma ansiosa. Ela joga a bola para a mãe, mas a deixa sentada com a bola em seu colo. A mãe parece envergonhada e tensa. De repente, Beate se aproxima e começa a puxar a blusa da mãe. Ela quer o peito e o consegue.

Mãe: (suspira) É assim na maioria das vezes...

A: É por isso que você veio, para obter ajuda com esse problema em relação à amamentação?

M: Mmm... Assim que ela passou a ter vontade própria, esses problemas começaram.

A: Você ainda a amamenta. Isso acontece o dia inteiro?

M: Sim. Se eu pudesse escolher, seria apenas de manhã e à noite. Ela não suga mais o seio, ela apenas tem de tê-lo.

Na sessão seguinte, dois dias depois, Beate continua ansiosa para entrar e sair da minha sala. Ela joga alguns brinquedos para a mãe, mas nunca se envolve em nenhuma brincadeira. Ela balança a boneca como se tivesse um sino dentro, agarra algumas frutas que estão na sacola e, em seguida, o seio.

Mãe suspira e fala para o analista: Ela tende a rasgar as coisas.

Analista para Beate: Algo parece doer dentro de você, Beate. Eu me pergunto o que pode ser.

Beate me evita e continua saindo e retornando à minha sala. Na contratransferência, sinto-me cada vez mais impotente, uma vez que Beate interrompe o nosso diálogo. Dou-me conta de que o enquadre psicoterapêutico existente no início do nosso contato está, neste ponto, bastante comprometido. Explico para Nadya a mudança que julgo necessária ao enquadre:

Analista: Da próxima vez que Beate quiser sair, vou dizer que ela precisa ficar aqui. Então, nós vamos organizar as coisas aqui na minha sala para que possamos falar sobre elas.

Como Beate quer sair da sala novamente após alguns minutos, falo com ela calmamente.

A: Eu quero que você fique aqui na sala.

Beate obedece, mas começa a agarrar o seio e a colocar o dedo dentro da boca da mãe, enquanto sorri para mim timidamente.

A: Eu aposto que você pensa que fui malvado quando lhe disse para ficar. Eu entendo, mas esta é a sala onde trabalhamos.

Na terceira sessão, novamente dois dias depois, Beate hesita em entrar. Nadya a carrega firmemente através da porta. Ela está encantada com a reação de Beate quando eu lhe disse para ficar na sala: "É um alívio ver que ela pode obedecer". Beate não inicia a sua brincadeira e me evita, meio indiferente.

Analista para Beate: Você não quer olhar para mim. Da última vez, eu lhe disse para ficar aqui. Você não gostou disso. Você ficou com raiva de mim e, agora, está com medo por causa disso.

O foco possessivo de Beate em relação à mãe continua. Às vezes, ela se atreve a me olhar como se me reprovasse, mas só quando está no colo da mãe.

A: Eu acho que você está com raiva de mim, o "Sr. Não". Você olha para mim, mas só quando está sentada no colo da sua mãe. Você se sente mais segura aí. Ficar com raiva e ter medo são coisas que assustam você. Podemos falar sobre elas para que você não as tema mais.

Beate quer o peito novamente, mas, desta vez, a mãe a coloca no chão. Beate começa a chorar e, em seguida, pega o celular de Nadya. Esta parece envergonhada e angustiada enquanto deixa Beate brincar com ele. Eu descrevo para Nadya que é confuso para Beate quando ela tem o que quer pela metade, com o celular, a mãe se irrita e elas acabam brigando. Nadya soluça.

Analista: Você ficou triste?

Mãe: Sim, eu fiquei.

A: Talvez você sinta que eu a critiquei.

M: Não, não é isso. É mais como... é tão difícil tudo isso.

A para Beate e Nadya: Então, temos duas pessoas tristes aqui: Beate e a mamãe.

Comentários sobre a vinheta 1

Quando eu disse "há duas pessoas tristes aqui", levei em consideração o estado mental de Beate e a autoestima da mãe. Uma mãe facilmente se sente ferida, envergonhada e falha quando suspeita que o comportamento da criança expressa uma desarmonia subjacente em relação a ela. Nadya queria proporcionar uma infância melhor que a sua para Beate, mas ela também estava frágil, fóbica e deprimida. Se eu não tivesse reconhecido os seus esforços e falado sobre sua culpa e sua vergonha, em breve a perderia, bem como Beate. É por isso que perguntei se ela se sentia criticada.

Agora, vamos olhar para Beate e o que ela comunica. Com a terminologia dos capítulos anteriores, ela transmite signos icônicos e indiciais. Há muitos pedidos em seu comportamento. Ela parece transmitir: 'Olhe para mim, faça algo, eu sou uma garota malvada e estranha, você pode ver além disso?'. O seu ato de correr para dentro e para fora do meu consultório é um ícone da 'menina angustiada'. Também penso que ele significa um desejo enérgico de se livrar concretamente de sua angústia correndo dela – um projeto fadado ao fracasso. Portanto, tomo o seu comportamento como um índice que, como diz Peirce, força a minha mente "a prestar atenção àquele objeto" (Kloesel & Houser, 1998, p. 14).

E o que dizer sobre a ação de Beate de sacudir a boneca como se tivesse um sino dentro e a sua atitude inquieta de agarrar as frutas e o seio? Essa cena mais o comentário da mãe de que Beate tende a rasgar as coisas me levam a supor que a boneca e a sacola contêm algum objeto concreto que preocupa e ocupa Beate. A minha intuição, ancorada nas tradições kleiniana e bioniana, me leva a concebê-lo como um ícone de 'peças perigosas de pensamentos dentro de um recipiente frágil'. É por isso que digo a ela: "Algo parece doer dentro de você. Eu me pergunto o que pode ser".

Eu acredito que, se falar sinceramente com Beate, ela vai entender a nossa comunicação emocional. Quando digo: "Eu aposto que você pensa que fui malvado", me comporto como qualquer pai ou mãe falando de um jeito que chamo de "fingimento sincero". Os pais acreditam que os seus bebês entendem *algo* além do conteúdo literal. Além disso, dirijo-me à intencionalidade emocional do bebê. Sou capaz de fazer isso porque a minha formação me fez conhecer o meu próprio inconsciente – que não é confundido com o de Beate. Em contraste, Nadya queria, conscientemente, parar de amamentar, mas não podia dizer não aos desejos de Beate. Como apareceu posteriormente, ela, inconscientemente, sentia que o desmame prejudicaria a menina. Nadya se identificava com Beate no que diz respeito a ser uma filha malcriada e terrível na mente de seus pais. Ela não queria que Beate sentisse o mesmo. O resultado foi, sem surpresa, que Beate tornou-se "terrível", como Nadya falou. Assim, as suas mensagens estavam imbuídas de conteúdos mistos e inconscientes. A minha posição fora desta confusão me permitiu perceber e lidar com a intencionalidade emocional de ambas as partes.

No Capítulo 4, argumentei contra o uso do "mamanhês" com o bebê, porque essa comunicação pode parecer – e, na verdade, também ser – não verdadeira para a criança. Outro contra-argumento é a necessidade do analista de se manter fora da confusão entre o inconsciente da mãe e o da criança. O "mamanhês" pode ser benéfico para as crianças em outras situações, mas, no trabalho psicoterapêutico, penso que é inadequado e contraproducente. Portanto, a minha fala é simples e sincera com Beate, como quando digo a ela para ficar na sala. Este é um exemplo de continência paterna: para manter o enquadre psicoterápico. Também é importante para confirmar a raiva da criança frente a essa intervenção. Assim, digo a ela, e dessa vez de modo mais maternal: "Você ficou com raiva de mim e, agora, você está com medo por causa disso". As minhas palavras, com as suas consequentes expressões não verbais, capturam a sua atenção. Acredito que ela percebe a diferença em relação ao jeito da mãe de se comunicar e isso lhe traz alívio.

Outra forma de descrever o inconsciente obscuro das duas é a observação de Seligman (citado em Silverman & Lieberman, 1999, p. 181) de que as identificações projetivas ocorrem "tão prontamente dos pais para a criança quanto da criança para os pais". Portanto, falei com Nadya sobre a sua raiva em relação a Beate, a sua projeção de uma menina má no bebê, a sua culpa e o seu desespero e, com Beate, sobre a sua raiva em relação à mãe e a sua subsequente autoimagem de menina má. Quando lhe disse para ficar na sala, ela experimentou isso como uma ameaça e buscou refúgio no seio. Entretanto, isso não a confortou. Sob a ótica da interpretação kleiniana, Beate temia ter atacado o seio por meio do seu desejo que se repetia. Em resposta, ele não "queria" consolá-la. Ela não tinha sido boa com o seio e, portanto, ele se vingaria dela. Falei sobre isso por meio de interpretações como: "Você ficou com medo do seio da mamãe depois que você o agarrou". Veremos, agora, como o seu problema com a amamentação estava associado a uma continência deficiente em virtude da depressão pós-parto da mãe.

Beate: Vinheta 2 – caindo pela "Escato"

No final da segunda semana de análise, e, agora, com nós três trabalhando quatro vezes por semana, Beate coloca um banquinho em uma poltrona. Ela se senta sobre o que agora parece um trono, embora sem qualquer alegria aparente. Com uma expressão de ansiedade e um olhar imperativo dirigido a mim, ela repete "Dinnn... Dinnn". O que ela quer dizer? Ela domina uma linguagem pouco expressiva. Os seus conflitos com a mãe, provavelmente, a impediram de desenvolver essa capacidade. Qual é a função do som "Dinnn"? Interpreto isso como um índice de uma defesa maníaca, que significa algo como 'Björn, eu ordeno que você me veja como uma menina feliz!'. Chego a essa interpretação por meio da mistura do seu sorriso imperativo com os seus olhos tristes.

Ela deixa o trono para explorar a poltrona, uma almofada alongada em uma estrutura de madeira. Ela tira a almofada e, agora, a cadeira parece um H. Ela começa a escalá-la por meio de um espaço na parte inferior, abaixo da barra de madeira. Isso me faz lembrar de situações em que ela estava sentada no colo da mãe por alguns segundos apenas para, em seguida, sair furtivamente dele. Nem o colo da mãe nem a poltrona fornecem continência: eles não podem segurar a sua angústia e devolvê-la de forma metabolizada. O jogo da poltrona poderia ser interpretado como uma forma não específica de se livrar da sua angústia, mas o seu jogo insistente me faz suspeitar de que ela quer comunicar algo mais específico. Falando de forma figurada, a sua angústia parece deslizar através do orifício da cadeira em vez de ser contida por uma moldura sólida e confiável. Vamos, agora, seguir para o momento em que reconstruímos como esse continente falho foi associado à depressão de Nadya.

Vou pular seis meses de tratamento. Agora, Beate tem 22 meses de vida e está mais equipada para se expressar com palavras. Considero isso um efeito da psicoterapia. Como ela se acalmou e desenvolveu relações mais confiáveis, tornou-se capaz de absorver a língua e expressar-se verbalmente. Um dia, como é bastante comum, Beate está ativa no início da sessão. É difícil entrar em contato com ela. Ela bate um tigre na mesa de brinquedo. O jogo resulta em uma pequena ferida no seu dedo. Sua mãe coloca um curativo. Beate diz: "Mamãe tapinha", mas a mãe diz: "Você está me batendo", o que coincide com a minha impressão: ela mostra alguns sinais de violência.

Mãe: Beate, quando chegamos em casa ontem, você estava feliz e disse que havia conversado com o analista. Agora, você não quer falar com ele.

Beate: É a ferida. É sangue.

A: A mamãe disse algo sobre mim e você respondeu sobre o sangue.

B: Mamãe disse. Mamãe disse.

A: Às vezes você quer bater o tigre, às vezes você quer falar.

B: Ferida antiga está lá.

A: Que tipo de ferida é...

B: Ferida antiga.

A: Ferida de bebê?

B: Mamãe.

A: Onde está a mamãe? A ferida é antiga. Onde estava a mamãe quando você era pequena?

B: Mamãe é crocodilo.

A: A mamãe era como um crocodilo? Você tinha medo de ela não gostar de você, já que você estava mordendo e batendo nela? (Viro-me para Nadya:) Deve ter sido difícil para você ter esses sentimentos de raiva em relação a Beate quando ela estava lhe batendo.

Mãe: É difícil dizer, é tão nebuloso quando eu penso sobre esses tempos.

A para M: Como uma ferida antiga.

A mãe concorda com a cabeça e Beate fala: Ferida antiga.

Agora, Beate e eu temos um bom contato e a mãe ouve atentamente. Ela começou a falar sobre a sua depressão. Até agora, ela tinha sido reservada e temia que eu a condenasse. Começo a receber mais material para reconstruir o início do relacionamento delas. Quando Beate fala que o corte no seu dedo era uma "ferida antiga", me inspira a interpretar que ela está se referindo ao seu contato inicial ou "antigo". "Mamãe é crocodilo" me leva a supor que há um elemento oral agressivo na relação delas. Depois de um tempo, Beate diz:

Beate: Menina na ambulância. Carro médico.

Analista: Hoje mais cedo, você não queria falar comigo. Agora você fala. Eu sou um médico.

B: Uma boneca menina (ela indica que é para eu colocar um curativo nela, o que eu faço).

A: Você bateu o tigre hoje. Você se feriu e mamãe colocou um curativo. Talvez você queira que eu coloque um curativo nas suas feridas antigas.

Beate me olha com confiança e sorri. A sessão termina num tom calmo.

***

No dia seguinte, Beate entra no meu consultório dizendo "Escato! Escato". Nadya explica que elas tinham visto uma escada rolante no metrô sendo consertada. Beate ficou paralisada no local. A mãe teve de explicar que "o buraco" estava lá porque alguns trabalhadores tiveram de tirar a escada rolante para consertá-la. Beate parece com medo e excitada.

Beate: Ela vai ficar boa de novo, Björn? Escato não perigosa!

Analista: Você quer que eu diga que vai ficar tudo bem. Sim, eles vão repará-la. Você tem medo da escada rolante. Porque será?

Beate e eu conversamos sobre o que a assustou em relação à "Escato". Foram os trabalhadores com capacetes? Beate balança a cabeça em discordância. Foi o barulho? Não, diz Beate: "Foi o buraco!" Enquanto isso, ela fica fascinada com um buraco pequeno no estofado da poltrona em forma de H e coloca seu dedo nele.

As razões pelas quais a "ferida antiga" e a "Escato" são assustadoras para Beate aparecerão conforme Nadya continua a falar sobre a sua depressão pós--parto. É insuportável para ela, já que, afinal de contas, ela era responsável por um bebê e, agora, teme que isso tenha afetado a menina.

> Mãe: Eu me sentia inútil quando Beate nasceu. Houve um tempo em que senti que a assistente social poderia vir e levá-la para longe de mim...

Enquanto reflito sobre o relato de Nadya sobre a sua depressão pós-parto, a "ferida antiga" e a "Escato" de Beate e a sua preocupação com a poltrona vazia e o buraco no estofamento, visualizo uma imagem de um bebê na frente de sua mãe, que está fisicamente presente, mas emocionalmente indisponível, como um buraco. A mãe está deprimida, mas, para o bebê, ela poderia parecer como um buraco, incapaz de fornecer continência. Quando o bebê procura conforto nesta mãe-buraco ou mãe-ferida, ela é tomada por um medo de desaparecer dentro dela.

Devo ousar e falar sobre isso? Beate vai entender? Nadya vai se sentir ofendida e mais culpada? Sinto que estamos num momento decisivo do tratamento. Se a minha imagem tem qualquer validade, ela mostra a situação original traumática de Beate. Embora seja doloroso falar das minhas impressões e Nadya esteja chorando, concordo que "até as coisas mais horríveis que acontecem entre mãe e filho perdem alguma força destrutiva quando formuladas, de forma sincera, em palavras. As crianças raramente são surpreendidas pela verdade quando já compreenderam intuitivamente o que está acontecendo" (Norman, 2001, p. 96). Começo me dirigindo à mãe:

> Analista para mãe: Talvez a sua depressão fosse como um buraco negro para você.

> Mãe concorda com a cabeça e Beate fala: Beate, menina da mamãe, caindo.

> Analista para Beate: Sim...?

> B: Menina da mamãe vai médico.

> M: Pensando sobre isso, ultimamente, Beate quer dormir em cima de mim. Ela diz que vai engatinhar para dentro da minha barriga.

> A para B: Você quer engatinhar para dentro da barriga da mamãe. Um dia, você esteve lá.

B: Saí da barriga da mamãe. Menina caindo no buraco. Sangue aparece.

A para B: A mamãe disse que, quando você era uma menina pequena, ela estava muito triste. Ela não podia ajudar você tanto quanto ela queria porque estava muito preocupada. Agora, quando ela fala sobre isso, chora. (Beate escuta com atenção. Ela está séria e calma. Continuo:) Eu me pergunto como você se sentiu. Eu penso no buraco da escada rolante. Você está com tanto medo dele e fala muito sobre isso comigo. Eu me pergunto se a mamãe era como um buraco quando você era pequena, um que não podia ser consertado e assustava você. Você tinha tantas coisas dentro de você, tantos sentimentos. Mas, talvez, a mamãe fosse como um buraco triste que não podia ouvi-la tão bem como ela desejava.

A mãe chora baixinho numa mistura de alívio, culpa, tristeza e esperança em relação ao futuro delas. Um diálogo continua entre as minhas palavras e a atenção de Beate. Evidentemente, ela não pode, verbalmente, confirmar a minha reconstrução, pois as memórias implícitas de suas primeiras interações com a mãe permanecem reprimidas. No entanto, penso que é vital falar delas. Será a primeira vez que alguém fala com ela sobre acontecimentos graves sem culpa, acusação, vergonha ou falsidade.

Comentários sobre a vinheta 2 – reconstruindo o trauma original

Quais justificativas eu tinha para reconstruir o trauma original de Beate? Basicamente, usei três fontes: a história de Nadya, a brincadeira e as observações de Beate e a minha imagem visual de um bebê na frente de um objeto experimentado como um buraco. A história de Nadya foi sobre dor, sentimentos de inadequação e culpa. Ela suspeitava que Beate tinha sido afetada por sua depressão, mas não sabia como. Neste ponto, a contribuição de Beate foi de uma ajuda substancial. O jogo da cadeira em forma de H e sua conexão com o jogo Dinn que veio antes e a semelhança com a sua inquietação no colo da mãe me colocaram no trilho. Passei a entender a cadeira como um recipiente deficiente, embora tenha mantido essa ideia para mim. Enquanto isso, novas expressões como "ferida antiga", "mamãe é crocodilo" e "carro médico" adicionaram substância à minha concepção de como ela pode ter experimentado continência nos seus "velhos" dias de infância.

A minha imagem visual do bebê e da mãe-buraco, finalmente, apareceu durante o incidente da Escato. A sua validade poderá sempre ser questionada, uma vez que foi produzida na minha mente, não na de Beate. No entanto, se tal imagem surge no contexto de um cauteloso trabalho analítico e se não sobrecarregamos o seu valor informativo, ela pode nos ajudar a compreender os processos inconscientes. Anthi (1983) observa que a crescente ênfase nas associações livres na técnica psicanalítica levou a uma mudança no interesse de um material visual para um verbal. No entanto, para citar Freud (1923), não devemos "esquecer a importância dos resíduos mnêmicos ópticos" nem negar que os processos de pensamento podem tornar-se conscientes "por meio de uma reversão para resíduos visuais" (p. 21). Ideias semelhantes também foram expressas em relação à formação onírica (Freud, 1900). Freud, portanto, aponta para a estreita conexão entre os processos de pensamento verbal e visual. Considero as imagens visuais uma faceta importante do "instrumento psicanalítico" (Balter, Lothane, & Spencer, 1980). Elas condensam "vários elementos da experiência emocional do paciente" (p. 489). Desde que o analista use fantasias ao permitir-lhes serem criadas espontaneamente – e sabedoria na interpretação de seus significados –, elas podem informar sobre os processos emocionais que, de outra forma, poderiam ter escapado à sua atenção.

Em outras palavras, a imagem visual do bebê e da mãe-buraco foi resultante da minha função alfa analítica. Ferro e Basile (2004, p. 677) descrevem uma cadeia de eventos na mente do analista: a partir de uma imagem visual ou ideograma, via função alfa analítica, para o trabalho do sonho. Ele pode dar um passo adiante e verbalizar a imagem como uma intervenção explícita, como finalmente o fiz. As palavras de Bion são pertinentes: "interpretações são realmente 'conjecturas imaginativas' a respeito das páginas perdidas" (1987, p. 179). A depressão de Nadya e a experiência de Beate em relação a isso eram, na verdade, uma página perdida – principalmente para Beate, mas também para Nadya – e tentei ajudá-las a preenchê-la com algumas das suas palavras essenciais.

Presumo que os afetos de Beate começaram a se transformar quando ela experimentou a continência deficitária de sua mãe. No início, eles surgiram como inquietação e ansiedade gerais e, mais tarde, como um medo de buracos. Vários analistas sugerem que o trauma pode levar a uma falta de representação psíquica: nas palavras de Cohen (1985), "uma ausência de estrutura e experiência representável em uma região do *self*" (p. 178). O paciente não pode representar os seus desejos e, portanto, não pode modificá-los por meio de defesas intrapsíquicas, apenas de "objetos medidores de necessidade" (p. 180). Essa descrição corresponde ao início do tratamento, quando Beate só podia se agarrar ao seio. Evidentemente, ela não queria leite, mas continência – o que, contudo, ela não recebia. Se essa situação persiste, "nenhuma representação de interações que satisfazem a necessidades [...] fornece a base para a interação simbólica com o mundo e para o comportamento dirigido a um objetivo" (idem). Isso foi ilustrado por um comportamento sem palavras e incompreensível de Beate. Green (1998) formula uma teoria semelhante à de Cohen: se o continente não pode assimilar as identificações projetivas, o indivíduo vai sofrer "uma hemorragia da representação, uma dor sem a imagem da ferida, apenas um estado em branco [...] um buraco" (p. 658).

Em contraste a Cohen e Green, enfatizo que um buraco é, de fato, uma representação mental. Não podemos articular nada sobre uma coisa que não tem uma representação, uma vez que "nós pensamos apenas em signos" (Kloesel & Houser, 1998, p. 10). O buraco é um signo, embora primitivo, icônico e assustador. Se não, seria uma "mensagem meramente inscrita", um conceito laplancheano confrontado no Capítulo 2. Enfatizo isso não apenas por causa do meu desejo de ser claro em relação à semiótica. Também sou impulsionado por uma questão técnica: quanto mais eu e Beate pudermos inventar signos elaborados de suas encenações atuais e suas supostas experiências passadas, mais seremos capazes de falar sobre o seu "buraco". O signo aparece no tratamento como jogos e palavras, que indicam o desespero de uma menina na frente de sua mãe deprimida e indisponível.

Durante o início da infância, Beate parece ter sofrido com a relativa ausência de uma mãe atenta e continente. A ação psicoterapêutica não reside no fato de essas memórias poderem alcançar a consciência, porque isso não é possível. Em vez disso, a psicoterapia ajuda por meio da continência, que inclui a reconstrução feita por mim, em cooperação com Beate e sua mãe, do trauma original. Beate cria novas representações disso por meio da brincadeira com a poltrona, do medo da "Escato" e de expressões como "ferida antiga" e "mamãe crocodilo". A análise, portanto, a ajuda a significar o trauma de forma mais elaborada. Isso permite que ela se aproxime do "buraco" continente de forma indireta. A vinheta final vai ilustrar como chegamos a essa fase após os fantasmas começarem a assombrá-la na relação transferencial.

Beate: Vinheta 3 – um fantasma pode ver um giz de cera?

Quando Beate completa 2 anos de idade, ela e sua mãe completam oito meses de tratamento MIP. A depressão de Nadya se foi e ela acessa facilmente sentimentos de amor, apreciação, interesse e raiva em relação a sua filha. Beate é alegre e pode ficar com raiva quando as coisas não estão como ela quer. Ela também sente um imenso carinho por sua mãe. Sua busca incontrolável pelo seio não existe mais e ela começou o jardim de infância.

Um novo sintoma surge. Beate acorda em lágrimas e corre para o quarto dos seus pais "por causa de fantasmas e monstros". Quando pergunto sobre isso, ela pula no colo da mãe e fica quieta. Ela usa a presença de Nadya para resistir à minha sondagem. Não há mais qualquer perturbação na interação mãe-criança, o que parece significativo abordar. Beate tem um problema internalizado com os fantasmas e reclama com Nadya na tentativa de evitar a sua descoberta. Sugiro que nós continuemos em análise infantil e Nadya fica aliviada. Num primeiro momento, Beate tem medo de ficar sozinha comigo. Depois de uma semana, ela aceita, tanto por insistência quanto por confiança em mim. Beate e eu trabalhamos juntos em psicanálise infantil por um ano e meio. Ela começa a falar, de modo hesitante, sobre fantasmas e monstros que a assombram na hora de dormir.

Analista: Gostaria de saber sobre os fantasmas e os monstros da sua casa...

Beate: Eu não posso contar.

A: Você não sabe como eles são...

B: Não. Eles não se mostram!

A: Talvez você esteja com medo deles.

B: Sim, muito mesmo... Eles aparecem quando eu estou quase dormindo... e... eles estão lá em cima também.

Ela aponta para o ventilador de teto no meu consultório.

Conecto essas criaturas noturnas com ocasiões em que ela e a mãe brigaram durante o dia: "Parece que estes terríveis fantasmas entram no seu quarto quando a mamãe pensa que você foi malcriada e você está irritada com ela." Essas interpretações não nos levam muito longe. Também não vamos muito longe quando conecto os fantasmas no meu ventilador com situações em que ela estava com raiva de mim. Um desses casos foi quando a impedi de correr para fora e para dentro da minha sala. Claramente, isso a deixou irritada e incontrolável.

Entretanto, em uma sessão, Beate faz, inadvertidamente, um pequeno risco na minha mesa com giz de cera vermelho. Ela fica apavorada e olha para o ventilador.

Analista: Você ficou com medo?

Beate: Sim!!

A: São os fantasmas?

B: Sim. Há fantasmas *e* monstros!

A: Você não queria pintar minha mesa. Simplesmente aconteceu. Talvez os fantasmas e os monstros pensem que você fez isso de propósito porque está com raiva de mim. Nós sabemos que você, às vezes, fica brava comigo. Então, você acha que eles vão fazer algo ruim com você. Não é fácil para você essa coisa de fantasma.

B: Eles não têm bocas. Eles podem me comer.

A: Porque eles pensam que você é uma menina má.

B: Mas eu não sou!

Depois de alguma hesitação, Beate pega o giz de novo e faz o seu primeiro desenho de fantasma.

Figura 4 *O primeiro desenho de fantasma de Beate.*

Eu peço que ela me fale sobre isso, mas ela ainda está com muito medo. Depois de um tempo, ela faz um segundo desenho:

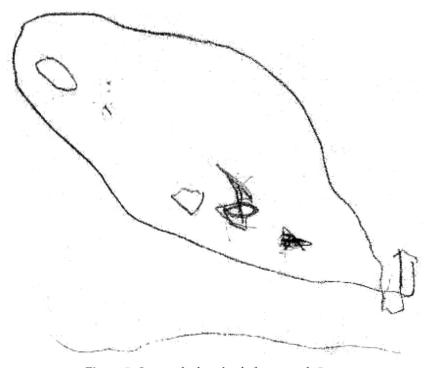

Figura 5 *O segundo desenho de fantasma de Beate.*

Analista: O fantasma tem uma boca muito pequena...

Beate: Você não sabe que os fantasmas não têm boca?!

Para enfatizar o seu ponto, ela faz um terceiro desenho, no qual ela rabisca intensamente toda a boca do fantasma.

Analista: Ah, os fantasmas não têm bocas...

Beate: Claro que não. Isso é porque eles comem você!

O fantasma sem boca e devorador é um objeto estranho. Ao excluir a boca, Beate amplia as suas qualidades horríveis e vorazes. Em outras palavras, a presença da boca assustadora é enfatizada pela sua ausência misteriosa. Considero que isso retrata que Beate está lutando com o que Bion (1965) descreve como "a relação da não coisa com a coisa". Ele fala da personalidade normal que é "capaz de tolerar uma não coisa [e que] pode fazer uso da não coisa, e então é capaz de fazer uso do que, agora, podemos chamar pensamentos"

(p. 106). Em tal situação, a criança pode pensar sobre o seio ausente e perceber que ele está lá fora, em algum lugar, e vai voltar mais tarde. Em contraste, um paciente mais perturbado, ao ouvir o analista dizendo a palavra "ponto", se comportará como se o ponto marcasse o lugar onde o seio estava. "Este 'lugar' parece ser investido pelo paciente com características que as pessoas menos perturbadas podem atribuir a um objeto que elas chamariam de fantasma. O ponto (•) e o termo 'ponto' são tomados como manifestações sensíveis do 'não seio'" (p. 76).

Figura 6 *O terceiro desenho de fantasma de Beate.*

Beate é semelhante ao paciente de Bion: não porque ela é psicótica, mas porque ela é tão pequena e já experimentou um buraco na continência. A boca do fantasma sem boca é uma manifestação do "não seio". Ele representa sua fome de reciprocidade e sua raiva contra o continente quando ela não é contida de forma adequada. Significa também a vingança invocada por sua fome e sua raiva. A vingança surge a partir de um continente transformado em um fantasma. Em última análise, esta criatura muda é, também, um retrato da depressão de sua mãe.

O bebê de uma mãe deprimida – um modelo psicanalítico

O poeta William Blake perguntou, como citado no início do capítulo: "Pode uma mãe se sentar e ouvir / um bebê gemer, um bebê temer?". Ele respondeu: "Não, não, nunca será possível". No caso de uma mãe deprimida, devemos, infelizmente, discordar. O que mais atormenta é a sua dificuldade de realmente sentir a dor do seu bebê. Isso pode ter consequências para a criança. No caso de Beate, indiquei como os seus sintomas – desde a sua inquietação inicial e a sua ânsia pelo seio até os seus subsequentes medos de buracos e fantasmas – estavam relacionados a como ela experimentou a continência colorida pela depressão pós-parto da sua mãe. Se quisermos ampliar o seu caso dentro de um modelo geral, o seguinte deve ser enfatizado:

- Depressão pós-parto não *causa* certos comportamentos ou experiências infantis. Podemos, em vez disso, falar de uma "causalidade circular". O humor materno negativo "compromete o funcionamento da criança e faz com que o humor fique ainda mais negativo" (Tronick, 2007b, p. 377). Fatores inatos ao bebê, como dificuldades de temperamento, podem também contribuir para a sensação de desesperança da mãe.

- A criança não é perturbada pelo afeto empobrecido da mãe em si, mas pela experiência de uma continência materna vacilante.

- Toda criança que está buscando continência projeta na mãe suas emoções negativas. O problema de uma mãe deprimida é que ela acha isso muito difícil de receber e processar. Como resultado, as emoções da criança permanecem em um estado não metabolizado. Elas assustam o bebê, que fica inquieto e impaciente.

- O bebê assustado procura conforto na mãe novamente e, talvez, experimente uma continência falha mais uma vez. Alternativamente, ele é lembrado de situações anteriores. Como resultado, ele evita a mãe ou torna-se agressivo e irritado. Não é preciso dizer que isso aumenta o desespero da mãe.

Suponho que os pontos acima são, geralmente, encontrados nas interações entre uma mãe deprimida e o seu bebê. Os dois pontos seguintes foram descobertos no caso de Nadya e Beate.

- O bebê pode experimentar a continência insuficiente como um buraco ou um vazio. Isso pode aparecer, clinicamente, como medo de ficar sozinho, dificuldades com a amamentação, problemas para dormir etc.

- Numa fase posterior, a criança pode opor-se à experiência de vazio criando objetos fóbicos, que representam uma formação de defesa. É mais suportável ter medo de um objeto fóbico que estar constantemente agitado ou em contato emocional com a experiência de vazio.

Para estabelecer a generalização desse modelo, é preciso investigar outros casos. Norman (2001) descreve o trabalho analítico com Lisa, de 6 meses de vida, e sua mãe, que foi hospitalizada com depressão durante o terceiro e o quarto meses da vida de Lisa. A menina evita olhar nos olhos da mãe. Ele interpreta que ela está evitando uma mãe que ela sente ter sido devastada pela depressão. Em paralelo, a dor psíquica da mãe é aumentada pelo evitamento de Lisa. Ela se torna relutante em se entregar às conexões emocionais com a sua filha. Como Beate e Nadya, essa díade foi trancafiada num evitamento mútuo. Como Lisa era 10 meses mais nova que Beate, ela não teve tempo nem adquiriu capacidades mentais para desenvolver fobias. Ela estava em uma relação primária com a mãe e usou uma "defesa patológica na infância" (Fraiberg, 1982) para evitar olhar para o objeto assustador. A mesma conclusão pode ser tirada do caso de Calvocoressi (2010) de um menino de 7 meses de idade e sua mãe deprimida. Ele olha para o teto e sorri para um observador desconhecido sem qualquer "expectativa de uma resposta da sua mãe" (p. 40). Não percebi nenhum olhar evitativo em Beate, provavelmente porque ela tinha idade suficiente para se desvencilhar fisicamente da mãe. Isso mascarou a sua evasão de um contato emocional mais próximo com a mãe. Além disso, ela foi capaz de desenvolver defesas mais elaboradas, como a fobia de fantasmas.

Emanuel (2006) relata que um bebê pode "inconscientemente experimentar a inabilidade de uma mãe deprimida para receber e conter os seus sentimentos como falta de vontade em fazê-lo ou hostilidade em relação a ele" (p. 252). Ela sugere que um bebê pode, defensivamente, "intensificar os seus esforços para evacuar as sensações persecutórias que ameaçam dominá-lo, para tentar com mais força entrar na mente da mãe de modo que as suas comunicações posam ser recebidas e compreendidas" (idem). A ideia de Emanuel coincide com a minha hipótese de que Beate agarrou-se ao seio da mãe para verificar se ela o tinha destruído. No entanto, não enfatizo a experiência do bebê em relação à hostilidade da mãe tanto quanto a sua continência insuficiente.

Para explorar a relevância do meu modelo em outros casos, é preciso investigar tratamentos pais-bebê de longa duração e alta frequência. Somente o aprofundamento em tais estudos nos permitirá investigar as experiências da criança e formular modelos psicanalíticos a respeito delas. Podemos, também, explorar o modelo em estudos de caso publicados – desde que diferenciemos os estudos baseados em técnicas psicanalíticas daqueles que se apoiam em intervenções suportivas. Quanto mais a técnica baseia-se na descoberta de material inconsciente, mais ela permitirá uma investigação psicanalítica de como a criança experimenta estar com uma mãe deprimida.

Síntese e follow-up

Termino este capítulo ressaltando os complexos desafios com díades em dificuldades. Quem está mais em apuros, hoje e em alguns anos? Essa questão espinhosa não tem uma resposta simples. Nosso desafio não é captar as comunicações da criança ou o sofrimento dos pais. É fazer os dois! Em princípio, considero o bebê o paciente principal, já que ele está à mercê da empatia do mundo adulto e tem outros poucos porta-vozes. Quando a angústia do bebê diminuiu, os pais, às vezes, podem continuar o tratamento sozinhos, como fez a mãe de Nic, Tessie (Capítulo 1). Em outros casos, encerro simultaneamente com a mãe e a criança após alguns meses.

Com crianças mais velhas, os sintomas começam a se estabelecer, como no caso de Beate. Se assim for, a criança precisa de mais atenção para si mesma e podemos embarcar num tratamento de criança. Quando conheci Beate, ela ansiava pelo seio da mãe e se comportava de maneira bizarra e angustiada. Aos 17 meses, ela brincou com a poltrona. Com 22 meses de idade, ela mostrou, me contando sobre o seu pânico da "Escato", o quanto ela temia um continente horrível e opressor. A partir dos 2 anos, ela temia que isso voltasse na forma de criaturas noturnas aterrorizantes. Sem boca e sem palavras, elas a atacavam por ser uma menina má. Ajudei-a a nomear e, assim, conter os seus conflitos com o continente. Em seguida, ela pôde abrir a boca e dizer aos fantasmas que ela não era ruim.

Três anos após o tratamento, recebi um e-mail de Nadya. "Beate está com 6 anos e está bem. Ela é ativa e tem o temperamento forte. Às vezes, ela é exigente quando quer algo do seu jeito, mas, quando os nossos desejos se chocam, somos capazes de resolver a situação. Ela dorme bem e não tem mais medo. Outro dia, algo notável aconteceu na mesa do café. De repente, Beate disse: "Mãe, quando eu era pequena, eu tinha medo de uma escada rolante no metrô. Não é estranho?!". Ela não disse mais nada. Eu entendi ao que ela se referia, é claro. Pedi-lhe para me dizer mais, mas ela apenas balançou a cabeça dizendo: "Que estranho"! Era hora de ir para a escola. Eu lembrei de você e quis que você soubesse desse evento".

A insônia, o medo e a fobia de Beate sumiram. Em contraste, traços de caráter que relaciono com as suas experiências da infância permanecem, um tema que discutiremos no Capítulo 8, sobre a repressão primária. O e-mail também fala sobre o destino das suas memórias. Ao contrário das memórias da primeira infância, os eventos sobre a "Escato" derivavam do período verbal. O que restou para Beate, de 6 anos de idade, já não era um medo de uma escada rolante, apenas uma lembrança e um sentimento de "Isso não é estranho?".

6. A criança "dentro" do adulto – interagindo com Monica

Até agora, lidamos com os bebês e seus pais. Agora, vamos falar do trabalho analítico com pacientes adultos, com o objetivo de trazer à tona a afinidade entre os dois campos. Esta é consequência da "perspectiva *matrioshka*" mencionada na introdução. Nossas primeiras experiências parecem continuar vivendo dentro de nós e emergem, especialmente, em situações emocionalmente carregadas: quando estamos assustados, apaixonados, enfurecidos, famintos, sem dormir, sozinhos, radiantes etc.

O analista também é como uma boneca *matrioshka*. Com sorte, ele aprendeu a reconhecer e "provar" suas camadas e a colocá-las em palavras. No entanto, quando assume a responsabilidade por um paciente, ele pode esquecer a complexidade de sua própria *matrioshka*. Do mesmo modo que esperamos que os pais sejam menos infantis e mais conscientes de suas falhas que os seus filhos, o analista espera uma maturidade semelhante de si mesmo. Às vezes, porém, ele é colocado em apuros no trabalho clínico. Tais situações podem fazer com que camadas infantis interfiram na sua interação com o paciente. O tratamento pode se assemelhar, então, a uma luta entre duas *matrioshka* bebês.

A metáfora da boneca pode levar-nos a pensar que o paciente tem acesso às suas primeiras experiências na forma de memórias explícitas. Isso é incorreto. Em vez disso, podemos, às vezes, reconstruir que um sentimento atual é uma *transformação* de uma experiência primária. Se assim for, o que constitui tal transformação? Essa questão surgiu quando eu estava tratando Monica, de 35 anos de idade, em análise. Algum tempo após iniciado o tratamento, comecei a analisar Nic e sua mãe, Tessie (Capítulo 1). Essa experiência me ajudou a sair de um impasse na análise de Monica. O trabalho mãe-bebê me fez entender mais sobre a interação entre continente e contido. Quando transpus essa visão para a análise de Monica, ela tomou um rumo mais frutífero.

Monica: Vinheta 1 – murmurando no divã

Monica tem uma explosão quando está deitada no divã: "Eu não posso suportar! Agora estou aqui novamente, é terrível. Oh, Deus! Eu faria qualquer coisa para vir à minha sessão, mas, então, eu não suporto estar aqui. Ahhh... nós realmente temos um problema". Suas pernas balançam de um lado para o outro enquanto ela esfrega a testa e murmura. É difícil vê-la em pânico e frustrada. Interpreto o seu ressentimento por eu tê-la abandonado desde a nossa última sessão e os seus sentimentos confusos e amargos quando nos reencontramos. Ela reage com indiferença. Visualizo uma imagem interna de um bebê que está ansioso para ter a sua mãe e grita, se movendo em pânico: uma versão ampliada de Andy, do Capítulo 1, que continua chorando depois que a mãe lhe pega no colo. Quando digo sobre essa imagem para Monica, ela responde: "A sua coisa de bebê não me diz nada!". Sinto-me impotente e irritado, condenado a testemunhar os seus tremores e suspiros e, ainda, visto como incapaz de ajudá-la.

Monica, às vezes, fala da sua infância. Ela se lembra da indisponibilidade emocional e da atitude rígida da mãe, bem como do seu ódio contra o pai. A sua infância foi "maravilhosa até que o meu pai, um dia, me disse para ajudar em casa. O meu mundo desabou. Naquela época, eu já tinha 10 anos de idade!". Ela triunfa, provando que a minha imagem sobre o bebê é bobagem. Outra reação negativa ocorre quando falo do modo como reage às nossas separações. Observo que ela se mexe e murmura principalmente no início das sessões, e especialmente após os fins de semana. Interpreto que, quando ela retorna para mim, está ansiosa por esta proximidade e por consolo, mas não pode se acalmar. Monica sente que tais comentários são sem sentido na melhor das hipóteses, e, na pior, insultos. Ela não é um bebê e precisa de fins de semana livres – de mim!

Vamos fazer uma pausa e refletir: quando percebo os movimentos do corpo de Monica, por que penso num bebê infeliz? Por que não penso numa mulher sexualmente excitada e frustrada? Afinal, ela, muitas vezes, fala dos seus desejos eróticos e declara que eu compartilho de sentimentos semelhantes, embora não me atreva a reconhecê-los, como ela afirma. Tenho, no entanto, duas razões para ficar com a impressão do bebê: uma é a sua maneira de falar de excitação sexual ou angústia. Sua voz murmurante e monótona, suas pernas que balançam, sua testa suada. Não, esta não é a linguagem do corpo de uma mulher excitada. Em segundo lugar, não sinto nem o prazer ou a excitação nem a vergonha ou a timidez que me tomariam diante de uma mulher desejante. Pelo contrário, me sinto impotente e atormentado, o que suponho ser uma identificação *concordante* (Racker, 1957) na contratransferência. Em outras palavras, o meu sentimento ressoa com o de Monica. Racker descreve esse fenômeno como um intercâmbio de introjeções e projeções entre analista e paciente. A minha tarefa é discernir o que de Monica, na verdade, pertence a mim – "esta parte de você sou eu" – e o que em mim, na verdade, pertence a ela – "esta parte de mim é você" (1957, p. 311).

No início de sua análise, Monica trouxe três fragmentos de sonho. No primeiro, a amiga Maria está com o seu bebê em uma estação ferroviária. No segundo, um homem a abraça por trás e diz: "Eu sei o que ela quer. Ela quer o peito". No último sonho, um homem a seduz. Ela resiste, mas ele coloca o pênis em sua boca e urina. Monica está chateada: a revelação de que ela quer o peito é humilhante. Ela quer o corpo de um homem, não os seios de uma mulher! O pensamento da urina em sua boca é assustador. Quando peço associações em relação a Maria, ela se cala. Ela é educada na fé católica e sugiro que o nome possa estar associado à Virgem Maria e a Jesus. Monica acha isso absurdo e encolhe os ombros.

Quando descrevo seu desamparo de bebê, posso suportar sua resposta ridicularizando ou intelectualizando a sugestão. O que é mais difícil de suportar é a minha própria impotência. Sinto-me ansioso, forçado a ficar sentado apesar dos meus próprios sentimentos inquietantes. Nos termos de Racker

(1957), entro numa identificação *complementar*. "O paciente trata o analista como um objeto interno (projetado) e, em consequência, o analista se sente tratado como tal; ou seja, ele se identifica com este objeto" (p. 312). Identifico--me com um objeto rude e desdenhoso que ridiculariza os seus desejos infantis. Esse objeto parece estar conectado com a sua mãe. Recentemente, Monica disse a ela, durante uma conversa, que se sentia triste. A mãe respondeu: "Controle-se. Basta ir em frente com o que você precisa fazer". Monica ficou desesperada. Na minha identificação complementar, é como se eu estivesse falando num tom bravo para ela: "Controle-se, Monica!".

Ela sente a minha irritação e teme que eu esteja cansado dela. Na verdade, às vezes, me sinto assim. Ela me experimenta como um homem que a seduz enquanto zomba dela por querer o seio. No entanto, não me dou conta de que ela vê as minhas interpretações como se eu estivesse forçando jatos de urina zombadores para dentro dela. Consequentemente, deixo escapar o significado do sonho do homem que urina. Resumindo, não compreendo a nossa intera-ração no campo psicanalítico (Baranger & Baranger, 2009; Civitarese, 2008; Ferro, 1999; Ferro & Basile, 2011).

Uma mudança na técnica

Durante o quinto semestre de sua análise, alguns eventos esclarecem como ela me experimenta quando interpreto o nosso drama da mãe impo-tente e do bebê inconsolável. Durante o verão, ela saiu para tomar um sorvete com os seus pais. Ela entrou em pânico, correu para o banheiro e tomou um tranquilizante sem ninguém saber. Algum tempo depois, ela teve um ataque de ansiedade com o namorado. Ela conversou com ele sobre isso, ele a abraçou e as coisas melhoraram. Comento sobre os diferentes sentimentos e resulta-dos nas duas situações.

Monica: As relações com os meus pais e com o meu namorado são tão diferentes. Que tipo de relação você e eu deveríamos ter? Uma em que eu... nós... eu... incomodo e reclamo? Ou algo novo?

Analista: Você vacila entre "eu... nós... eu reclamo". Talvez você saiba, com certeza, se a nossa relação é *sua* responsabilidade ou *nossa*. Faz diferença se você sentir que eu quero ajudá-la e tentar entender o seu pânico, ou que você deve lidar com isso sozinha.

Monica: "Entender?" Que piada! Se você me entendesse, não tiraria férias tão longas no verão.

Nós falamos a partir de diferentes pontos de vista. Tenho empatia por um bebê e sua mãe, mas Monica sente que eu a critico. Nos termos de Racker, penso na minha contratransferência como algo concordante, enquanto Monica vê as minhas intervenções como guiadas por uma identificação complementar. Ela me vê como uma mãe que, enquanto finge cuidar do seu filho, chama o médico: "Cuide deste bebê! Eu terminei. Eu preciso de férias!".

Análise do paciente – análise da interação

A expressão de Monica "eu... nós... eu" é uma descrição sucinta do *campo* psicanalítico. Esse termo explica que tudo o que é dito e experimentado na situação analítica expressa as fantasias conscientes e inconscientes de ambos os participantes. Tendemos a pensar em "eu" e "você" na sala de atendimento, mas, na realidade, há um "nós" intersubjetivo, mais do que gostaríamos de admitir. Alguns psicanalistas intersubjetivistas (Beebe & Lachmann, 2002; Lichtenberg, 1983; Stern, 2004) também são ilustres pesquisadores do desenvolvimento infantil. Eles afirmam que os estudos sobre a interação mãe-bebê aumentam a nossa sensibilidade para a mutualidade do processo psicoterapêutico. Eles descrevem o processo psicoterapêutico como um "momento de encontro" (Stern, 2004) em vez de um psicoterapeuta tratando um paciente. Nas palavras de Seligman e Harrison (2012), essa perspectiva "enfatiza o processo de reconhecimento mútuo, em que uma pessoa 'vê' a outra enquanto se sente separada, mesmo quando o próprio ato de ver o outro como separado confirma a conexão na relação" (p. 340).

Tem havido uma tendência entre os intersubjetivistas de não se concentrar no inconsciente *individual*. Oponho-me a isso por duas razões. Todo psicoterapeuta alterna, constantemente, o foco entre o paciente e a interação. Às vezes, o paciente é um *objeto* do nosso pensamento. Em outras ocasiões, ele é o *sujeito* com o qual "coconstruímos" significados (Beebe & Lachmann, 2002).

Isso não tem nada a ver com a filosofia psicoterapêutica à qual aderimos, mas com a forma como a nossa "capacidade negativa" (Bion, 1970, p. 125) lida com as incertezas no trabalho analítico. Em segundo lugar, essa polaridade não é uma descoberta recente. Ferenczi (1931, 1933), talvez, tenha sido o primeiro a compreender plenamente que o processo psicanalítico é mais complexo que a investigação de um médico do inconsciente de seu paciente. Para ele, isso era – e deveria ser – um encontro em que ambos os participantes estivessem lutando com impulsos inconscientes durante a sessão. Balint (1949, p. 121) continuou a investigar a contribuição do analista para a situação analítica. Uma autora cuja contribuição veio depois, Betty Joseph, descreveu as tentativas do paciente "de levar o analista a atuar de forma adequada à sua projeção inconsciente" (Bott Spillius & Feldman, 1989, p. 48).

Para dar um exemplo da falsa oposição entre as perspectivas intersubjetiva e intrassubjetiva, considere este fragmento: após o episódio do "eu... nós... eu", me senti mais livre para refletir sobre a oposição entre o "meu" tema do bebê e o tema erótico "dela". Monica, obviamente, se sentiu mais livre também. Ela revelou uma fantasia de que eu, ao ver as suas pernas balançando, me masturbava atrás do divã. Se olharmos para essa fantasia por uma perspectiva intersubjetiva, ela reflete a sua suspeita de que eu estava me masturbando enquanto fingia ser simpático – enquanto ela estava implorando pela ajuda de um analista que mantinha "os doces" para si mesmo. Se olharmos para ela por uma perspectiva intrassubjetiva, poderíamos dizer que o seu desejo erótico estava enraizado em fantasias sobre um mamilo provocador – seguido, posteriormente, por um pênis com as mesmas qualidades – que finge alcançá-la e acalmá-la. Na verdade, essas duas interpretações são complementares, não contraditórias.

Uma teoria que ignora a dialética entre a análise do paciente (a perspectiva "intra") e a relação (a perspectiva "inter") permanece incompleta. Para entender o nosso envolvimento com o paciente e a "confusão de línguas" (Ferenczi, 1933), precisamos de inspiração de muitas fontes: autoanálise, supervisão, estudos, literatura, ópera etc. O trabalho pais-bebê nos oferece exemplos observáveis de uma interação que sai dos trilhos. Durante o tratamento de Monica, comecei a análise com Nic, com duas semanas de vida, e sua mãe, Tessie, introduzidos no Capítulo 1. Vamos, agora, acompanhar como esse caso ajudou a mim e Monica no nosso impasse intersubjetivo.

O pequeno Nic como meu supervisor

Como recordamos, no meu primeiro encontro com Tessie, ela revela a sua ambivalência materna enquanto Nic empurra e joga a cabeça para trás como se evitasse o seio. Eles já estão à beira de uma "doença da interação" (Golse, 2006, p. 187). Ela acredita que Nic não gosta dela e ele não pode lidar com essas projeções a não ser esquivando-se. Tessie explode: "Quando ele não agarra o mamilo ou o morde sem sugá-lo, eu entro em pânico. Onde está o projeto de *design* para isso? Por que ele não pode parar de chorar e começar a mamar?". Sua raiva *e* seu comprometimento são evidentes e, já na terceira sessão, sugiro: "Quando você teme que Nic seja ferido num acidente, eu penso que você também teme o pensamento de querer se livrar dele. A 'Tessie adulta' e a 'Tessie bebê' querem coisas diferentes". Tessie chora concordando, mas não ficamos presos em um relacionamento sadomasoquista como acontece com Monica. Nic contribui para a doença da interação ficando com medo e se retirando durante a amamentação. Isso se soma a seu ressentimento em relação à mãe. O problema intersubjetivo deles pode ser resumido assim: Nic, com as suas intenções contraditórias, está à procura de uma mãe que está tomada pelas *próprias* contradições.

As sessões com Nic e Tessie ocorrem enquanto estou trabalhando com Monica. Testemunhar a díade redobra a minha atenção para a dupla no meu trabalho com Monica. Nic e Tessie funcionam como um modelo interno da díade "bebê-Monica" e "mãe-eu" com a nossa ambivalência mútua. Quando Monica sente que sou como uma mãe farta, a nossa relação se assemelha à de Tessie e Nic. Parafraseando Tessie, é como se eu pensasse: "Por que Monica não pode parar de murmurar e começar a sugar as minhas intervenções?". Por outro lado, ela acredita que as intervenções são, na verdade, o meu método de projetar angústia dentro dela. Como ela diz: "Nós realmente temos um problema".

Agora, começo a pensar que Monica e eu sofremos juntos, mas, mesmo assim, tentamos remediar a situação. Eu, talvez, me sinta farto às vezes, mas, ainda assim, me mantenho interessado em nossa interação. Ela sofre, mas, talvez, também reflita sobre as suas acusações. Ela comenta: "Por que eu lhe nego férias de verão? As pessoas podem gostar uma da outra e, ainda assim, se separarem de vez em quando?... É como se eu estivesse correndo para você *e* de você. Eu acho que é por isso que estou aqui, deitada, movendo as minhas pernas". Ela corre em direção a um analista idealizado, cheio de bênçãos, e, ao mesmo tempo, na direção contrária de um que esteja farto e zombe.

Transformações

O que significa quando sugiro que Monica está se mexendo como um bebê infeliz? Os seus movimentos são uma continuação direta de sintomas da infância? Ou a conexão com a infância é uma mera construção subjetiva, sem qualquer valor geral explicativo? Ou elas representam uma transformação? Monica não contou nenhuma história de tremores durante a sua infância, então, a primeira possibilidade não tem fundamento. A segunda, confronta com as minhas impressões contratransferenciais. Não sou só eu que sinto que o seu comportamento no divã se assemelha ao de um bebê angustiado. Ela também falou do seu tormento quando vê crianças chorando em cafés e outros lugares. Além disso, ela abriga fantasias de uma fusão feliz comigo: tais impressões tornam impossível rejeitar as minhas associações a um bebê. A terceira opção permanece: os seus movimentos representam uma transformação. O que esse termo implica?

Bion (1965) dedicou um livro inteiro ao seu conceito de transformação. Ele exemplifica isso com um retrato de uma paisagem. A razão de entendermos o seu significado é que, durante a transformação da paisagem em pintura, "*algo* permaneceu inalterado e desse *algo* depende o reconhecimento" (p. 1). Bion chama isso de "invariável". Da mesma forma, diz ele, o analista interpreta os sintomas e os sonhos do paciente como transformações de invariantes. Transformações "não são uma questão de mera opinião individual do analista" (Sandler, 2005, p. 765). Na verdade, elas conservam "aspectos seminais do fato material ou imaterial, do objeto ou da pessoa observado" (p. 767).

Qual é o aspecto seminal ou a essência invariável que está incorporado nos tremores de Monica? Vamos, primeiro, abordar a questão de um modo geral. Para Bion, uma transformação surge de uma invariante de *O*. O problema, a meu ver, é que ele baseia *O* no conceito de Kant de "coisa-em-si". Se assim for, um sintoma ou uma pintura é uma transformação *de que*? Para Kant, os objetos não nos são acessíveis em si, mas somente por meio de sua aparência. Não importa o quão profundamente exploremos um objeto, "lidamos com absolutamente nada a não ser aparências [...]" (Kant, 1996, pp. A45, B63). "Seria mais fácil fugir da própria sombra que alcançar [a coisa-em-si]. Todos os esforços para reconstruir isso já se perderam" (Ahlberg, 1967, p. 475).

Neste ponto, Bion é inconsistente. Um evento clínico pode ser "como uma coisa-em-si e incognoscível" (1965, p. 12). Aqui, ele concorda com Kant: não podemos conhecer a coisa-em-si. Outras vezes, ele faz desaparecer a fronteira entre uma experiência e a coisa-em-si: "A experiência (a coisa-em-si) eu denoto pelo sinal O" (p. 13). Em outro exemplo, ele espera "descobrir a partir das invariáveis neste material o que é O" (p. 15). No entanto, ele também diz que O não pode ser descoberto: "pode-se conhecer sobre ele, a sua presença pode ser reconhecida e sentida, mas ele não pode ser conhecido" (Bion, 1970, p. 30). Isso contrasta com a sua formulação acerca de uma sessão analítica, na qual em "uma pausa de fim de semana, O, existe" (p. 17). O termo "fim de semana" revela a ideia do analista de que a sua agenda influencia o paciente emocionalmente. O já tem um significado.

A atribuição alternada de Bion de qualidades transcendentais e experienciais a O cria um problema: como devemos nomear os tremores de Monica? Se concordarmos com a visão transcendental, os seus tremores são a invariável "bebê O", uma coisa-em-si. Invariáveis infantis incognoscíveis estariam, assim, escondidas por trás dos seus tremores. Se a invariável fosse uma experiência infantil, teríamos de esperar pelas memórias de Monica para confirmar as raízes de seus sintomas. É mais factível sugerir que os seus movimentos *parecem* com espasmos de bebê e que os interpreto para *significar* alguma realidade psíquica infantil, porque eu mesmo tive espasmos ou porque tenho visto muitos bebês tendo espasmos. Experimentarei isso como se – mas não tenho motivos racionais para acreditar que – uma experiência invariável de bebê tenha sido transformada. Posso *sentir* que o seu eu bebê foi preservado como "a pérola em uma ostra" (Marcos, 2001, p. 351), mas, logicamente, isso é uma impossibilidade.

Assim, os espasmos de Monica são transformações de um estado emocional *presente*. Eles são signos que eu percebo e interpreto. Esse argumento está em acordo com Kant. Ele protestaria se reivindicássemos que há uma flor invariável em uma pintura que nos faz concluir o que ela retrata. "A ordem e a regularidade nas aparências que chamamos de 'natureza' são colocadas nelas por nós mesmos [...] sem entendimento, não haveria qualquer natureza" (Kant, 1996, pp. A125-6). Percebemos o mundo e inventamos conceitos como "flores" ou "espasmos de bebê". Esse processo de combinar percepções via conceitos em pensamentos é possível porque os nossos semelhantes forneceram signos desde o nascimento. Eles já nos ensinaram: "Isto é uma flor" ou "Este bebê que esperneia está infeliz".

Agora, compreendemos porque a imagem da *matrioshka* deve permanecer uma metáfora, *un façon de penser*. Ela nos ajuda a entender as qualidades *similares* às infantis em Monica, em mim e nos outros seres humanos. Não há nenhum bebê dentro de qualquer um de nós: só parece assim. Para falar a verdade, podem haver conexões entre memórias implícitas ou primariamente reprimidas da infância e o nosso mundo interno adulto. É importante ressaltar, no entanto, que só podemos supor tais conexões via reconstruções, "por meio de inferências derivadas de semântica implícita (inconsciente) e evidências procedurais" (Solms & Turnbull, 2001, p. 169). No próximo capítulo, vamos acompanhar a luta solitária de Tristão com este problema.

Significantes da experiência infantil

Como descrevi no Capítulo 2, um signo poderia ser uma palavra, um sorriso, uma advertência, um franzir de testa, um barulho – qualquer coisa que incite o pensar. O sistema semiótico tripartidário de Peirce [três signos, três interpretantes, três categorias experienciais – para síntese, consultar Muller e Brent (2000), Olds (2000), Salomonsson (2006), Sheriff (1994)] é bem adequado para cobrir tanto representações conscientes quanto inconscientes (W. Salomonsson, comunicação pessoal, 2006). Por exemplo, quando digo a Monica: "Quando eu a vejo tremendo, lembro-me de um bebê infeliz", meus símbolos-palavra dão significado ao seu sofrimento. No entanto, o *seu* interpretante indica que ela vê o meu comentário como um índice: "Pare quieta, pelo amor de Deus. Você não é mais um bebê!". Ou ele ecoa, a partir da minha voz, como um ícone de "homem irritado". Meltzer nos lembra de que o comportamento do analista, "verbal e de outras formas", pode ter "o impacto de ações em vez de comunicações" (1992, p. 42). Essa divisão entre a ação e a comunicação se dissolve quando percebemos que ambas têm propriedades semióticas – ambas são signos. Como Olds nos diz: "tudo o que um psicoterapeuta faz tem implicações semióticas em um nível ou outro" (2000, p. 524).

Muitos psicanalistas criaram conceitos para explicar como um bebê significa as suas percepções. Freud falou de *"Wz"* ou *"Wahrnehmungszeichen"* (1950, p. 234) – "signos de percepção". Ele tinha em mente registros primários, inconscientes e organizados de forma frouxa. Balestriere (2003) resume: "Este material primário é concebido como não reprimível, inacessível, não fantasiável. No entanto, ele age sobre a vida psíquica e/ou somática de todos" (p. 63). Na terminologia de Peirce, *Wz* corresponde a ícone e índice. Em comparação com os conceitos de Laplanche apresentados no Capítulo 2, ele corresponde à "mensagem cercada" ou "inscrita" (2007, p. 208). Nos termos de Rosolato (1985), ele é um precursor de um "significante de demarcação". Esse conceito abrange expressões corporais, afetos e pulsões, bem como percepções e sensações que constituem "a qualidade peculiar de uma experiência vivida" (p. 14). Ele também abrange os "gestos, a mímica e a prosódia que completam as funções da palavra" (idem). Significantes de demarcação surgem antes de a criança adquirir a linguagem. Seu significado deriva de pares de emoções opostas: bom/mau, prazer/desprazer. Fora de tais experiências duais, uma rede de signos e significados se ramifica – o que é a nossa tarefa analítica investigar.

Quando considerei a visão de Monica de que eu a estava atacando com minhas interpretações, passei do uso de um significante de demarcação para um "significante formal" (Anzieu, 1990). Ou seja, eu não estava mais abordando apenas a sua dor psíquica, mas também o seu pensamento de que o continente/forma não era confiável: eu, o analista irritado. Como também aprendi com Nic, uma interpretação precisa focar nos sentimentos conturbados do paciente ao seio – ou no divã –, bem como na sua noção do objeto continente incompreensível: uma mãe triste puxando o seio de volta ou um analista irritado "estourando" com seu paciente "impossível".

O conceito de "elemento beta" de Bion também significa experiências infantis. Abrange "fenômenos que não podem ser, razoavelmente, considerados pensamentos" (1997, p. 11). Prefiro sugerir que ele expressa a emoção do indivíduo *e* o seu nível de significação. É um signo, embora o paciente *sinta* que seja uma coisa-em-si (Bion, 1963, p. 39). É um ícone ou índice "à espera" de ser significado em um nível superior para que o indivíduo possa refletir sobre isso por meio do simbolismo das palavras. Sendo um signo mental primitivo, o elemento beta é um pensamento, por mais catastrófico, fragmentado e *similar* a uma coisa que possa parecer ao sujeito. Assim, os tremores de Monica representam elementos beta. Se presumíssemos que a sua mente simplesmente não os significou, não poderíamos dizer nada sobre eles. Os psicanalistas investigam fenômenos mentais que são desconhecidos – não cognoscíveis ou não significados. Quando afirmamos que um paciente evacua elementos beta, isso é uma metáfora. Ele *acredita* que os evacua porque os significou como uma coisa que deve ser evacuada. Freud notou "o quão mais concretamente as crianças tratam as palavras, em relação aos adultos" (1909a, p. 59). Monica trata as minhas interpretações como uma criança. Ela sente que elas entopem a sua única válvula de segurança confiável: os espasmos pelos quais evacua o que experimenta como "coisas" indesejáveis dentro dela. Essa é outra razão pela qual ela detesta as minhas intervenções.

Continência e tradução

Se concebermos a transformação como um conceito semiótico, será mais fácil entender o que estamos fazendo quando contemos o paciente. Como Stern observou, a continência não se dá por um meio "através do qual as fantasias da mãe e da criança poderiam se comunicar e afetarem-se mutuamente" (Stern, 1995, p. 42). Temos de desmistificar o processo de continência: é algo que *fazemos* com o paciente e dentro de nós mesmos. No Capítulo 3, me concentrei em sua "música materna" e suas "palavras paternas". Aqui, vou enfatizar as suas semelhanças com o trabalho de tradução. O continente, seja um dos pais ou um analista, sugere nomes ou signos com a intenção de melhorar o pânico e torná-lo pensável. Por meio de palavras, entonações, olhares e silêncios, invento novos signos para a angústia de Monica. No caso de Nic, traduzo os possíveis significados dos ícones e dos índices que ele e sua mãe estão transmitindo. Essa atividade inclui a forma como pareço e soo: a soma total constitui a minha tradução das emoções presentes – de um nível significatório para outro.

Então, devo expressar-me sempre de forma inequívoca, livre de identificações projetivas e com todos os afetos totalmente conscientes? Não! Todo intercâmbio semiótico se desenvolve por meio de confusão (Tronick, 2005), contingências imperfeitas (Fonagy et al., 2002) e mal-entendidos. Podemos apenas torcer para que as nossas interpretações forneçam uma tradução razoavelmente precisa – de um nível mais primitivo para um mais avançado – de desejos e medos do bebê. Essa tradução é de importância vital para o bebê. No modelo de Bion, o bebê fica assustado quando projeta sentimentos terríveis, mas a mãe os rejeita. Então, ele reintrojetará "não um medo de morrer que se fez tolerável, mas um terror sem nome" (1962b, p. 309). O que é intolerável sobre esse temor não é somente a sua força afetiva, mas também o fato de o bebê ter esses signos não desenvolvidos para pensar sobre isso. A continência lhe proporciona novas formas de pensar, como quando eu digo: "Nic, eu acho que você está com tanto medo de tudo isso". O novo significado não é as palavras em si, porque elas são sem sentido para ele. É, em vez disso, meu modo de falar calmo e minha total atenção ao tormento do menino.

Devemos, finalmente, nos lembrar de que não somos tradutores sentados num banco, falando por meio de um microfone para um receptor. A continência é um processo bidirecional. Em nenhum lugar isso se torna mais evidente que no trabalho mãe-bebê. Em tais psicoterapias, temos, por assim dizer, o continente e o contido frente aos nossos olhos. Tais experiências podem nos ajudar a tornarmo-nos mais sensíveis às interações analista-paciente e mais proficientes para comunicá-las. Como o relato final mostrará, às vezes, isso pode mudar a análise para uma direção positiva.

Monica: Vinheta 2 – o frango ou a galinha?

Numa sessão no final do sétimo semestre, Monica treme e parece ansiosa no divã.

Monica: É impossível estar à vontade com você! NÃO FUNCIONA! Parece que você está colocando demandas em mim. Já, depois de um minuto! Isso me lembra de uma festa outra noite. Nós estávamos brincando de mímica com canções. Parecia uma demanda também. Eu não conseguia pensar em uma única música para representar!

Falamos sobre essa experiência. Em seguida, ela pensa em uma palestra. Ela foi responsável pelo microfone, mas algo deu errado e havia um barulho no alto-falante. Uma senhora a repreendeu.

Monica: Havia algo de errado com a instalação! Eu pensei: "O que estou fazendo aqui? Eu não me sinto bem-vinda em nenhum lugar. Eu quero o meu país...". Mas isso é uma ilusão. Quando eu era pequena, alguém perguntou de onde eu era e eu respondi: "Eu venho do mundo!". Eu estava falando como uma adolescente... mas era importante responder dessa maneira.

Analista: Você queria dizer-lhes que você não se sente bem-vinda em nenhum lugar: na festa, no meu consultório, em qualquer país. Este sentimento está lá o tempo todo dentro de você.

M: E então tudo fica complicado, já que eu me comporto de uma maneira que deixa as pessoas irritadas. Eu não sei o que vem primeiro, a galinha ou o frango.

A: O frango ou a galinha?

M: Bem, o frango e o ovo ...

Na contratransferência, tremo quando penso numa casca de ovo branca e fria.

Analista: Eu sou o frango que não quer e não suporta você, galinha? É por isso que você não se sente bem-vinda e mal consegue ficar comigo? Na sua família, você é a mais nova de muitos irmãos. Pergunto-me se você tinha um sentimento de ser a galinha indesejada de sua mãe frango.

Monica: ... Às vezes eu penso sobre a morte; não suicídio, mas morrer para ser livre. Talvez nascer de novo, deixar os sentimentos ruins para trás, começar de novo... Mas eu não posso começar a minha vida de novo!!

A: OK. Mas estamos falando de sentimentos ruins. Em casa, talvez o sentimento fosse: "Agora a Monica está inquieta de novo! Por que nós a tivemos?". Aqui: "Por que eu a recebi em análise?". Você consegue expressar esse medo impressionante abertamente em vez de tê-lo circulando por seu corpo e criando tanto incômodo?

M: ... Uma vez, a minha mãe comprou algumas galinhas para nós. As asas eram feitas de figos e o bico era uma amêndoa. Ah, como eu queria guardá-las em vez de comê-las! Naquela ocasião, a mamãe foi amigável e realmente queria alegrar o nosso dia.

***

Na sessão seguinte, ela pensou que eu havia retirado da parede uma pequena imagem que fica pendurada acima do divã. Recentemente, ela começou a brincar com essa imagem em seus pensamentos, imaginando que esta retrata um jogo de esconde-esconde. Hoje, ela experimenta que retirei a imagem porque estava irritado com a brincadeira dela. Ela cria coragem:

Monica: Sinto como se estivesse numa prisão por um longo tempo. Os prisioneiros eram cinzas e sombrios. Agora, um pouco de luz está entrando. Eu sinto que estou compartilhando algo com você. Este sentimento de estar sem lugar, eu não tenho palavras para descrevê-lo. Eu gostaria de ficar em silêncio...

Analista: ... Em vez de conversar sobre ele. Eu penso que, muitas vezes, você fala para me agradar, mas aí você teme que vou gostar ainda menos de você. Então, você balbucia mais um pouco e acabamos nesse terrível círculo. O contrário, penso eu, seria um frango que permite que sua galinha balbucie, pegue uma ou duas minhocas ou fique em silêncio.

M: Você sabe, eu gosto daquela imagem do frango e da galinha!

Ela fica em silêncio por vários minutos. Isso nunca aconteceu antes.

M: Eu quase me sinto culpada, deitada aqui e me divertindo sozinha. Eu sinto como se tivesse ganhado de você um pedacinho de doce. Sim, como a galinha de figos e amêndoas!

Quando presumo que sua mãe tinha sentimentos de rejeição em relação a ela, me baseio não só nas informações que Monica me dá, mas, sobretudo, nas identificações complementares na contratransferência. Na medida em que a mãe nutria sentimentos semelhantes à minha irritação com Monica, foi o *acobertar* desses sentimentos que prejudicou Monica, não a sua existência *per se*. Qualquer mãe pode ter pensamentos terríveis sobre o seu bebê. Ainda assim, ela pode ter sentimentos de amor também. O que prejudicou Monica foi, provavelmente, o fato de a mãe não reconhecer quaisquer sentimentos negativos e o fato de Monica proibir-se de reconhecer as suas intuições sobre a atmosfera da família.

> Monica: As coisas parecem diferentes agora. Eu me pergunto o que aconteceu... Eu sempre senti que me intrometia em seu consultório. Eu não tenho lugar algum!

> Analista: Você veio aqui, se contorceu no divã e temeu me irritar. Sim, às vezes eu me irritei com você. Mas isso é perigoso para você? Pelo contrário, não será perigoso se você não pronunciar a sua intuição, ou se eu não me arriscar a reconhecer o que eu sinto, e um sentimento terrível permanecerá dentro de você?

> M: Você me assusta! Eu ainda tenho medo de falar sobre isso. É importante falar sobre isso com respeito, como quando falamos com um bebê.

> A: Quando a mamãe zombou: "Controle-se, vá em frente com o que você deve fazer" ou quando você sentiu que eu estava irritado, você se sentiu desrespeitada. Você temia os nossos sentimentos, mas o que você realmente deveria temer é a nossa falta de sinceridade – e quando você não reconhece que você a notou isso.

> M: Eu tentei reconstruir os meus pais. Eu não posso ensiná-los a respeitar aquele bebê. Eu devo me ensinar!

Um pouco depois, ela conta uma lembrança encoberta. Um dia, a pequena Monica estava inquieta e a mamãe gritou: "Afaste-se, seu monstro!". Ela tem escondido essa memória, temendo que, uma vez que ela me dissesse, se descontrolaria ou eu simpatizaria com a sua mãe.

> A: Isso tem sido especialmente difícil para você, já que você pensou que eu também acreditaria que você é um monstro.

> M: Essa coisa de monstro é muito maior que eu!

> A: Só se você não ousar nomear a sua suspeita: "O Björn pensa que eu sou um monstro!"

Na sessão seguinte, ela relata um longo sonho. Vou relatar apenas um detalhe. Durante um seminário de arte, ela deveria dizer ao grupo o que pensava de uma pintura. Uma mulher conformada sussurra "Somos todos *livegna* (servos)". Monica retruca: "Não, somos todos libido!". Seus amigos riem com o seu trocadilho. Ela mostra uma nova capacidade de falar sobre os sentimentos libidinais sem temer evocar o sentimento de "Afaste-se, você é um monstro" em mim. Ela continua fazendo associações com o sonho. A pintura a faz lembrar da obra *Criação,* de Michelangelo, na Capela Sistina. Ela sempre se emocionou com o dedo de Deus tocando o de Adão. "Isso é Gênesis, não é?" Este comentário encerra a última sessão antes do Natal. Ele aponta a separação que se aproxima entre os "dedos" do analista e do analisando. Em comparação com a raiva que ela sentiu em relação às minhas férias de verão, essa separação não é só triste para ela. É também necessária para que algo novo possa nascer: uma criança pronta para sair mundo afora para encontrar um objeto libidinal.

Revelação afetiva

Como se vê nessa vinheta, eu revelo a Monica um aspecto da minha contratransferência: eu fiquei irritado com ela se movendo e murmurando. Certamente, "a autorrevelação pode ser tão arrogante e intrusiva quanto as interpretações ou o silêncio" (Maroda, 2000, p. 247). Por outro lado, a revelação *afetiva* pode ser vital, porque "o analista tentar reprimir as suas respostas emocionais que ocorrem naturalmente é privar o paciente exatamente daquilo que ele está procurando desesperadamente" (Maroda, 2002, p. 107). O trabalho mãe-bebê põe a olhos nus os efeitos às vezes desastrosos da ambivalência escondida e da devoção fingida. Conforme descrito no Capítulo 1, os comentários irônicos de Tessie e a sua voz irritada com Nic evocaram forte contratransferência: não porque ela era ambivalente, mas porque ela não era sincera sobre isso. O mesmo poderia ser dito a respeito dos comentários falsos de Miranda sobre Karen no Capítulo 4. O fato de tais mães não revelarem os seus afetos de forma genuína não me impediu de simpatizar com a situação que viviam. Mas, se negássemos que tal atmosfera influenciava negativamente os seus bebês, colocaríamos a culpa toda neles. Por outro lado, negar que os bebês também eram participantes ativos nesse intercâmbio falso, embora estivessem tão inconscientes sobre ele quanto suas mães, implicaria culpar somente elas.

O ponto da última vinheta é, portanto, não culpar Monica, sua mãe ou a mim. Com relação aos pais, somente sabia sobre eles por meio da história de Monica. Em contraste, sabia bastante sobre os meus sentimentos negativos não reconhecidos em relação a ela. Quando pudemos falar sobre eles, ela evocou os dedos da criação e da separação. Na pintura de Michelangelo, eles pertencem a Deus e a Adão. Na última sessão antes de nos separarmos, quando ela retornaria para casa a fim de comemorar o nascimento de um Jesus bebê, isso dizia respeito à mãe e a ela, bem como a mim e a ela.

7. O fóssil vivo – *Urvergessen* de Tristão

No capítulo anterior, vimos como Monica e eu nos esforçamos para encontrar uma maneira melhor de trabalharmos em conjunto. Ela me lembrou de um bebê angustiado, mas pensou que tais interpretações fossem um insulto. Um dos temas daquele capítulo foi: o que justifica a nossa suposição de que a visão de mundo ou os sintomas de um paciente se assemelham aos de um bebê? Vamos, agora, voltar para uma figura literária, o herói na ópera de Richard Wagner *Tristan und Isolde* (1865). Como Monica, ele se esforça para entender as conexões entre o seu tormento presente e a sua infância. No entanto, em contraste com ela, ele não tem ninguém para ajudá-lo em sua inevitável peregrinação em direção ao seu interior. Esta é uma das razões pelas quais ele sucumbe no final.

Vamos começar com o enredo. Tristão, um jovem simpático, encontra Isolda, uma bela mulher cujo noivo ele acabara de matar. Quando os seus olhos se encontram, eles se apaixonam. No entanto, eles nunca se tocam ou falam sobre os seus sentimentos. Em vez disso, Tristão a deixa e retorna para casa. Ele convence o seu pai adotivo, o Rei Marcos, a se casar com ela e se oferece para trazer a futura noiva ao lar. Durante a volta, acidentalmente, eles bebem uma poção que reacende o amor que sentem. No entanto, ela se casa com Marcos. Uma noite, secretamente, Tristão e Isolda decidem fazer o amor que sentem se materializar reunindo-se na morte. Marcos e sua escolta real os descobrem. Na batalha que se seguiu, o jovem fica ferido evitando, intencionalmente, se defender. Em seu leito de morte, ele anseia por Isolda para morrer com ela. Quando eles se reencontram, ele morre instantaneamente, e ela também. Marcos fica devastado e declara que teria, com prazer, renunciado à mulher em favor do seu amado filho adotivo.

Esse é o drama de Tristão e Isolda em sua essência. Embora ele gire em torno de dois amantes, vou me concentrar em Tristão. A sua história é melhor retratada que a de Isolda – e ele está lidando com uma questão que nos interessa particularmente: o trauma infantil e as suas sequelas na fase adulta. Seu pai morreu antes do seu nascimento e a sua mãe, logo depois deste. Ele sempre soube desta catástrofe. Só agora, durante a sua luta com o seu *"Urvergessen"*, ou esquecimento primário, ele se dá conta das suas consequências. Argumentarei que a sua autoanálise é corajosa, mas incompleta. A ópera fala de forma comovente de sua depressão ao longo da vida, seu cavalheirismo e sua coragem. Vamos desvendar os traços mais adversos, como egocentrismo, deslealdade e inconstância, e um complexo de raiva e culpa inconscientes em relação a Isolda e Marcos. Tristão consegue conectar o trauma infantil a sua depressão e seu desejo, mas as conexões com as suas propensões egocêntricas, furiosas e cheias de culpa permanecem inconscientes.

Tristão culpa a perda dos seus pais durante a sua infância pelo tormento de sua vida. No entanto, vou enfatizar como essas perdas foram lidadas de forma inadequada, especialmente pelo jeito do seu tio de conter o pequeno Tristão. Isso o levou a sofrer do que sugiro serem os efeitos da *repressão primária*. Esse conceito caiu em descrédito, em virtude da definição incompleta de Freud (1915b, 1915c) e da sua aparente inconsistência lógica. Vou argumentar que Tristão pode nos ajudar a compreendê-lo a partir de um novo vértice. No Capítulo 8, vou me concentrar ainda mais no conceito e argumentar que ele é essencial no trabalho clínico com crianças e adultos.

Os enigmas de Tristão

Como em seus outros trabalhos, Wagner concebeu tanto a música quanto as palavras para esta ópera. Na verdade, muitas vezes, a música aparece antes das palavras (Zuckerman, 1964, p. 8). Embora o segundo ato contenha um longo diálogo entre os amantes, Wagner disse que "quase nada, além de música, está acontecendo" (Lindner, 1912, p. 325). O *Leitmotiven* da ópera refere-se, principalmente, aos estados emocionais. Isso está alinhado com o seu foco psicológico: "[...] Eu mergulhei nas profundezas dos processos mais íntimos da alma. Então eu criei, sem hesitação, a partir deste centro mais íntimo do mundo, a sua forma externa [...] A vida e a morte, todo o significado e a existência do mundo externo depende, aqui, apenas dos processos mentais internos" (Lindner, 1912, p. 19). Quando, agora, avanço e analiso apenas o *libretto*, estou ciente de que isso vai dar uma ideia incompleta do personagem. No entanto, uma análise musical minuciosa seria um projeto que excede o âmbito deste livro.

A ópera se passa num tempo medieval inespecífico. Tristão é um jovem de origem nobre e sobrinho do velho Rei Marcos da Cornualha. O rei, sem filhos, tomou o menino órfão sob as asas após o nascimento. Tristão foi enviado para a guerra contra o sucessor ao trono da Irlanda, Morold. Tristão o matou, mas foi ferido na batalha. Por acaso, ele ficou sob os cuidados de Isolda, a noiva de Morold. Quando ela reconheceu o assassino de seu noivo, quis matá-lo. Mas quando os seus olhos se encontraram, ela o soltou. Isso nos apresenta o primeiro enigma da história: Tristão e Isolda se apaixonaram imediatamente. Por que eles não consumaram o seu amor?

Algum tempo depois, e é aí que a ópera realmente começa, Tristão foi enviado à Irlanda pelo Rei Marcos para uma segunda missão: pedir que Isolda se torne sua rainha. Marcos não tinha conhecimento do seu encontro prévio. Na verdade, ele foi persuadido por Tristão a cortejar a princesa. No primeiro ato, Tristão a está trazendo para casa. Ela está furiosa com os seus modos reservados e o seu silêncio sobre o encontro anterior. Ela quer vingança e solicita uma poção mortal para Tristão e para si. Para salvar as suas vidas, sua serva, Brangäne, substitui o veneno mortal por uma poção do amor. Imediatamente depois de beberem, eles se dão conta de que estão apaixonados. Enquanto isso, eles chegam à Cornualha e Isolda torna-se rainha. Encontramos o segundo enigma: o vínculo entre tio e sobrinho é carinhoso e confiável. O Rei Marcos está velho e deseja que Tristão encontre uma mulher e o suceda no trono. Por que Tristão persuadiu Marcos se casar com Isolda em vez de confiar em seu pai adotivo e dizer-lhe que a amava?

No segundo ato, Tristão e Isolda marcam um encontro durante a noite. Ele evolui para algo eufórico – se o ato foi consumado ou não tem sido amplamente debatido. Eles decidem morrer juntos, mas são descobertos. O rei, desolado, tenta entender a traição de Tristão. O terceiro enigma surge: Marcos pede uma explicação para Tristão. Por que a sua resposta é tão velada que Marcos não pode entendê-la? Por que Tristão, então, prepara um quase suicídio ao tornar-se uma vítima fácil da espada de Melot, o vassalo que o traiu?

No terceiro ato, Tristão está ferido em seu castelo ancestral na Bretanha. Ele espera impaciente por Isolda para morrer com ela. Por meio de uma autoanálise exasperada e corajosa, ele descobre que o seu desejo por Isolda é um efeito posterior das mortes dos seus pais. As perdas fizeram dele um homem deprimido e constantemente sedento por salvação. Tristão conclui que tal salvação só é possível se morrer com Isolda, o que implica, também, reunir-se com a sua mãe morta. Isso já foi sugerido no segundo ato, quando ele pediu que Isolda o seguisse à "terra escura da noite, de onde a minha mãe me enviou". Quando Isolda aparece no final da ópera, ela está pronta para usar as suas habilidades médicas com Tristão. No entanto, ele morre num aparente suicídio. Ela canta o seu hino "Liebestod" e morre. Um quarto enigma emerge: quando Isolda retorna para curar as feridas de Tristão, a fim de morrer com ele, por que ele arranca as suas ataduras, sangrando até a morte na frente dela e, assim, a abandonando?

***

Os enigmas podem ser resumidos assim: Tristão caminha para a autodestruição, um estado que ele idealiza como uma união em morte com Isolda, enquanto descarta o fato de ter matado o noivo dela e deixado o seu tio mortificado. Ele faz uma conexão entre os enigmas e as perdas dos pais, enquanto eu me concentro em como elas foram contidas durante a infância. Minha análise inclui não apenas a sua depressão presente, mas também o seu egocentrismo, a sua crueldade, a sua fúria e a sua culpa em relação a seus entes queridos. Em meio a este turbilhão emocional, ele está fadado a sucumbir e arrastar consigo os seus entes queridos. Vamos acompanhar este processo e iniciar com o diálogo acalorado dos amantes no segundo ato. O encontro clandestino que tiveram resultou na decisão de morrerem juntos. Vou usar uma tradução da internet (Wagner, 1865), que corrigi quando algum detalhe do alemão original foi perdido.

Dia e noite – transformações de metáforas

Na cena de amor do segundo ato, duas metáforas nascem e são avidamente discutidas: dia e noite. Conforme os seus significados evoluem, os amantes vão chegar à resolução de morrerem juntos. Primeiro, a luz do dia é um obstáculo concreto para a união deles. Finalmente, chega o anoitecer, introduzido pelo apagar da tocha de Isolda. Este é um sinal secreto para que Tristão corra para os seus braços. Ele reclama do dia que impediu o seu enlace, mas também o vê como um agente personificado: *Der Tag*, o dia, se opõe à união deles; ele expõe invejosa e impiedosamente as dores do sofrimento deles.

Em uma segunda transformação, o dia simboliza realizações mundanas e a busca da glória. Tristão amaldiçoa a "esfera brilhante de honra mundana do dia, brilhando sobre mim com a mais brilhante e radiante incandescência". Tais esforços o têm impedido de colocar em prática os seus verdadeiros sentimentos por Isolda. O dia, agora, é apenas uma força interna, que os dois amantes descobrem ter abrigado e estimado – até que a poção revelou os verdadeiros sentimentos deles. Tristão percebe que o dia despertou sua inveja e seu fervor, o que ameaçou a sua felicidade e resultou em "desalento que começou a fazer da honra e da fama um fardo para mim". Quando estava cortejando Isolda em favor do rei, ele foi guiado por essas forças. Em suma, o dia significa a verdade emocional *escondida* e, assim, causou a depressão de Tristão. A noite significa a verdade emocional *revelada*. Tristão exalta *"das Wunderreich der Nacht"*, o reino maravilhoso da noite: "Na escuridão, os meus olhos talvez sirvam para ver [os raios de luz ludibriadores do dia] claramente".

Agora, a noite também começa a insinuar a noite da morte, "em que todo-eterna (ur-ewig), verdadeira somente, felicidade do amor sorri para ele". Aqui, o prefixo ur- surge pela primeira vez. Isso significa primordial ou original e vai reaparecer durante a ópera, finalmente no *Urvergessen* de Tristão, ur-esquecimento, ou seu trauma infantil. Quando a noite passou a significar *ur-ewig*, ela carrega ainda outro significado: o seio materno ou o útero. Ao ser tomado por isso, Tristão espera ser liberado do mundo. Ele pede que Isolda o siga em direção "à terra escura da noite de onde minha mãe me enviou". Depois que a conexão noite-seio foi estabelecida, a conotação da noite com *Liebestod* ("amor--morte") foi enfatizada. Os amantes, agora, cantam "doce morte, desejava, ansiava por Liebestod". Lá, eles desfrutarão do *urheilig, ur*-sagrado, o calor da noite em que não há "nenhuma fraude, nenhuma separação, apenas nós sozinhos, sempre em casa, em reinos desmedidos de sonhos de êxtase".

Quando Tristão pede que Isolda o siga para o seio de sua mãe moribunda para se reunir com ela, interpreto isso como uma versão idealizada de um desastre infantil. A sua depressão expressa um desejo de se reunir com um obje-to materno santificado, que, simultaneamente, traz a criança à vida e o estimu-la a voltar para a morte. Isolda funciona como uma representante do objeto materno que deve acompanhá-lo, como ele imagina, para o útero. Ele repre-senta o seu trauma infantil em sentido inverso: ele traz Isolda de volta para onde a sua mãe lhe deu a vida, só para abandoná-lo para sempre. A conse-quente raiva, que, desde a obra de Freud *Mourning and melancholia* (1917), consideramos como um contribuinte fundamental para a depressão, se escon-de por trás do discurso fúnebre de morrer com Isolda. Quanto ao objeto pater-no, este permanece misteriosamente mudo, mas podemos traçar a sua sombra na forma como Tristão mata o noivo de Isolda e trai o seu tio.

Outras interpretações da ópera são possíveis. Roger Scruton (2004) diz que os amantes desempenham um sacrifício com dimensões religiosas. Ele descreve Tristão como "o órfão e marginal que maravilhou o mundo em busca de um amor que só Isolda poderia prover, amando-o, como ela faz, com o compromisso total e predestinado que uma mãe também deve sentir" (p. 63). No entanto, considero que o objeto materno está colorido por sua idealização e seu ódio turbulento. Para Scruton, o sacrifício da sua morte é a consumação do seu amor. Na minha leitura, eles acreditam erroneamente que o amor que sentem é glorioso e que só a morte pode liberá-los e uni-los. Como Scruton corretamente nos lembra, eles são prisioneiros em uma teia de aranha social e política, mas também estão aprisionados em uma teia de aranha de impulsos pessoais inconscientes. Testemunhamos a tragédia de dois jovens que não podem parar a avalanche de seus impulsos inconscientes. Isso é posto em movimento pelo personagem de Tristão, que, agora, vamos olhar mais de perto.

O personagem Tristão

O *libretto* retrata Tristão como um jovem triste, corajoso e amável. Outras passagens apontam para a sua falta de coerência e fidelidade. Nos segundos finais do segundo ato, de repente, ele se enfurece contra Melot, que o denunciou. Se sua intenção consistente era exaltar o amor, morrendo com Isolda, por que ele se comporta como qualquer amante pego no meio de adultério? Considero essa pergunta válida mesmo sabendo que, depois, Tristão deixa a sua espada cair para ser ferido por Melot.

Se esse exemplo indica um temperamento mais juvenil e precipitado, outros apontam para traços narcisistas mais consistentes. Refiro-me à atitude egocêntrica e exigente de Tristão ao abordar Isolda e o seu amigo Kurwenal. Na cena de amor do segundo ato, Isolda surge como uma mulher apaixonada, mas ele responde reclamando contra o ódio insolente e a injustiça do dia. Ela parece mais interessada em compreender os motivos dele que o inverso. Quando ele começa a falar explicitamente sobre a morte, ela se sente abandonada, pois ele não a envolve em seus planos de suicídio. Ela pergunta: "Mas nosso amor, ele não é Tristão *e* Isolda?". Só depois de dois avisos ele começa a cantar, acompanhado pela melodia que, depois, seguirá Isolda em sua *Liebestod*: "Assim talvez a gente morra... juntos, sempre um, sem fim, nunca acordando, nunca temendo, anonimamente envoltos pelo amor!"

As incertezas egocêntricas de Tristão também aparecem em relação a Kurwenal. Seu companheiro salvou a sua vida após a batalha com Melot levando-o ao castelo ancestral de Tristão. Agora, ele enviou um mensageiro para implorar a ajuda de Isolda. Enquanto Tristão está esperando impaciente, sua forma de tratar Kurwenal espelha sua oscilação entre otimismo e pessimismo a respeito da volta de Isolda. Na primeira cena do terceiro ato, Kurwenal revela o seu projeto de trazer Isolda para curar Tristão. A resposta de Tristão expressa a sua gratidão, mas também a sua noção de que Kurwenal não tem vontade própria. Ele deveria considerar os interesses de Tristão mais importantes que os seus próprios padrões morais.

Meu Kurwenal, queridíssimo amigo! [...]
Aquele que eu odiava, você odiava também.
Aquele que eu adorava, você adorava também.

Para o bom Rei Marcos, quando eu o servi bem,
você era mais verdadeiro que ouro!
Quando eu tive de trair aquele nobre senhor,
quão feliz você estava por traí-lo também!
Nunca o seu próprio eu, meu apenas,
você sofre comigo quando eu sofro:

Mais tarde, Tristão alucina que Isolda está se aproximando. Ele ordena a Kurwenal: "Vá e mantenha vigia, seu tolo miserável!". Depois de um tempo, o navio de Isolda está chegando de fato, mas fica brevemente fora de vista. Tristão, imediatamente, fica desconfiado: "Você também é um traidor! Homem miserável!". Quando Kurwenal finalmente anuncia que o navio pode ser visto, Tristão, novamente, muda a sua atitude: "Kurwenal! O mais fiel dos amigos! Todos os meus bens e posses, deixo este dia!". Com a ressalva de que Tristão está em uma condição desesperada, ele, claramente, considera Kurwenal de um ponto de vista narcisista. Quando ele está otimista, Kurwenal é maravilhoso. Quando as coisas parecem ruins, o amigo é estúpido e traiçoeiro.

Vamos, agora, nos voltar para a raiva e a culpa de Tristão. Essas emoções se tornam evidentes *vis-à-vis* com Isolda, embora elas se escondam sob as suas idealizações. Vamos, primeiro, recapitular: quando Tristão foi enviado para a guerra na Irlanda, ele decapitou o noivo dela, Morold, e enviou a cabeça dele para ela. No entanto, Morold o tinha ferido durante a batalha. Quando Tristão acordou e viu Isolda, ele estava olhando nos olhos de uma mulher que ele havia profanado. Esses eventos são relatados por Isolda, no primeiro ato, para a sua confidente, Brangäne: Tristão "olhou nos meus olhos. A sua desgraça me atormentou!". Em vez de matá-lo, Isolda cura a sua ferida e o manda para casa, para que o seu olhar não a *incomodasse* mais. Qual era a natureza desse problema? Seria apenas a paixão que ela queria rejeitar, ou a culpa estava envolvida? Ela só estava chocada porque o seu noivo tinha sido assassinado? Resta-nos especular sobre outros motivos para salvar Tristão além da sua paixão instantânea.

Agora, olhemos Tristão: o seu olhar para Isolda foi apenas de amor? Podia ele sentir outra coisa que não culpa e pavor quando estava nas mãos de sua vítima "colateral"? Ao refletirmos sobre a cena no leito irlandês, compreendemos melhor por que Tristão escolheu Isolda para assumir o papel de companheira na morte. Quando eles se encontraram, ele estava indefeso na frente de uma mulher a quem ele havia arrasado e humilhado. Disso, emergiu uma relação de amor cujos ingredientes de cura e cuidado foram evidentes desde o início. Isolda tornou-se a curadora materna que se sacrificou incondicionalmente pela criança Tristão indefesa e ferida. Sua outra posição, estranhamente, teve uma duração curta: uma mulher humilhada privada de seu noivo. Scruton (2004) fala do paralelo entre Isolda e Tristão e a total devoção de uma mãe por seu filho. Isso deixa de fora a culpa inconsciente dos amantes conectada à transgressão (Melon, 1983): o assassinato de Morold. Isso também deixa de fora o fato de Tristão organizar uma cena com Isolda na qual um bebê arrasta a sua mãe desamparada para uma morte conjunta. Evidentemente, esta é outra causa para a sua culpa.

A ideia de que o massacre de Morold lança a sua sombra sobre os amantes é sustentada por um evento no final da ópera. Isolda se aproxima de Tristão, que está ferido. Ele cambaleia em direção a ela, exclamando: "Com uma ferida sangrando eu, uma vez, lutei com Morold. Com uma ferida sangrando eu, agora, persigo Isolda". Ele arranca o curativo do ferimento, valorizando o sangue que escorre dele, e morre. Essa cena conecta o leito irlandês ao leito de morte bretão no ato final. O que Tristão quer dizer quando fala que perseguirá Isolda com a sua ferida que sangra? A sua associação com Morold nos fornece várias interpretações. Uma delas é que a união com Isolda esconde o seu assassinato dela, já que ele diz que vai "persegui-la" – o original alemão "erjagen" significa caçar ou perseguir. Uma segunda interpretação diz respeito à sua culpa por matar Morold. Ele, agora, reparará isso cometendo suicídio na frente de Isolda. Suas devastadas palavras de despedida contêm muitas acusações. Ela o chama de rancoroso por puni-la não morrendo com ela. Além disso, ela não tem mais qualquer chance de lamentar o seu sofrimento por ele. Em suma, ela está completamente abandonada.

A minha interpretação é semelhante à de Zuckerman (1964). Ele descreve os amantes como estando não apaixonados um pelo outro, mas pelo amor em si. A sua busca é "pelos obstáculos que prolongam a paixão – em última análise, pelo obstáculo final, a morte, que é, paradoxalmente, a única satisfação permanente [...] Tristão glorifica o mais insalubre Eros – o desejo sem limites por uma união suicida com o infinito, objetificado em um amor humano impossível de satisfazer" (p. 24). Se concordarmos com Bergmann (1995) que "o amor é composto de muitos sentimentos: a alegria da união, o medo da separação, a saudade do objeto de amor ausente e a alegria do reencontro" (p. 10), então Tristão enfatiza e idealiza o anseio pelo objeto ausente. Nas palavras de Melon (1983), o seu relacionamento com Isolda é caracterizado pela "doçura da infelicidade, pela voluptuosidade da dor, pelo prazer nas lágrimas, pelos soluços substituindo o orgasmo e pela satisfação sublime de cair no abismo da morte" (p. 61).

Tais interpretações não diminuem o fato de sermos profundamente tocados pela sina dos dois personagens infelizes, inconscientes e inflexíveis que caminham para a destruição, cujas raízes eles não compreendem. Assim, eles são seres humanos trágicos e comoventes como Édipo, Hamlet, Rigoletto e muitos outros personagens. Eles merecem nosso respeito e nosso reconhecimento, uma vez que lutam com as mesmas *Ur*-doenças que todos nós. Em Tristão, reconhecemos o desejo por deleitar-se *Ur*-eternamente na completa devoção de uma mãe às nossas necessidades e aos nossos desejos. Wagner convida-nos a "provar" essas fantasias e nos dar conta da sua impossibilidade. Esta é, por si só, uma experiência profundamente comovente. A parte mais triste é a autoanálise de Tristão no terceiro ato. Nela, ele busca conectar o seu desespero ao longo da vida com a perda de seus pais na infância.

Aproximando-nos das repressões primárias

No terceiro e último ato da ópera, Tristão está ferido fora do castelo dos seus antepassados. Kurwenal promete que, em breve, ele ficará bem. Mas Tristão, cuidadosamente, explica que ele esteve em outro lugar, onde raios solares não são vistos:

Eu estava onde tinha estado antes de ser,
e para onde estou destinado a ir:
no vasto reino da noite do mundo.
Mas um certo conhecimento é nosso lá:
esquecimento divino, eterno, absoluto (*Urvergessen*).

O prefixo *Ur* reaparece em conexão com um lugar onde Tristão esteve uma vez e para o qual ele vai voltar um dia. Só podemos ter uma *Ahnung*, uma premonição, disso que ele diz. Paradoxalmente, isso está conectado tanto com a certeza quanto com o esquecimento. Aquilo que é *Urvergessen*, esquecido para sempre, ainda o atrai. Essa atração é combatida por um *sehnsüchtige Mahnung*, uma exortação ansiosa, de ver Isolda mais uma vez. Onde é o lugar em que ele já esteve e para o qual está destinado a ir? A palavra *Urvergessen* fornece uma resposta: não é um lugar físico, mas uma metáfora de um estado primordial da mente. Ele anseia alcançá-lo, no entanto, mal pode reconhecê-lo.

Como podemos descrever este estado mental que Tristão tenta alcançar? Leio isto como um retrato literário da repressão primária, *die Urverdrängung*. Por esse conceito, Freud se referiu a "uma primeira fase da repressão, que consiste no representante psíquico (ideacional) do instinto tendo negada a entrada no consciente. Com isso, uma fixação é estabelecida" (1915b, p. 148). Tal impulso nunca foi consciente, uma vez que ainda não recebeu qualquer "catexia do Pcs [pré-consciente] [...] portanto, [ele] não pode ter essa catexia retirada dele" (1915c, p. 181). Antes de cunhar o conceito, Freud tinha estabelecido as conexões entre memórias infantis, fixações e formação de caráter: "[...] nosso 'caráter' baseia-se nos traços de memória de nossas impressões; e, além disso, as impressões que tiveram o maior efeito sobre nós – aquelas da nossa mais tenra juventude – são precisamente as que quase nunca se tornam conscientes" (1900, p 539). Experiências traumáticas podem estar envolvidas na formação do caráter, operando "de maneira adiada, como se fossem novas experiências" (1896, p. 167). Assim, a repressão primária pode afetar, especialmente, as experiências que ocorrem no início da vida e/ou que tenham um caráter traumático. Em uma segunda etapa, a repressão pode se espalhar para além da experiência singular atraindo para si "tudo com o que pode estabelecer uma conexão" (1915b, p. 148).

Entretanto, o conceito abriga uma inconsistência (Maze & Henry, 1996): se os impulsos contra os quais a repressão primária trabalha nunca foram conscientes, como a psique "sabe" como *Ur*-reprimi-los? A definição de Freud implica, de acordo com Maze e Henry, que "o reprimido deve ser conhecido a fim de permanecer desconhecido, e isso parece uma impossibilidade lógica" (p. 1087). Além disso, Freud afirma que esses impulsos nunca conhecidos, embora reprimidos, ainda nos influenciam fortemente e de forma permanente. Chamo isso de paradoxo do *fóssil vivo*. Tristão esteve em um lugar *Urvergessen*. Assim, a sua experiência é fossilizada. No entanto, ele sabe que esteve lá antes. Portanto, a experiência está viva.

A conexão de Tristão entre *das Urvergessen* e *Ahnung* pode nos ajudar a resolver o paradoxo. Esta última, palavra cotidiana, está relacionada com intuição, premonição e adivinhação. *Ahnung* sugere uma tradução vaga e indistinta de um afeto, um impulso ou uma memória. Essa indefinição está implícita em frases como: "Eu não posso lhe dizer aquilo; o que você gostaria de perguntar você nunca pode saber", usadas repetidamente na ópera. Enquanto persistirem tais *Ahnungen*, parte da mente está reinando. Mas, quanto mais Tristão "traduz" em linguagem compreensível os impulsos por trás da repressão, mais ele sofre de ansiedade. Somos lembrados da visão de Freud sobre a repressão como um "fracasso da tradução [...] o motivo para ela é sempre uma liberação de desprazer que seria gerada por uma tradução" (1892-1899/1950, p. 235). *Das Urvergessen* deve, assim, permanecer não traduzida para garantir a sua calmaria. Evidentemente, a autoanálise encontra obstáculos muito importantes.

Definindo o trauma

Kurwenal fala a Tristão sobre os planos de trazer Isolda para ele. Tristão se alegra, mas a melodia melancólica de um pastor sinaliza que o navio de Isolda está fora de vista. A melodia pressiona a sua autoanálise, evocando a perda dos pais durante a sua infância.

> Devo entender você então,
> Você, antiga e solene melodia
> com os seus tons melancólicos?
> Pela brisa do entardecer chegou, temerariamente,
> quando uma vez trouxe à criança a notícia da morte do seu pai.
> Pela luz cinzenta da manhã, ainda mais temerária,
> quando o filho se tornou ciente do destino da sua mãe.
> Quando ele me gerou e morreu, então, morrendo, ela me despojou.

A *Ahnungen* de Tristão se preencheu com aquilo que ele pensa ser memórias da perda os pais. A música ajuda-o a levantar a repressão primária, mas apenas de forma incompleta. Ele sempre soube da morte dos seus pais. Agora, ele a conecta com sua depressão e seu anseio ao longo da vida e conclui: o seu destino é nascer para ansiar. Pior ainda, ele está "ansiando pela morte", mas não é permitido o consolo de "morrer de anseio". As suas repressões primárias não podem ser dissolvidas por um impulso consciente e, em seguida, controladas pelo ego. A única paz mental possível é aquela trazida pela "médica que está longe", Isolda, por meio da morte.

Outras emoções, agora, emergem por trás do desejo de Tristão de morrer com Isolda. Ele fala sobre a poção dela. Quando ele a bebeu, ela a nomeou uma "dose de reconciliação" pelo assassinato de Morold. Ele canta sobre a sua esperança de ser curado pela poção, isto é, de se reconciliar com a sua culpa pelo assassinato. Em vez disso, a "magia abrasadora" da poção foi desencadeada: ele "nunca vai morrer, mas herdar um tormento eterno". Neste ponto, ele acusa Isolda pelo seu comportamento no leito irlandês. Ela curou a sua ferida adquirida na batalha só para abri-la novamente "com a espada dele". Ou seja, ela abriu uma ferida emocional nele: apaixonar-se e ansiar por ela eternamente. Em desespero, ele pergunta qual bálsamo pode trazer alívio. Neste clímax dramático, Tristão, de repente, percebe o seu próprio papel nos efeitos horríveis da dose:

Eu, eu mesmo, eu preparei isso!
A partir do sofrimento do meu pai e da angústia da minha mãe,
de lágrimas de amor eterno,
de risos e choros, felicidade e dor,
eu encontrei a dose venenosa! [...]
Eu aproveitei isso! Amaldiçoada seja, dose horrenda!

Não são as propriedades químicas do "*der furchtbare Trank*" que levaram à catástrofe emocional de Tristão. Pelo contrário, o seu trauma infantil é responsável por uma situação interna insuportável ao longo de sua vida. Por um momento, ele não pensa que as perdas dos seus pais causaram diretamente os seus tormentos. No lugar, ele "fermentou" a dose a partir do sofrimento do pai e da angústia da mãe. Assim, ele atribuiu "um novo significado aos traços de memória" (Faimberg, 2005, p. 2) em um *nachträglich* (Freud, 1918) ou uma ação *après-coup*. A pergunta que devemos fazer é esta: se as perdas parentais *per se* não causaram os seus tormentos, o que o fez? Em outras palavras, quais traços de memória estão envolvidos em seu trauma infantil, causando, agora, um sofrimento horrível? Poderiam memórias além da perda dos seus pais estar envolvidas?

Vou abordar essa questão de forma indireta, ao olhar para a forma como o resultado do trauma seguiu presente na vida de Tristão. Sugiro que a sua ideia de ter "fermentado a dose" a partir do sofrimento do pai e da angústia da mãe refere-se a identificações projetivas a respeito dos pais que nunca conheceu. Ele procurou, talvez por toda a vida, seres humanos que poderia envolver nessas projeções. Ele os encontrou na Irlanda. Sugiro que Morold e Isolda representam, inconscientemente, o casal parental perdido. Uma vez que os submeteu às identificações projetivas de seu desejo, sua raiva e sua culpa, ele não consegue entender a sua paixão por Isolda – na verdade, entendê-la como uma pessoa separada. Se sua paixão fosse do tipo que poderia levá-lo a amá-la, ele ia querer que ela sobrevivesse. Da mesma forma, se ele a tivesse desejado para compensar a perda da mãe, ele não ia querer que ela morresse. A sua raiva em relação ao objeto primário torna-se, assim, aparente. A culpa que se seguiu é óbvia quando ele alucina que Isolda quer beber a reconciliação com ele. Reconciliação pelo que? A única reconciliação plausível está relacionada com o seu desejo de morte contra Morold *e* Isolda.

A raiva e a culpa de Tristão em relação a Isolda se tornam óbvias quando ela reaparece no final. Ele insiste que ela se junte a ele na morte, apenas para quebrar a sua promessa. Ele canta sobre o sangue da batalha com Morold, com o qual ele deve perseguir Isolda. Ele exulta: "Deixe o mundo sucumbir diante da minha precipitada comemoração!". Frente a um ataque tão maciço contra o mundo, a análise de Tristão sobre sua *Urvergessen* ou suas repressões primárias chega a um impasse. Sua tristeza e sua depressão são duras o suficiente para sair de seu estado reprimido, já que o confrontam com um desespero sem fim. Sua raiva e sua culpa, no entanto, devem permanecer reprimidas, uma vez que se chocam com o ideal do ego deste jovem simpático e admirado. Apenas uma solução continua a garantir a manutenção das repressões primárias: o suicídio. Quando Isolda o segue na morte, após o *Liebestod*, seu ataque sobre os objetos primários está completo.

A verdadeira perda: o continente devastado

O que constitui o trauma infantil de Tristão? Ele pensa que é a morte de seus pais *per se*. No entanto, ele não pode ter catexizado pais que ele nunca conheceu, ou seja, investido neles sentimentos e pensamentos. Da mesma forma, o seu desejo pelo útero materno é construído em uma fantasia, não em uma memória real ou mesmo uma *Ahnung*. Interpreto-o como o seu esforço em preencher um vazio que ele experimentou quando criança – mas o vazio resultou da continência insuficiente de seus cuidadores. Os traços de memória que contribuem para o seu tormento não se referem, diretamente, à perda de seus pais – porque tais traços não existem. Em vez disso, eles se referem a uma criança que lê tristeza inominável e impotência nos rostos das pessoas ao seu redor. Quando Tristão explode: "Para que destino, então, eu nasci? [...] Para ansiar – e para morrer!", sugiro que ele se refere aos seus cuidadores. Desamparados e angustiados, eles estavam em pé, junto à cama, perguntando para que destino aquela criança nasceu.

A minha hipótese sobre a continência falha não está baseada nos poucos fatos que temos sobre a infância de Tristão. Quando ele nasceu, o seu tio Marcos perdeu uma irmã e um cunhado. Sendo ele próprio um homem sem filhos, se responsabilizou pelo cuidado do sobrinho. Posteriormente, perdeu a esposa. Parece que ele derramou amor sobre o bebê, mas não confrontou o lado mais sombrio da personalidade da criança. Quando o caso amoroso secreto se descortina, Marcos não consegue entender a traição de Tristão. Eles se amavam com ternura, então, por que Tristão o desonrou? Apenas a poção do amor, cuja existência Marcos descobriu depois, forneceu uma explicação na qual ele pôde acreditar.

Penso que as experiências das quais os anseios de Tristão emergiram não estavam relacionadas com os seus pais mortos, mas com as pessoas da sua infância, especialmente Marcos. Tristão leu a tristeza e o temor do tio e a sua incapacidade de sustentar e enfrentar os seus sentimentos dolorosos, ou seja, de contê-los. Assim, as experiências de Tristão nunca foram assimiladas em um processo interativo (Muller, 1996) com o tio. Por causa do silêncio entre os dois, a sua experiência de um continente emudecido permaneceu *Urvergessen* ou primariamente reprimida. Tristão ficou fixado em ícones de um rosto, um perfume, um tom de voz. Ele os atribui "ao sofrimento do pai e à angústia da mãe", enquanto sugiro que eles foram modelados no rosto triste de Marcos. Quando o jovem conheceu Isolda, ela substituiu o rosto idealizado e fantasiado de sua mãe, que, por sua vez, tinha funcionado como uma compensação para o rosto angustiado de Marcos. Talvez o rei não estivesse ciente do quão profundamente as perdas o tinham afetado – ou ele não conseguia comunicar isso a Tristão –, o que o deixou incapaz de conter o garoto, marcando o início de sua catástrofe. Assim, sugiro que a traição de Tristão foi uma vingança inconsciente contra a falta de continência de Marcos. Em contraste, o assassinato de Morold e o suicídio conjunto com Isolda resultaram de sua raiva contra o casal parental fantasiado, uma raiva agravada pela continência insuficiente.

Essa reconstrução aponta para uma conexão entre a repressão primária e a continência falha. Falei de ideias similares em relação a Beate e sua mãe deprimida, Nadya, no Capítulo 5. Portanto, assumo uma visão de relação de objeto acerca da repressão primária, como sugerido por Cohen (1985). Em seu entendimento, eventos traumáticos que "[...] deixaram o indivíduo desamparado e devastado [...] são vividos por meio do *self*, mas não experimentados como parte dele". Isso leva a "uma ausência de estrutura e experiência representável em uma região do *self*. Essa ausência é a repressão primária" (p. 178). Involuntariamente, Marcos não podia ajudar o bebê Tristão a se sentir compreendido e ouvido sobre a morte de seus pais. Assim, Tristão ficou desamparado e devastado com uma situação em que "a estrutura está ausente [...] nenhuma representação de interações que satisfazem a necessidades [...] fornece a base para a interação simbólica com o mundo e para o comportamento dirigido a um objetivo" (ibid). Se ninguém faz tal criança "se sentir segura e protegida", então a repressão primária formará "buracos negros" no espaço psíquico (Grotstein, 2003, p. 104). Tristão interpreta esses buracos como resultado da morte dos seus pais. Ele deseja preenchê-los e Morold e Isolda tornam-se os companheiros perfeitos neste projeto ilusório. A terceira vítima no drama é Marcos, cuja vida está despedaçada.

Cohen, Grotstein e também Green (1998) apontam para formas novas e importantes de compreender a repressão primária. Concordo com o foco deles nas relações de objeto. Minha objeção, como também argumentei em relação a Beate, é que o buraco é um signo – embora seja primitivo, icônico e assustador.

Tristão tem uma palavra para este tipo de signo: *Ahnungen* ou premonições. Ele é governado por representações das quais não consegue se lembrar, mas que o influenciam de qualquer forma. Isso resulta na tripla catástrofe.

Seria vantajoso estudar a repressão primária *in statu nascendi*, em psicoterapias pais-bebê. Esse é o objetivo do próximo capítulo, no qual vamos voltar a Beate e também introduzir Tom, de 8 meses de idade. Vou investigar se alguns sintomas relutantes em uma criança podem refletir uma repressão primária despertando. Se assim for, isso não só prova ser este um mecanismo clinicamente importante, mas também nos ajuda a formular um objetivo nos tratamentos pais-bebê: evitar que tais repressões se fossilizem em estruturas de caráter e sintomas rígidos. Por fim, pode ajudar a explicar as comunicações não verbais e os comportamentos idiossincráticos dos pacientes adultos.

8. Conceitos clássicos revisitados I – repressão primária

Os conceitos psicanalíticos clássicos têm um lugar na teoria de tratamentos pais-bebê? Os próximos capítulos abordarão essa questão investigando três conceitos centrais: repressão primária, sexualidade infantil e transferência. Neste capítulo, vamos olhar para repressões primárias no caso de Beate (Capítulo 5) e falar brevemente sobre Tristão (Capítulo 7). Também apresentaremos um novo bebê, Tom, de 8 meses de idade, e sua a mãe, Nina. Vou comparar os casos de Tom e Beate para ilustrar que, quando uma criança começa a psicoterapia razoavelmente cedo, temos uma boa chance de dissolver as representações contraditórias e constrangedoras. À medida que o bebê fica mais velho, as nossas chances diminuem. Vou argumentar que isso se deve ao estabelecimento de repressões primárias.

Tom, de 8 meses de idade, e sua mãe, Nina, foram tomados por um desmame sem sucesso. A psicoterapia conjunta conseguiu mudar as representações primárias de 'mamãe é minha escrava e eu sou um escravo dos meus próprios desejos' para 'mamãe é minha companheira e eu sou um menino feliz'. A segunda díade, Beate e sua mãe, Nadya, também ficou emaranhada em problemas com o desmame. Recordando, a psicoterapia começou quando Beate tinha dezesseis meses e trouxe luz às raízes na depressão pós-parto de Nadya. Apesar dos progressos substanciais, algumas representações primárias haviam começado a se petrificar e, quando terminamos, Beate tinha 3 anos e meio e ainda era influenciada, de certa forma, por tais representações.

Freud introduziu o conceito de repressão primária para explicar o paradoxo de que "as impressões que tiveram o maior efeito sobre nós – aquelas da nossa primeira infância – são precisamente as que quase nunca se tornam conscientes" (1900, p. 539). Ele estava ciente dos problemas com o conceito (1915b) e, hoje, ele praticamente desapareceu do discurso teórico. No entanto, sugiro que o recuperemos para compreender o destino das representações primárias. Para tornar o conceito útil, uma condição deve ser cumprida: temos de rever a sua definição e abandonar as metáforas hidráulicas de Freud. Em vez disso, devemos voltar para a sua visão semiótica do mundo interno.

Caso 1: Tom, 8 meses de vida

Nina, uma mãe de 40 anos, entra no meu consultório com o seu filho de 8 meses de idade, Tom. Tenho uma estranha impressão de que ela o está segurando como se ela fosse a sua muleta. Ela se sente insegura como mãe. "Eu não sei o quanto dar para Tom quando ele está ao seio e esse tipo de coisa. Quando eu digo não para ele, me sinto dura e cruel. Mas quando eu digo sim para ele, fico exausta". Ela e Tom não conseguem se separar e ela segura a sua mão na maior parte do tempo. Quando ela o larga, ele se aborrece e ela se sente "com a cabeça totalmente nublada". Tom oscila entre esforços queixosos quando engatinha e sorrisos orgulhosos quando consegue ficar de pé por alguns segundos.

O conflito de "dizer não e sim, largá-lo e mantê-lo perto" é a sua situação cotidiana, diz Nina. Ela se sente pouco apoiada pelo seu marido. Ela também relata que está prestes a desmamar Tom. Evidentemente, mãe e filho têm sentimentos mistos sobre o desmame e sobre ter duas vidas separadas. Decidimos iniciar a psicoterapia conjunta mãe-filho, com duas a três sessões por semana.

Tom: Vinheta 1 – ambivalência na mãe e no filho

Na segunda sessão, Tom está deitado no tapete. De repente, ele descobre que está sozinho, embora a mãe esteja logo atrás. Ele começa a gritar e a mãe quer abraçá-lo, mas hesita, porque, como ela diz: "Eu faço isso com muita frequência".

Analista para Tom: Você está triste, Tom. Mas você está com raiva também. 'Mamãe boba, por que você não me pega?!'

Ele continua chorando e a mãe não sabe o que fazer.

A para T: Você está se expressando com bastante clareza, Tom. Você está gritando como um porco. É difícil para você se sentir assim e é difícil para a mamãe escutar você.

Ele está olhando para algum objeto na sala.

A para T: Agora, você viu alguma coisa engraçada.

Analista para mãe: Como vai você, Nina?

Mãe chorando: Eu tenho tantos sentimentos dentro de mim.

Analista para ambos: Então, há duas pessoas chorando aqui.

Tom continua chorando.

A para T: A mamãe precisa falar sobre os sentimentos dela. Enquanto isso, você está tão bravo, deitado no tapete.

M: Vai levar muito tempo para eu lhe contar sobre os meus sentimentos!

A mãe pega Tom, que está olhando para mim com reprovação.

A para T: Você está bravo com a *mam*ãe que não pegou você no colo logo. Você está bravo *comigo* porque sente que isso é culpa minha.

M: Isso é inusitado. Eu sei que se espera que ele tenha tais sentimentos, embora eu os reprima. Nessas ocasiões, eu o amamento. Mas, na verdade, acho que é hora de parar.

Tom continua gritando e, no final, a mãe o amamenta. Enquanto ele está gritando, noto o seu olhar acusatório para nós.

Esta vinheta mostra a ambivalência da mãe e de Tom em relação a se separarem. A mãe desconsidera que Tom não é apenas um coitadinho deitado no tapete. Ele também é um raivoso inter-agente que tem exigências contraditórias em relação a ela. Ele indica que ela deve pegá-lo no colo, mas, quando Nina obedece, ele quer permanecer no chão. Somos lembrados de Karen e sua mãe, no Capítulo 4: uma confusão das camadas inconscientes de duas personalidades e uma confusão de mensagens relativas a separação e autonomia – 'Deixe-me ir, eu quero me virar – Você nunca pode me abandonar'. Essa ambivalência também se aplica à mãe. Ela deseja desesperadamente estar consigo própria – e teme o que vai acontecer uma vez que isso se concretize.

Tom: Vinheta 2 – Indiana Jones

Esta vinheta acontece depois de dois meses em tratamento. Na chegada, a mãe vai ao banheiro enquanto Tom acena alegremente para mim na sala de espera. Quando entram, a mãe menciona a "alegria inerente" dele, que ela percebeu desde o seu nascimento. Hoje em dia, ele a está mostrando mais, ela acrescenta.

Sentado em seu colo, Tom indica que quer descer para o chão. Ele começa a investigar a sala.

Analista para Tom: Você está explorando o território, hem? Um verdadeiro Indiana Jones! Agora, você está olhando para a câmera. Você nunca percebeu isso antes.

Tom: Da da da.

O balbucio de Tom tem uma qualidade vital e alegre. Ele convida a mãe para um pequeno passeio. Tudo vai bem até que ele tropeça e começa a choramingar. Em seguida, ele recupera o seu equilíbrio físico e emocional e começa a bater na porta de um pequeno armário, no qual minhas coisas particulares estão trancadas. A mãe não gosta disso e acha que eu sou muito rigoroso. Digo para Tom que a porta está trancada, mas que a sua caixa de brinquedos está aberta. Ele avista um sapo dentro dela e começa a brincar com ele. Ele parece esquecer a mamãe. Então, ele resmunga novamente, mas olha para uma árvore pela janela.

A para T: Você está se lamentando para a mamãe – e separando-se dela. Você está olhando para ela, mas também está olhando para a árvore. A mamãe me disse, uma vez, que a sua primeira palavra foi "tee" (de *tree*, árvore em inglês).

Mãe: Sim, ele disse "tee", mas as pessoas se perguntam por que ele não pode dizer "mamãe" e "papai".

A para M: Você está decepcionada?

M: Na verdade, não...

A resposta de Nina parece defensiva. Acredito que ela lamenta por "mamãe" não ter sido a primeira palavra de Tom. Como o menino fica fascinado pelo sapo, exploro a sua decepção mais uma vez.

Analista: O sapo parece mais interessante que a mamãe. Como é isso para você, Nina?

A mãe ri: Imagina uma mãe sendo substituída por um sapo! A propósito, eu não o amamentei nas duas últimas noites. Que alívio! Estou furando os mitos daquele site sobre parentalidade. Eles argumentam que se deve carregar os bebês o tempo todo, caso contrário, eles vão se sentir inseguros. Mas você disse que toda criança é diferente...

A mãe está se referindo a um site sobre parentalidade que diz que os bebês devem ser mantidos em um xale e amamentados toda vez que desejarem. Isso, supostamente, garante o seu desenvolvimento harmonioso.

Analista para Tom: A mamãe furou os mitos dela e você também o fez, Tom. Não é mais verdade para você que a felicidade só é possível no seio. Quando você era um bebezinho, você pensava assim, mas, agora, não mais.

Tom lamenta, mas a sua atenção logo se volta para uma haste de aço no armário. Ele tenta abri-lo, mas não consegue.

A para T: Você quer entrar neste armário, mas você não pode. Você fica bravo, isso é compreensível. É a mesma coisa quando você quer o seio da mãe. Ela os está trancando para você. Então, talvez você fique com raiva e triste e se sinta como um verdadeiro fracassado. Isso é difícil para você.

Tom oscila entre choramingar no tapete e se levantar e investigar o meu relógio de pulso. Ele fica na frente da mãe, prestes a amassar o seu rosto. Ele muda de humor, bate palmas alegremente na frente dela e recebe o devido reconhecimento por suas habilidades. Durante mais uma mudança de humor, a mãe se queixa:

Mãe para analista: Simplesmente não sei o que ele quer de mim quando está choramingando!

Enquanto isso, Tom começa a explorar o ambiente. Ele descobre algumas pastas pesadas, que tenta mover em vão. Ele mantém o bom-humor, brinca com o sapo e volta a mexer no meu relógio de pulso, enquanto olha para mim com confiança. Ele está fascinado pela pulseira de aço do relógio e compara-a com a maçaneta de aço de uma porta que dá para a varanda.

Comentários sobre as vinhetas de Tom

Os dois trechos indicam uma importante mudança no comportamento de Tom e, suponho, em suas representações. Na primeira vinheta, ele trata a mãe como sua subordinada e a si mesmo como um feitor que manda e desmanda. Quando os seus desejos não são satisfeitos, ele se comporta como o escravo de uma mãe que, caprichosamente, os despreza. As suas representações primárias ocorrem a esmo: 'Mamãe está oferecendo o seu peito e me sinto confortado'; 'Mamãe está me rejeitando e me sinto devastado'; 'Mamãe me pega de novo e eu triunfo'; 'Mamãe me pega de novo, mas me sinto infeliz e culpado porque fiquei inquieto enquanto estava com ela'. Essas contradições representam os seus desejos confusos e vacilantes. Não é de admirar que a mãe não saiba o que ele quer.

Na vinheta 2, novas representações aparecem: 'Brincar com um sapo ou um relógio de pulso é mais interessante que reclamar com a mamãe'; 'Eu quero que a mamãe admire as minhas conquistas'; 'Ficar mandando na mamãe se tornou chato. O mundo além dela é mais interessante'; 'Quando as minhas conquistas não são possíveis, é bom voltar para a mamãe e ter o seu consolo, mas não quero ficar com ela para sempre'. Muitas dessas representações invocam um terceiro objeto além da díade, como quando ele toca o meu relógio de pulso enquanto me olha nos olhos. Seu interesse pela câmara, a haste de aço e o sapo também implicam um foco em um terceiro objeto. Esses dispositivos estavam lá o tempo todo, mas ele não estava pronto para descobri-los até essa sessão.

Para resumir, Tom começou o tratamento grudado na mãe e indo, ansiosamente, em busca de algo longe dela [Hermann, 1976 (1936)]. Descrevi para ele as representações por trás dessas vacilações: "Você está com raiva da mamãe porque ela não o pegou quando você caiu" e "Você está com raiva de mim porque foi minha culpa". Em paralelo, analisei as representações da mãe: "Você pensa que um bebê deve ser carregado constantemente para se sentir seguro. Eu me pergunto por que você pensa dessa forma" e "Você acha que eu sou cruel por conta do meu armário fechado. Eu entendo a sua crítica, mas também me pergunto por que seria crueldade criar limites para uma criança".

A análise durou cerca de quarenta sessões ao longo de seis meses. A melhoria de Tom deveu-se, principalmente, a três fatores: (1) continência da sua angústia em agarrar-se à mãe e separar-se dela, (2) continência da angústia de Nina em deixá-lo se separar e ter orgulho da sua individuação e (3) minha representação do "nome do pai", que o ajudou a aceitar melhor a *castração simbolígena*, um conceito discutido no caso de Frida (Capítulo 3). Vamos, agora, olhar para um segundo caso, cujo desfecho não foi igualmente benéfico: algumas representações da criança pareciam impenetráveis ao tratamento.

Caso 2: Beate, 16 meses de vida

Durante o nosso primeiro encontro (ver "Vinheta 1 – Agarrando o seio", no Capítulo 5), Beate está correndo para dentro e fora do meu consultório para pegar brinquedos com os quais ela nunca brinca. Ela fica mais ansiosa e acaba agarrando os seios da sua suspirante mãe, Nadya. No entanto, os seios da mãe não podem confortá-la. Ela passa a mexer com uma boneca, pegar passas na bolsa da mãe e enfiar a mão na boca da mãe. A sua ansiedade parece embaralhar tudo dentro dela, como as passas em um pacote.

Pergunto-me quais representações correspondem ao comportamento desregrado de Beate, mas é difícil descobrir. Seus significantes formais (Anzieu, 1990) parecem não enxergar um continente confiável. Os seios da mamãe não proporcionam conforto, nem as minhas palavras, o enquadre psicoterapêutico, as passas ou a boca da mãe. Imagino que as representações de Beate dizem algo como: 'Eu estou com medo, mas ninguém está lá' ou 'Os meus sentimentos estão embaralhados como as passas numa caixa, mas a caixa está vazia'. Elas evocam a solidão de Beate e o constante cerceamento da mãe. Nadya entende que os problemas começaram quando Beate "passou a ter vontade própria". Esse é um veredicto sombrio: num momento em que Beate deveria desenvolver representações mais elaboradas e trocá-las com a mãe, a interação delas se devasta. A depressão de Nadya prejudica a sua capacidade de prestar atenção, ter empatia e se afeiçoar a Beate.

O impasse foi dissolvido durante o tratamento e Nadya começou a sentir amor por sua filha. Beate foi desmamada sem problemas, mas desenvolveu um medo de buracos e, mais tarde, também de fantasmas e monstros. Poderíamos referir esses sintomas, bem como o agarrar dos seios, a uma situação traumática originária, na qual as suas angústias não foram adequadamente contidas pela mãe deprimida. Agarrar o seio de hoje é um jeito de Beate escapar da angústia pertencente a uma versão anterior do seio, conectada com a depressão pós-parto da mãe. Enquanto os buracos representavam experiências com um continente deficiente, os fantasmas retratavam a mãe emocionalmente ausente que tinha se transformado em um perseguidor (Bion, 1965). Usando outra terminologia, Nadya não tinha sido capaz de ajudar Beate na regulação dos seus afetos (Fonagy et al., 2002). O resultado foi, como acontece com muitos bebês de mães deprimidas, o aumento de um estado de espírito negativo (Tronick, 2007b).

Apesar do progresso psicoterapêutico, o temperamento geralmente inquieto e, em alguns momentos, exigente de Beate não desapareceu. A comparação com o caso de Tom aponta uma diferença. Evidentemente, todas as díades são diferentes, o que torna os paralelos incertos. No entanto, apresento os dois casos para ilustrar uma experiência clínica recorrente: quando se aproxima do primeiro aniversário, o psiquismo do bebê torna-se mais inalterável, não impressionável e rígido. A meu ver, este foi um dos motivos pelo qual a psicoterapia produziu resultados menos notáveis em Beate que em Tom. No Capítulo 2, conectei isso com uma diminuição da fluidez semiótica à medida que faculdades linguísticas da criança se desenvolvem. Agora, vou fazer uma conexão com o termo em destaque neste capítulo; repressão primária.

Repressão primária e repressão propriamente dita

O enigma da repressão primária reside, essencialmente, em quatro fatores: (1) a mente humana se torna "fossilizada" na infância, (2) esses depósitos exercem uma influência contínua na vida adulta, (3) eles são inacessíveis à recordação durante a investigação psicanalítica e (4) eles só podem ser entendidos em sua versão reconstruída. A repressão primária pode, assim, ser descrita como o paradoxo do *fóssil vivo*, uma expressão que introduzi no capítulo sobre Tristão. Esse enigma ocupou Freud desde o início. Ele pensou que o caráter humano é baseado, especialmente, naqueles traços de memória que "quase nunca se tornam conscientes" (1900, p. 539). Quando, mais tarde, desenvolveu o seu conceito de repressão, ele se reaproximou do enigma e cunhou o conceito de repressão primária, *die Urverdrängung*. É "uma primeira fase da repressão, que consiste no representante psíquico (ideacional) do instinto tendo negada a entrada no consciente. Com isso, é estabelecida uma *fixação*" (1915b, p. 148). Como relatei no Capítulo 7, ele se referiu a impulsos que nunca tinham sido conscientes.

As formulações de Freud apresentam um problema. Como a psique "sabe" como *Ur*-reprimir impulsos que nunca foram conscientes? Freud responde dizendo que eles são retidos por uma "anticatexia" (1915c, p. 181), que estabelece e continua a repressão. No entanto, esse conceito não diz nada sobre as representações envolvidas. A metáfora mecanicista da anticatexia refere-se a um "permanente gasto [de energia] por uma repressão primária e [...] garante a permanência dessa repressão [...] [e, na verdade,] é o único mecanismo da repressão primária" (idem). Maze e Henry (1996) afirmam que o pré-consciente deve saber o que está prestes a reprimir. Como um alarme de incêndio, ele deve identificar alguma fumaça do impulso germinador para reprimi-la. Esse argumento aplica-se à repressão propriamente dita ou à repressão comum. Quando a mãe de Tom reclama sobre ele insistir em ter o seio, ela está meio consciente a respeito da sua angústia. Isso estabelece operações defensivas, como a sua promessa cheia de culpa de segurá-lo no colo para fazê-lo sentir-se

192 CONCEITOS CLÁSSICOS REVISITADOS I – REPRESSÃO PRIMÁRIA

seguro. Seu argumento parece estar baseado em uma formação reativa em direção à sua raiva, da qual o seu pré-consciente vislumbrou alguma "fumaça".

Temos um quadro diferente na repressão primária. Ela, supostamente, lida com impulsos inconscientes que nunca receberam qualquer catexia do pré-consciente. Se continuarmos com a metáfora, vamos enfrentar um problema; como pode um alarme de incêndio detectar fumaça se as suas entradas estão fechadas? O argumento crítico de Maze e Henry é pertinente: "O reprimido deve ser conhecido a fim de permanecer desconhecido, e isso parece uma impossibilidade lógica" (1996, p. 1.087). O contra-argumento, de que um começo do impulso poderia ser admitido, não funciona porque, "embora o bebê tenha imaginado uma situação que iria satisfazer a algum impulso instintivo específico, ele nunca havia admitido a si mesmo que tinha possuído tal imagem" (p. 1.092). Podemos nos opor a essa crítica com um argumento de Cavell (2001). Ela sugere que a consciência não é um fenômeno "tudo ou nada", mas "um processo com várias etapas, das quais apenas a última é totalmente explícita" (p. 73). Se assim for, devemos perguntar o que caracteriza esses estágios. Vamos esperar um pouco antes de responder.

Balestriere (2003) também reconhece o problema lógico com a repressão primária. Para ela, esta é uma defesa arcaica que preserva o impulso em seu estado original e impede que este se desenvolva. Isso coincide com o símile de Freud de um instinto como "sucessivas erupções de lava". A sua primeiríssima erupção permanece inalterada e não passa "por nenhum desenvolvimento" (1915a, p. 131). Esta é uma metáfora evocativa, mas dificilmente explica como o instinto é impedido de se desenvolver.

Em minha opinião, a crítica de Maze e Henry soa lógica, mas não faz justiça ao funcionamento mental de uma criança. Quando afirmam que uma criança pode nunca ter admitido que tinha uma imagem da gratificação de um impulso, eles atribuem funcionamento cognitivo em excesso a um bebê. Por outro lado, as metáforas de Cavell e Freud de erupções de lava e fases contornam o fato de que a mente funciona com representações – não material geológico ou calendários. Freud sugeriu o termo *representação-coisa* para essas primeiras representações. De acordo com Ellman (Britton, Chused, Ellman, & Likierman, 2006), isso nos ajuda a explicar o mecanismo de repressão primária, em que a criança representa as suas angústias sem nome "em termos concretos (representações-coisa)" (p. 281). Representações-coisa sustentam uma relação de oposição a representações-palavra, mas, na minha opinião, essa divisão bipolar é desnecessariamente restrita. Em primeiro lugar, uma representação pode ser descrita de muitas mais maneiras que estando ou não ligada a uma palavra. Em segundo lugar, Freud (1915c) estabelece que a representação não se torna consciente até que as representações-coisa e as representações-palavra sejam soldadas. Por conseguinte, uma criança não verbal estaria vivendo em um estado mental permanentemente inconsciente. No entanto, é fácil ver que um bebê tem representações conscientes da mãe sem possuir quaisquer palavras para ela. Assim, como os Capítulos 1 e 2 sugeriram, precisamos de outros termos para descrever essas representações primitivas. A minha solução para este desafio foi sugerir as representações primárias. Vamos, agora, ver como isso afeta a nossa opinião sobre repressões primárias.

As duas repressões definidas em termos semióticos

Para combater os problemas conceituais com a repressão primária, Freud recorreu à complexa ideia de anticatexia. Como alternativa, ele sugeriu que esta é liberada por "um grau excessivo de excitação e a quebra do escudo protetor contra estímulos" (1925-1926, p. 94). Essas metáforas mecanicistas têm levado muitos analistas modernos a não usarem o conceito. No entanto, acho que ele diz algo importante sobre a forma como a mente infantil lida com "os primeiros surtos de angústia, que são de um tipo muito intenso" (idem) – e também por que um bebê pode precisar de ajuda psicoterapêutica e ser acessível a ela. Vou sugerir outra maneira de entender a repressão primária. Primeiro, abordarei brevemente algumas das opiniões de Freud a respeito da repressão propriamente dita para, finalmente, chegar a uma que ele formulou em termos semióticos. Então, transferirei essa visão para a repressão primária.

Em um dos seus modelos de repressão propriamente dita, Freud sugere que a sua função é minimizar a carga de *afetos* desagradáveis de um impulso. Certos impulsos infantis, se atendidos, produziriam desprazer. "A essência" da repressão (1900, p. 604) consiste em impedir que tal afeto emerja. Essa ideia se assemelha à nossa metáfora do alarme de incêndio: o "sistema secundário"

194 CONCEITOS CLÁSSICOS REVISITADOS I – REPRESSÃO PRIMÁRIA

(idem) ou o pré-consciente percebe o impulso iminente, pressente o perigo caso o impulso fosse atendido e, portanto, o reprime. Freud refere-se, principalmente, a impulsos libidinosos, mas também reprimimos impulsos agressivos. Para ilustrar, Tom não só desejava a mãe, mas também estava irritado e decepcionado com ela. O seu apego e as suas alterações de humor poderiam ser vistos como tentativas vãs de reprimir esses afetos.

Em outra perspectiva, Freud pensou que a repressão impede *experiências traumáticas* de se tornarem conscientes. Traumas de infância podem operar "de forma adiada, como se fossem novas experiências" (1896, p. 166), mas o fazem de forma inconsciente. Tom estava no meio de uma traumatização incipiente, por isso, não sabemos o que poderia ter acontecido se ele e a mãe não estivessem em psicoterapia. Podemos especular que ele teria de lidar com a raiva reprimida e um impasse no relacionamento com a sua mãe. Em contrapartida, os sintomas presentes de Beate pareciam estar relacionados a um trauma muito anterior. No entanto, ele não foi reprimido no sentido dinâmico e, portanto, não pôde ser recuperado por meio da análise. Em outras palavras, os dois modelos de repressão propriamente dita apresentados até agora não resolvem o nosso problema do alarme de incêndio: como impulsos *nunca* conhecidos podem desencadear atividades que os mantêm em um modo não conhecido, ainda que psicologicamente ativo?

Agora, vou postular que a nossa metáfora sobre o alarme de incêndio é inaplicável a representações primárias como as abrigadas por Beate. Além disso, sugiro que a repressão primária nos ajuda a explicar o que, às vezes, acontece com tais representações iniciais. A condição é que abandonemos a ideia de que ela se refere a impulsos que nunca foram conscientes. Em minha opinião, a repressão primária refere-se a impulsos que foram *conscientes desde o início, mas significados de um modo arcaico*. Então, eles foram *retidos dessa forma*. A repressão primária funciona, assim, para preservar essas representações primitivas e inalteradas. Grotstein, provavelmente, tem algo semelhante em mente quando sugere que ela é uma barreira se desenvolvendo "no momento em que a criança evolui do uso de imagens pré-lexicais não simbólicas para o uso simbólico e lexical da linguagem verbal" (2003, p. 104).

Agora, entendemos melhor a nossa metáfora para a repressão primária: o "fóssil vivo". "Fóssil" refere-se a representações que são arcaicas, vestigiais e fracamente delineadas. "Vivo" indica que elas estão ativas. Enquanto impulsos que escapam deste destino se desenvolverão em retraduções contínuas, isso não é o que ocorre com aqueles que sucumbem à repressão primária: ela confere a um signo, digamos, a voz da mãe ou o seu rosto, um único significado ou interpretante que, então, permanece inalterado. Para exemplificar, Beate reagiu de forma repetitiva à sua mãe. Não ajudou quando Nadya a confortou e falou com ela: uma "máscara" original permaneceu na mente de Beate, que significava suas primeiras experiências com o rosto, a voz e o comportamento de uma mãe deprimida. Em paralelo, Beate parecia um ícone assustador. Ela sorria constantemente, mas não parecia feliz. Ela estava em movimento o tempo todo, mas não transmitia a *joie de vivre* de uma criança em harmonia. Para ilustrar com um exemplo de um adulto, Tristão não pode ver a verdadeira Isolda. Ele vê uma máscara – o seu rosto belo e divino, mas fossilizado – que deve permanecer intocada pelos estragos: não só do tempo, mas também dos seus objetos internos que emergem no despertar de uma continência inadequada.

Para acompanhar o meu ponto de vista sobre a repressão primária, devemos, primeiro, nos desviar rumo à terceira concepção freudiana da repressão propriamente dita, uma que eu chamo de semiótica. Nesta perspectiva, a repressão é "uma falha de tradução" (1892-1899/1950, p. 235) de um impulso. Ela impede que a representação seja traduzida em palavras "que deverão permanecer anexadas ao objeto" (1915c, p. 202). Assim, se um impulso fosse expressado plenamente ou "traduzido" corretamente, geraria desprazer. A repressão comum, ou repressão propriamente dita, vai impedir que isso aconteça. Vejamos um exemplo.

Durante a análise, a mãe de Tom, Nina, resiste à ideia de que a sua relação amigável com ele, às vezes, não é verdadeira. Um dia, Tom está de mau humor. De repente, ele coloca o nariz na boca da mãe.

Analista para mãe: Imagino por que você acha que ele está fazendo essa coisa com o nariz.

Mãe para analista, com uma risada forçada e artificial: Esta é a sua maneira de entrar em contato comigo... Eu já ouvi que crianças fazem isso até os 3 anos de idade!

O seu comentário, claramente, encobre ou traduz de forma errônea sua angústia e seu desamparo em relação à intrusão de Tom. Este é um exemplo de repressão comum. A análise vai ajudá-la a entrar em contato com os seus sentimentos reprimidos e expressá-los de forma mais aberta. O nariz de Tom na boca de Nina também traduz de forma errada o que *ele* sente: a ira, o anseio por contato e a impotência para resolver os seus impulsos contraditórios. As suas representações primárias são confusas: 'Mamãe reclamona – Tom mau'; 'Tom desamparado – mamãe indefesa'; 'Eu quero ficar dentro da boca da mamãe para amá-la – para machucá-la'. Tom precisa de um objeto sensível para ajudá-lo a desenvolver tais representações para níveis semióticos mais elevados. No entanto, quando as pessoas ao redor estão muito angustiadas para falarem das suas emoções atormentadas, seus rostos angustiados, seus sorrisos fingidos, seus suspiros resignados ou seus olhares evasivos ficarão gravados na memória da criança. O resultado de longo prazo de tal meio social pode ser a criação de repressões primárias – a menos que a psicoterapia seja instituída cedo. Nina estava sobrecarregada por dificuldades conjugais, visões pouco claras de como educar um bebê autônomo e problemas em reconhecer a sua raiva em relação a Tom e lhe permitir se separar dela. Durante a psicoterapia, essas visões mudaram. Da mesma forma, as autorrepresentações de Tom se desenvolveram de um menino agarrado para um destemido Indiana Jones.

Em muitos dos casos apresentados, a psicoterapia foi instituída cedo. Isso ajudou as mães a enfrentarem as suas repressões propriamente ditas, isto é, elas se tornaram capazes de traduzir de forma mais precisa os seus afetos *vis-à-vis* com os filhos e os parceiros. Os seus bebês foram ajudados a resolver as suas representações primárias e a expressá-las de uma forma mais clara. Por outro lado, o que pode acontecer quando uma representação infantil permanece não transformada porque a angústia associada a ela não foi contida pela interação pais-bebê – e a psicoterapia não foi instituída no ato? A minha resposta é que essas são, exatamente, as situações nas quais as repressões primárias estão propensas a se desenvolver.

Lembranças do trauma

As fobias e as inquietações de Beate estavam conectadas com a depressão de sua mãe e a continência deficiente oferecida por ela. Se concordarmos que ela sofria de um trauma, podemos perguntar até que ponto ela consegue lembrar-se dele e como isso afetaria o desenvolvimento da sua personalidade. Gaensbauer (1995) investiga se as crianças retêm essas memórias e se elas terão efeitos duradouros. Ele argumenta que as crianças podem, realmente, descrever os eventos pré-verbais. Em apoio, ele apresenta experimentos de Rovee-Collier e Hayne (1987) que indicam que as crianças se recordam de eventos angustiantes. Em seu trabalho clínico, ele notou que os jogos infantis indicam, por vezes, lembranças e efeitos de um trauma cuja realidade os pais confirmaram depois. De verdade, não sabemos se esses traumas podem produzir "representação psíquica específica" (Gaensbauer, 1995, p. 125), mas podemos concluir que "memórias no período pré-verbal não são pré-representacionais, em qualquer sentido absoluto, nem indisponíveis para a percepção consciente" (p. 146). Os seus pacientes crianças podiam "desenvolver representações internas de seus traumas" e transformá-las e expressá-las "em termos simbólicos" (idem).

As descobertas de Gaensbauer dão suporte ao fato de Beate recordar-se da depressão pós-parto da mãe e/ou ser capaz de representá-la simbolicamente? Eu responderia que não. O motivo é, provavelmente, que ela não foi submetida a um trauma singular aterrorizante. Em vez disso, ela sofreu de um "trauma cumulativo" (Khan, 1963) que foi construído em virtude de rupturas na função da mãe como "escudo protetor" (Khan, 1964, p. 272) ou continente. Isso pode ter feito com que algumas das funções egoicas de Beate fossem "aceleradas em seu crescimento e exploradas em ação defensiva" (p. 274), como as suas habilidades atléticas, mas cheias de angústia, quando corria em meu consultório, jogando bola e tateando em busca de objetos com os quais ela nunca brincava.

Em um artigo recente, Gaensbauer (2011) fala da investigação a respeito do sistema de neurônios-espelho para explicar as repetições traumáticas. Eu destacaria, especialmente, uma propriedade desse sistema. É bem sabido que os neurônios-espelho em uma pessoa A disparam quando A vê uma pessoa B realizando um ato motor. É menos conhecido que eles também disparam quando a pessoa B está *simulando uma ação em sua mente* (Decety, 2002). Estas estruturas neuronais são, portanto, sensíveis ao estado interno do outro. Elas ajudam as crianças a tornarem-se "cada vez mais conscientes da ressonância entre as suas próprias ações corporais e as dos outros" (Gaensbauer, 2011, p. 95) e das conexões entre as suas próprias emoções e as dos outros. Reddy (2008) até nega que haja uma separação completa entre nós mesmos e os outros. Para ela, a ação – e eu acrescentaria a emoção – é um fenômeno singular "entre o fazedor, o planejador, o imaginador e o observador, mas suportado por um substrato neural comum" (p. 58).

O sistema de neurônios-espelho auxilia na construção de estados mentais compartilhados. O seu lado negativo é que, quando a criança experimenta um trauma, ele vai capturar não apenas a ação em si, mas também "as metas e a motivação por trás da ação, incluindo o estado subjetivo da pessoa(s) que é observada" (Gaensbauer, 2011, p. 98). A criança vai criar um "esquema holístico, afetivamente carregado e multimodalmente integrado da ação observada em vez de uma simples replicação comportamental" (idem). Decety (2010) resume: uma criança pode "perceber o estado afetivo do outro e responder a ele". Isso serve "como um instrumento para a aprendizagem social, reforçando a importância do intercâmbio social, que, em seguida, torna-se associado com a própria experiência emocional da criança. Consequentemente, as crianças experimentam as emoções como estados compartilhados e aprendem a diferenciar os seus próprios estados, em parte, testemunhando as respostas ressonantes que eliciam nos outros" (p. 261).

O que acontece se uma das partes está deprimida, como a mãe de Beate? Poderíamos esperar que o bebê entrasse em ressonância com a sua depressão e se tornasse triste. No entanto, Beate era inquieta e exigente. Para explicar isso, recordo um estudo realizado por Cohn e Tronick (1989). Eles dividiram os comportamentos das mães deprimidas em duas categorias: desengajado e intrusivo. Nadya parecia pertencer ao primeiro grupo. Bebês de tais mães não conseguem se conectar por causa da falta de resposta e reparação da mãe. Eles se tornam irritados e, então, "desregulados, agitados e choram" (Tronick, 2007a, p. 285).

Se o sistema de neurônios-espelho entre Beate e sua mãe foi ou não perturbado, isso escapa ao nosso instrumento de investigação psicanalítica. Em contrapartida, o conceito de Winnicott de "espelhamento" (1971) se encaixa bem para descrever a interação delas. Normalmente, quando um bebê está olhando para o rosto da mãe, ele se vê em virtude do espelhamento da mãe. Outros bebês "têm uma longa experiência de não receber de volta o que estão dando. Eles olham e não veem a si mesmos". "O rosto da mãe não é, então, um espelho", e a "capacidade criativa [da criança] começa a atrofiar". Consequentemente, essas crianças "olham ao redor procurando por outras maneiras de obter de volta algo de si mesmas a partir do ambiente". A percepção substitui o que "poderia ter sido o início de uma importante troca com o mundo" (p. 112-113). Negri (2007) descreve que essa criança vai experimentar a mãe "como uma pessoa preocupada consigo mesma – que rejeita e é hostil ao seu relacionamento com o seu bebê. Essa experiência reforça o sentimento de isolamento da criança" (p. 100). Acredito que isso se aplica às experiências de Beate.

Representações primárias e repressões primárias

Ao longo deste livro, tenho enfatizado, mais claramente com Tristão e Beate, que os efeitos do trauma não devem ser avaliados apenas por aquilo que realmente aconteceu com a criança. Devemos considerar, também, a continência do trauma. Cada pai contém a criança sob a influência de projeções, mas a depressão pode sobrecarregar a sua capacidade de interpretar os sinais da criança de forma flexível. Por exemplo, uma mãe pode tender a pensar no comportamento do seu bebê como uma rejeição. A mãe de Tom, Nina, disse que queria maior liberdade em relação a ele. No entanto, ela ficou magoada quando ele estava caminhando para longe no tapete. A ambivalência coloriu a sua continência e a fez projetar mensagens divergentes em Tom: "Vá por si próprio – Não me deixe". É por isso que ela deve ser a sua "muleta": para apoiar as suas aventuras, mas, ainda assim, transmitir que ele não conseguiria fazer as coisas por conta própria.

Nas palavras de Aulagnier (2001), a interpretação de uma mãe do seu bebê será sempre distorcida e estará sujeita a uma "violência primária". As ideias da mãe em relação à criança são, em grande medida, motivadas por *ela* em vez do desejo da criança. Ela está fadada a se relacionar com ele como faria com uma "sombra" (p. 75). O termo de Aulagnier para esse mecanismo, "violência da interpretação", soa pejorativo ou sombrio, mas é realmente vital para o desenvolvimento do ego. Ela ajuda a deixar de lado o princípio do prazer e promover a instituição da ordem simbólica. Uma vez que "o desejo chega significado diversamente do que estava no início" (Lacan, 1998, p. 148), a mãe deve, inevitavelmente, usar de violência primária para compreender as mensagens do seu bebê. Nos termos de Nina, ela precisa descobrir "exatamente o que ele quer".

No entanto, temos um problema se uma mãe teme a sua ambivalência inconsciente *vis-à-vis* com o bebê e tenta esconder isso dele, como fizeram Nina e Nadya. Nos termos de Aulagnier, a violência primária, então, cederá à violência secundária. O último termo refere-se às mensagens que são excessivas e desestruturantes. Elas forçam a criança a "obedecer a um modelo pré--estabelecido [de pensar] imposto pela mãe" (2001, p. 88). A partir de agora, o discurso mãe-filho seguirá uma *"diktat"* – imposição (p. 12). Um exemplo é a ideia clichê de Nadya de que a "vontade própria" de Beate era a raiz do problema dela. Isso implica que uma criança com uma mente autônoma só cria problemas. Não é preciso dizer que essa visão se opunha fortemente aos valores conscientes de Nadya de como criar uma criança. O senso comum contém muitas outras *diktats*: a convicção de Miranda de que Karen estava "muito triste" ou a ideia de Nina de que Tom só se sentiria seguro se fosse carregado o tempo todo num xale.

O termo "violência secundária" de Aulagnier refere-se a estados psicóticos, mas é aplicável também às interações que estamos discutindo. Nos casos vistos aqui, a psicoterapia parece ter ajudado a evitar um desenvolvimento maior da violência secundária ou, usando outra terminologia, das identificações projetivas intrusivas. Mas, quando a depressão materna não é aliviada suficientemente rápido e o bebê não recebe ajuda em paralelo, a mãe pode ficar presa nas suas ruminações, como: "Você está desamparado e eu não consigo te amar, eu sou uma mãe desesperada e quando você olha para mim, isso confirma que você pensa assim também". Em tais situações, exemplificadas com o caso de Beate e Nadya, a criança pode se fixar em um ícone como o rosto, o cheiro ou o tom de voz da mãe, mas não pode traduzi-lo em tipo mais elaborado de signo. A aparição da mãe forma uma confusão semiótica que o bebê não pode resolver. Em resposta, ele cria significações que estão longe de tipos comuns de signos e são controladas pela angústia. Um exemplo é a aparência esticada, os sons estridentes e o comportamento inquieto de Beate. Eu não entendia o que eles significavam. O seu sorriso era feliz ou tenso, o seu saltar tinha a ver com alegria ou angústia, o seu sugar do seio era calmo ou excitante? Demorou muito para que o trabalho analítico pudesse responder essas perguntas.

Beate: Vinheta 1 – a penugem

Com três meses de tratamento, Beate começa a recolher penugens do chão. Isso acontece durante um período em que ela acaricia suavemente a bochecha de sua mãe e, de repente, bate nela. Enquanto caminha coletando penugens, ela franze a testa para mim como se me reprovasse pelo meu consultório desarrumado. Noto também que ela parece aterrorizada pelas partículas que continua coletando.

Analista para Beate: Há muitas penugens aqui. Você quer pegá-las e livrar-se delas. Há também muitos pensamentos peludos e assustadores dentro de você, talvez você esteja irritada com a mamãe e comigo. Mas você não pode se livrar desses pensamentos. Eles assustam você.

A mãe escuta e tem uma associação:

Mãe para analista: Essa coisa sobre a penugem... Eu gosto de manter a minha casa limpa. O meu marido faz uma bagunça, mas é difícil para mim falar com ele. Você sabe, eu não sou sincera com ele nem com a Beate! Eu digo a ela para expressar o que sente e quer, mas não me atrevo a fazer isso eu mesma!

Analista: Você sente que não é sincera, Nadya, e eu sinto que você também não é sincera, Beate. Você acaricia suavemente a mamãe e, então, você bate nela.

Neste ponto, Beate faz uma pausa, olha para mim e, em seguida, caminha para o divã. Ela bate nele enquanto fala "Dinn". Ela parece brincalhona e descontraída. Nadya sorri calorosamente.

No Capítulo 5, apresentei outra vinheta na qual Beate falou "Dinn": ela disse essa palavra estranha quando estava sentada na poltrona-trono. Na vinheta da penugem, ela desenvolveu "Dinn" a partir de um ícone bizarro para um signo compreensível, expressando a sua alegria. Agora, isso é um índice com o qual ela nos convida a compartilhar seu alívio e sua raiva. O alívio de Beate vem do fato de eu ser sincero com ela e falar com Nadya sobre a sua falta de sinceridade. A sua raiva vem do fato de eu apontar que ela está batendo no rosto da mãe. Todos sorrimos quando ela expressa essas emoções de forma sublimada e criativa. O deslocamento é fácil de entender: ela está batendo no sofá em vez de bater no rosto da mãe ou no meu.

Quando encontrei Beate pela primeira vez, a sua ação de agarrar o seio tinha como objetivo modificar, por meio da interação com um seio mediador de necessidade, sua ira e sua decepção. Quando estes afetos surgiram, eles eram macios e pouco significados. Eles haviam permanecido sob essa forma, porque Nadya não podia ajudá-la a avançar na escada da semiótica para mostrar os afetos mais abertamente e com sinceridade. Agora, como resultado do trabalho analítico, suas significações tornaram-se mais claras. O enquadre analítico ajuda Beate a subir a escada semiótica. Enquanto o erijo, transmito que estou preparado para receber os seus sentimentos dizendo-lhe que entendo que ela está com raiva de mim e da mãe. Ao fazer isso, sugiro signos mais elaborados para as suas encenações. Ela responde dando signos mais claros e inequívocos. A transformação do "Dinn" é um caso que ilustra isso. Outro exemplo é a penugem que, depois de termos falado sobre isso, simplesmente desapareceu de cena. Nos termos de Bion, o elemento beta foi contido na sessão e, assim, transformado em elementos alfa, como o "Dinn", as batidas no sofá e o seu sorriso.

***

O mecanismo da repressão primária coloca uma "grande questão para a patologia psicanalítica" (Laplanche, 2007, p. 203) relativa aos pacientes infantis e adultos. Ele explica por que "o homem é possuído por mensagens que ele não consegue traduzir" (idem). Em minha opinião, isso não funciona com processos psíquicos nunca catexizados e não representados nem gera representações que são completa e eternamente inacessíveis para a elaboração consciente (Freud, 1915c). Também não cria buracos (Cohen, 1985), hemorragias (Green, 1998) ou mensagens meramente inscritas (Laplanche, 2007). Em vez disso, ele funciona por meio da manutenção de significações primitivas em sua forma original, fragmentada e icônica. A raiz desse mecanismo é o trauma e como ele foi contido. O trauma pode ter sido súbito e assustador – ou uma exposição insidiosa e cumulativa (Khan, 1963) a "condições moralmente repugnantes" (Cohen, 1994, p. 710), como a desatenção parental ou a não responsividade aos sentimentos angustiantes da criança .

A repressão primária protege a psique contra a traumatização renovada, mas também pode evitar que as representações primárias continuem o seu desenvolvimento semiótico. A psicoterapia visa colocar esse desenvolvimento nos trilhos. Ela deve, preferencialmente, ser iniciada cedo por duas razões: a duração da continência negativa deve ser diminuída e o bebê deve ser ajudado a soldar os aspectos não lexicais das nossas intervenções aos seus signos icônicos antes que eles se constituam num impasse. Caso contrário, a criança corre o risco de ser influenciada pelo fóssil vivo da repressão primária.

9. Conceitos clássicos revisitados II – sexualidade infantil

Agora, vamos falar sobre a *sexualidade infantil,* já que investigamos o lugar dos conceitos psicanalíticos nas psicoterapias pais-bebê. Podemos, obviamente, perguntar se esses conceitos estão prontos para serem descartados ou se são ferramentas valiosas para a compreensão do processo psicoterapêutico. Vejo uma razão geral e uma específica para integrá-los à teoria analítica. Qualquer método de tratamento que não se baseie em uma teoria coerente nem nos permita testar a sua validade aplicando-o a novos casos desaparecerá. Suas inconsistências e suas obscuridades o empurrarão para o esquecimento. A razão específica para a nossa abordagem teórica é o enigmático processo psico-terapêutico nos tratamentos com bebês. Nos casos com adultos, nós, analis-tas, já tateamos um caminho para interpretar os sintomas e as transferências. Esse nebuloso estado de coisas tem ainda mais a ver com o atendimento de crianças, que não entendem literalmente as nossas intervenções nem respon-dem a elas com um vocabulário compreensível. Isso torna a necessidade de uma base teórica sólida ainda mais urgente.

Podemos nos lembrar, do Capítulo 1, de que, desde o seu início, a teoria psicanalítica foi baseada em especulações sobre o mundo interno do bebê. Freud fez uso de observações e especulações sobre o bebê para entender como a mãe ajuda o filho a lidar com as suas angústias (1895/1950), como as frustrações forçam o bebê a abandonar a realização alucinatória do desejo em favor de um pensamento realista (1900, 1911) e como as angústias se manifestam na criança e como ela lida com estas (1920, 1925-1926). Ao longo dos anos, este foco mudou e surgiram os modelos que falam do "bebê dentro do adulto" em vez de bebês reais. Conceitos como fase oral, repressão primária e transferência infantil (Falzeder, 2002) descrevem mecanismos no *adulto* ou na *criança verbal*, mas não no *bebê*. A teoria passou a se referir à criança virtual e reconstruída em vez do bebê em tratamento. Neste capítulo, vou me concentrar em outro conceito. Parafraseando a pergunta de André Green (1995), "A sexualidade tem algo a ver com a psicanálise?", vou perguntar: o conceito de sexualidade infantil de Freud tem algo a ver com os bebês?

Os principais teóricos pós-freudianos continuaram a formular muitas hipóteses sobre a vida infantil. Por exemplo, Klein (1935, 1945, 1946, 1952) descreveu as angústias infantis, Bion (1962a, 1965) modulou a sua teoria da continência na mente do bebê e Meltzer apresentou o mundo de fantasia perversas da criança (1966), bem como o conflito estético (Meltzer & Harris-Williams, 1988). No entanto, esses autores não basearam as suas teorias no trabalho clínico com bebês. Quanto aos analistas experientes em tal trabalho (por exemplo, Cramer & Palacio Espasa, 1993; Fraiberg et al., 1975; Lebovici & Stoleru, 2003; Norman, 2001), seus achados têm sido utilizados de forma modesta para o desenvolvimento da teoria psicanalítica geral.

Dentre os principais autores psicanalíticos, Winnicott é, naturalmente, uma exceção. Ele criou muitos conceitos a partir de sua experiência clínica com crianças e mães: o ambiente suportivo (1955), o objeto transicional (1953), a relação pais-bebê (1960), a preocupação materna primária (1956) etc. No entanto, apenas o seu trabalho sobre o jogo da espátula (1941) é singularmente dedicado a um trabalho clínico mãe-bebê. O paciente mais jovem em seu livro sobre consultas terapêuticas (1971) tinha 2 anos. Quanto à sexualidade infantil, ele quase nunca a mencionou explicitamente. Quando ele (1960) visa "reconstruir a dinâmica da infância e da dependência infantil, e do cuidado maternal que atende a essa dependência" (p. 595), ele se refere a pacientes adultos *borderline*. Da mesma forma, o conceito de suporte não envolve a sexualidade infantil, mas a "provisão do ambiente total" da criança (p. 589) e o suporte materno físico, "que é uma forma de amar" (p. 592). Não há nenhuma menção à sexualidade infantil.

Resumindo, concordo com dois autores dinamarqueses que "a descoberta freudiana que marcou uma era [não foi] seguida por teorias que têm o desenvolvimento sexual da criança como o seu objeto" (Zeuthen & Gammelgaard, 2010, p. 4). Isso também é verdadeiro em relação aos analistas franceses, apesar de sua ancoragem na teoria freudiana. Quando Diatkine (2008) lamenta que a sexualidade infantil tenha desaparecido do discurso psicanalítico, ele se refere a adultos ou crianças verbais, não bebês. Da mesma forma, quando Lebovici e Stoléru (2003) falam de fantasias em "conexão com a maternidade [e que] dependem do nível de desenvolvimento e da sexualidade infantil" (p. 257), referem-se à mãe. A mesma posição aplica-se a seus colegas suíços, Cramer e Palacio Espasa (1993).

Por outro lado, os trabalhos de psicoterapeutas que atendem a mães e bebês contêm abundantes apresentações de bebês. Em geral, os seus modelos teóricos são fundados na teoria do apego combinada com partes da teoria analítica (Acquarone, 2004; Baradon et al., 2005; Papoušek, Schieche, & Wurmser, 2008; Stern, 1995). Lieberman e Van Horn (2008) descrevem a "propensão biológica da criança para desenvolver uma hierarquia de relacionamentos emocionais preferenciais com um pequeno número de figuras de apego com base na expectativa de que eles fornecerão proteção confiável contra os perigos externos e internos. Na teoria psicanalítica, essa motivação inata é entendida como intimamente conectada com outras motivações e por elas colorida, incluindo a autoafirmação, a sexualidade e a necessidade de reconhecimento mútuo" (p. 8). Notamos que os autores se referem à sexualidade dos pais e não dos bebês. Da mesma forma, o grupo de psicoterapia pais-bebê de Londres (Baradon et al., 2005) não inclui a sexualidade infantil entre os conceitos-chave no desenvolvimento inicial. Eles veem apego como a "única e poderosa relação [...] ela é resultado da resposta dos pais à dependência absoluta do bebê no início da vida e da propensão do bebê a se relacionar" (p. 6). Consequentemente, a sexualidade não é mencionada como um fator que contribui para a patologia infantil.

Se esses clínicos tivessem considerado a sexualidade infantil um conceito clinicamente válido, eles a teriam fortalecido com exemplos e usado para compreender os estados patológicos dos bebês, além de discutir a sua posição na teoria. Enfrentamos um paradoxo: os analistas de bebês raramente mencionam a sexualidade infantil e, quando o fazem, não estabelecem uma conexão com o bebê – ao passo que os analistas que discutem o conceito raramente mencionam o bebê clínico. O *status* conceitual sombrio desse conceito e a sua escassez entre os psicoterapeutas infantis podem refletir uma tendência atual de desconsiderar a sexualidade, em seu sentido psicanalítico, para explicar a psicopatologia (Fonagy, 2008; Green, 1995). Alternativamente, podemos negar que a sexualidade infantil tenha qualquer coisa a ver com bebês. Mas, se o prefixo "infantil" se referisse apenas às crianças verbais e aos adultos, isso implicaria dizer que um bebê é desprovido de sexualidade infantil até que ele supere a primeira infância. Se assim for, por que falar de sexualidade *infantil*? Por outro lado, se "infantil" se refere a fenômenos ou fantasias do bebê, devemos investigar como eles surgem em bebês com e sem dificuldades. Para realizar essa tarefa, precisamos, primeiro, escavar até as raízes do conceito.

Freud e a sexualidade infantil

Vejamos ao que Freud, o criador do conceito, estava se referindo. Em uma citação, ele, obviamente, refere-se às crianças verbais: "A pesquisa psicanalítica teve de se preocupar, também, com a vida sexual de crianças, e isso porque as memórias e as associações que surgem durante a análise dos sintomas [em adultos] regularmente levam de volta aos primeiros anos da infância. O que inferimos a partir dessas análises foi confirmado posteriormente, ponto a ponto, por observações diretas de crianças" (1916-1917, p. 310). "As observações diretas" se referem ao pequeno Hans, de 3 anos de idade (Freud, 1909b). Em outros exemplos, ele sugeriu que ela cobre eventos na infância cuja conotação sexual emerge só mais tarde, numa forma adiada ou *nachträglich*. Um exemplo é o *Lobisomem* (1918), cujo entendimento adiado, ou *nachtreridaägliches Verständnis* (p. 58), do coito parental só surgiu após a primeira infância.

Contudo, vemos uma ideia diferente na obra magna de Freud sobre a sexualidade infantil, *Three essays on sexuality*: "Parece não haver dúvida de que os germes dos impulsos sexuais *já estão presentes na criança recém-nascida*" (1905b, p. 176, grifos meus). Ele fala da ação de chupar o dedo como uma atividade sexual fundada na recordação do bebê a respeito dos prazeres da amamentação. O bebê está "deitado de forma relaxada, saciado pelo peito e caindo no sono com as bochechas coradas e um sorriso de felicidade" (p. 182). Claramente, Freud refere-se a um bebê sexualmente ativo cujos lábios "comportam-se como uma zona erógena [...] sem dúvida, a estimulação pelo fluxo de leite quente é a causa da sensação de prazer" (p. 181). De acordo com esse trabalho, a resposta de Freud à nossa pergunta deveria ser afirmativa: a sexualidade infantil está presente no recém-nascido, embora as suas manifestações "sejam, principalmente, uma questão de interpretação" (1916-1917, p. 313), sejam "discretas" e "sempre desprezadas e incompreendidas" (1901, p. 682).

Três décadas mais tarde, Freud retorna à sexualidade infantil quando discute o perigo e a angústia. Agora, ele acrescenta que o ego considera as demandas sexuais infantis perigosas *per se*. "É curioso que o contato inicial com as demandas da sexualidade tenha um efeito sobre o ego semelhante ao produzido pelo contato prematuro com o mundo externo" (1925-1926, p. 155). Ele relaciona isso ao desamparo da criança, o que ele considera um fator biológico. Os psicoterapeutas infantis de hoje também podem estudar o desamparo infantil *na sessão*. Penso que, se Freud tivesse experiências psicoterapêuticas com bebês que berram sem parar e mães desesperadas, ele perceberia que: (a) os impulsos do bebê surgem na relação com um objeto, (b) o desamparo do bebê também está relacionado ao caráter emocional dessa troca e (c) os fatores emocionais também determinarão se o bebê experimenta a sexualidade como perigosa ou agradável. Em breve, voltaremos às características dessa troca e pesquisaremos se a sexualidade infantil pode explicar patologias na interação mãe-bebê ou "preocupações de bebê". Mas, primeiro, temos de comparar esse conceito com outro muitas vezes usado para descrever essas situações: o apego.

Sexualidade infantil e apego

Para Freud, os principais ingredientes do início do desenvolvimento psicológico eram a sexualidade infantil, o instinto de autopreservação e a "corrente afetiva". Essa última, disse ele, "é formada com base nos interesses do instinto de autopreservação" (1912b, p. 180). Ela é "dirigida aos membros da família e àqueles que cuidam da criança" (idem) e "abrange o que permanece da eflorescência infantil da sexualidade " (Freud, 1905b, p. 207). A "corrente afetiva" pode parecer idêntica ao "apego", que implica a busca da criança por "proximidade e contato com uma figura específica [...] principalmente quando ela está assustada, cansada ou doente" (Bowlby, 1969, p. 371). No entanto, Bowlby foi explícito ao dizer que o apego não se refere a "necessidades ou pulsões" (p. 179), enquanto a corrente afetiva de Freud contém "contribuições dos instintos sexuais – componentes de interesse erótico" (1912b, p. 180).

Os teóricos modernos têm expandido a importância do conceito de apego. Fonagy (2001) destaca que a busca por proximidade é "mais tarde suplantada pelo objetivo mais psicológico de um sentimento de proximidade com o cuidador [...] [O] objetivo é [...] um estado de ser ou sentir" (p. 8). O que isso implica em termos de fantasias da criança, entretanto, ainda não está claro. Outra questão é a que "mais tarde" se refere. Freud sustentou, de modo geral, que não existe "mais tarde": a sexualidade está lá desde o início. Em minha opinião, faremos mais justiça aos termos "apego" e "sexualidade infantil" se deixarmos o primeiro no âmbito do relacionamento com a mãe real e protetora que alimenta. Em contraste, a sexualidade infantil brota da relação com uma mãe que desperta fantasias sexuais no bebê. Evidentemente, os dois se influenciam mutuamente: o apego é influenciado por encontros com outros reais e pelas fantasias sexuais que os acompanham. Inversamente, a sexualidade infantil pode ser afetada por alterações nas qualidades do apego, como quando acontece um trauma como abuso infantil.

Agora, vou recorrer aos partos normais gravados em vídeo para estudar o nascimento da sexualidade infantil e do apego. Um grupo de pesquisadores suecos descobriu que, se um bebê é colocado na barriga da mãe imediatamente após o parto, o comportamento de busca pelo seio é observável dentro de 30 minutos (Widström et al., 2007; Widström et al., 2011). Ele começa a rastejar em direção ao mamilo da mãe, olhando para ele, mas volta-se para o seu rosto quando ela fala. Quais termos dão conta de tais comportamentos? O seu rastejar deve expressar um instinto biológico: ele está buscando leite para sobreviver. Ele ainda é todo organismo: um conjunto de comportamentos dirigidos por reflexos e não uma mente orientada por intenções psicológicas. Assim, o seu rastejar ainda não pode ser classificado como um comportamento de apego, com a sua conotação de busca por relacionamento.

Por outro lado, o olhar do bebê para o rosto da mãe dificilmente poderia ser considerado parte do comportamento em busca de alimento: nenhum leite virá do rosto. Podemos usar o termo "intersubjetividade intencional" (Trevarthen & Aitken, 2001, p. 3) e reunir observações confirmatórias de recém-nascidos (Kugiumutzakis et al., 2005) e bebês (Meltzoff & Moore, 1977) que imitam as expressões faciais dos adultos, mostrando interesse na interação. No entanto, pode-se dizer que tal comportamento se limita a indicar o seu instinto de olhar para qualquer coisa com voz ou língua semelhantes às humanas. Em termos de neurociência, podemos perguntar se os neurônios-espelho já desempenham um papel na ação da criança de olhar para a mãe e prestar-lhe atenção (Bertenthal & Longo, 2007; Gaensbauer, 2011; Lepage & Theoret, 2007). Esse tópico foi brevemente abordado no capítulo anterior.

E quanto à sexualidade infantil: poderia a busca do recém-nascido pelo seio expressar esse fenômeno? Provavelmente, qualquer analista concordaria que a experiência *da mãe* enquanto olha para o seu filho pode conter um componente sexual, mas dizer a mesma coisa sobre o seu recém-nascido soa contraintuitivo e muito elaborado. Para resumir, asseveramos que apego e sexualidade infantil estão ligados ao instinto de sobrevivência, mas não entendemos a cronologia.

Contato pele a pele e a sexualidade infantil

Para esclarecer essa cronologia, recorreremos a uma observação de quarenta anos atrás. Um grupo de pediatras (Klaus et al., 1972) demonstrou um curto e primitivo período durante o qual o contato pele a pele entre mãe e bebê se revelou essencial para um desenvolvimento positivo da relação entre eles. Durante as duas primeiras horas pós-natais, tal contato impulsiona a amamentação e induz a regulação da temperatura do bebê a trabalhar em uníssono com a da mãe (Bystrova et al., 2007). Isso pode até ter efeitos positivos um ano depois (Bystrova et al., 2009) na autorregulação do bebê e na interação e no interesse maternos. Outras investigações sobre as capacidades de percepção dos bebês mostraram as suas habilidades sensoriais de aprendizagem olfativa (Romantshik, Porter, Tillmann, & Varendi, 2007), incluindo fazer uma conexão entre odores e prazer ou desprazer (Soussignan & Schaal, 2005) e discernir o cheiro da mãe (Macfarlane, 1975; Van Toller & Kendal-Reed, 1995). Da mesma forma, a mãe discerne o cheiro do seu bebê (Russell, Mendelson, & Peeke, 1983) e as suas vestes (Porter, Cernoch, & Mclaughlin, 1983). Temos, assim, ricas evidências de que a mãe e a criança desenvolvem, rapidamente, uma perspicácia sensorial multifatorial e de que o seu contato sensorial desde cedo tem efeitos psicológicos importantes.

Os pesquisadores explicam que esses comportamentos são regidos por alterações hormonais (Uvnäs-Moberg, 2000; Romantshik et al., 2007). Sugiro que eles também fundamentam as especulações psicanalíticas sobre o nascimento da sexualidade infantil. O contato sensorial inicial entre mãe e filho desperta "sexualidade infantil em ambos. Eles adquirem uma sensação de tato e de olfato pelo outro. As bochechas coradas do bebê freudiano representam, portanto, a vasodilatação térmica hormonalmente induzida *e* o prazer sexual.

Em 2001, Fonagy falou sobre a sexualidade como "uma resposta fisiológica controlada geneticamente que emerge em contextos de apego que são mutuamente regulatórios, intersubjetivos ou relacionais" (2001, p. 128). Essa formulação parece diminuir os ingredientes do autoerotismo e da atividade fantasmática, ou seja, a sexualidade infantil (Widlöcher, 2002). Posteriormente, Fonagy e Target (2007) lamentaram a reduzida ênfase dada na teoria do apego à "sexualidade infantil como a explicação predominante de distúrbios psicológicos" (p. 418). Fonagy (2008), agora, salienta a existência de duas correntes confluentes para o desenvolvimento da sexualidade infantil. O apego fornece a sua base relacional, enquanto a interação mãe-bebê abastece a sua fantasia. "A parentalidade segura e harmoniosa gera o contexto interpessoal para uma relação sexual eroticamente imaginativa, enquanto o seu conteúdo surge da *desarmonia* mãe-bebê adaptativa" (p. 26, grifos meus). Essas formulações estão mais em linha com a forma como entendo a cena da sala de parto. No entanto, elas precisam ser um tanto explicadas, e logo voltarei para o conceito de desarmonia.

Sexualidade ou sensorialidade infantil?

O instinto de autopreservação estimula o recém-nascido a rastejar em direção ao mamilo da mãe. Ele o suga e está saciado. Quando a fome aparece outra vez, o bebê começa a ter acesso a obscuros traços de memória de cheiros, gostos e sons familiares, formas de ser segurado e uma sensação de segurança. Agora, uma recordação primitiva do prazer é adicionada à sua busca instintiva pelo nutriente. Mas, aqui, temos de parar e perguntar: por que chamamos este prazer de *sexual* e não *sensorial*? Para responder, evocaremos as formulações de Fonagy (2008) sobre como a parentalidade gera o contexto das fantasias eróticas, enquanto a desarmonia dáide molda o seu conteúdo. Parece razoável dizer que um bebê precisa de parentalidade harmoniosa para desenvolver a capacidade de fantasiar, embora não seja evidente por que isso deveria levar a imaginações eróticas. Ainda mais obscuro é por que seus conteúdos seriam moldados pelas desarmonias entre as gerações. No entanto, como veremos, são precisamente essas desarmonias que fornecem o argumento a respeito de por que o prazer do bebê não é apenas sensorial, mas também sexual.

As desarmonias surgem a partir da lacuna no desenvolvimento sexual dos pais e do bebê. Os adultos sabem de coisas sobre as quais o bebê ainda é ignorante: o seu nascimento é resultado de um relacionamento sexual. O lugar do seu nascimento é o lugar em que a mãe recebeu o pai e desfrutou dele. A barriga da mãe é usada por ele para rastejar em direção ao mamilo, mas também foi usada pelo pai em ternas carícias. Antes que ele mamasse nos seios da mãe, o pai os acariciou. Assim, os pais vão lidar com o bebê não só com noções conscientes de promover apego, mas também com sentimentos inconscientes "derivados de [sua] própria vida sexual" (Freud, 1905b, p. 223). Quando eles dizem: "Meu querido, você é tão doce, você tem bochechas adoráveis, deixe-me beijá-lo", esta não é apenas uma linguagem de apego e compromisso, mas também de amor e sexualidade.

Pode-se dizer que tal linguagem reflete apenas a sexualidade dos pais e não a do bebê. Com efeito, embora Freud tenha sido inflexível ao falar que a sexualidade está presente na criança, quando pressionado a provar isso, ele deu uma resposta desdenhosa: "Pode-se ver suficientemente nas crianças caso se saiba como olhar" (1933, p. 121). Um problema em provar as inclinações sexuais do bebê é que pensamos a sexualidade infantil como um mero predecessor da sexualidade genital do adulto. Widlöcher (2002) enfatiza que ela é algo mais: envolve "criatividade psíquica" (p. 19), ou seja, fantasias e autoerotismo. Laplanche (1999a, 2002) pergunta como surgem essas fantasias. Ele mantém o conceito de sexualidade infantil de Freud e estuda a sua conexão com as observáveis interações mãe-bebê. Ele não concorda com Freud que "uma criança tem os seus instintos e atividades sexuais desde o início; isso vem ao mundo como eles" (1910, p. 42). Ele sugere que a sexualidade de um bebê é criada em resposta a mensagens enigmáticas que são transmitidas verbalmente e não verbalmente por meio de modos dos pais de falar, segurar, acariciar e advertir a criança.

A mensagem enigmática – retornando a Frida

O conceito de mensagem enigmática foi discutido no Capítulo 2 como parte da nossa investigação sobre as representações primárias da criança. De lá para cá, reunimos mais exemplos clínicos que apoiarão a nossa contínua investigação. Vamos retomar o contato com Frida, de 3 meses de vida, do Capítulo 3. Na sessão relatada, ela gritava incessantemente. Quando ela, finalmente, sorriu carinhosamente para mim, exclamei, com alívio e espontânea alegria ao vê-la emocionalmente relaxada: "Oh, que sorriso, Frida. Estou totalmente encantado". Uma palavra notável: "encantado" seria mais apropriada se pronunciada por um homem para cortejar uma mulher. Ainda assim, a mãe de Frida não se opôs, mas sorriu alegremente quando viu a sua menina se acalmar. E eu não considerei as minhas palavras como uma violação da ética, mas como uma maneira cotidiana de falar com um bebê.

A palavra "encantado" consiste em duas correntes: o meu esforço consciente em conter um bebê gritando e uma fantasia inconsciente a respeito das relações sexuais adultas. A palavra confirma a tese de Laplanche (1989) de que "um adulto diante de uma criança está, particularmente, suscetível a ser desviante e inclinado a apresentar ações destrambelhadas ou até mesmo simbólicas porque está envolvido em um relacionamento com o seu outro *self*, com o outro que ele uma vez foi. A criança na frente dele evoca a criança dentro dele" (p. 103). Numa tal ocorrência de sedução primária, "um adulto profere a uma criança significantes verbais, não verbais e até mesmo comportamentais que estão prenhes de significações sexuais inconscientes" (Laplanche, 1989, p. 126). Notemos que Laplanche não se refere a atos perversos, mas a interações normais adulto-criança. Além disso, a sedução iria por terra se Frida não estivesse pronta para também me interpretar num nível além daquele que eu, conscientemente, pretendia. Assim, podemos falar de quatro personagens no campo analítico (Ferro, 1999): o analista como um homem e um menino, mais uma menina sexualmente ignorante e uma que tinha começado a intuir os enigmas por trás das mensagens dos adultos. Frida já tinha experimentado toques, cheiros, sorrisos e sons provenientes dos adultos do seu entorno. Talvez, ela tenha notado uma diferença em como eu disse "encantado" em comparação com as minhas outras palavras. Um sorriso, um tom de voz ou um gesto podem desviar-se das minhas comunicações anteriores com ela.

A resposta a essa osmose de sorrisos, inflexões de voz, mudanças de temperatura e cor facial, alterações dos cheiros etc. é a criação de fantasias no bebê, que agrupamos sob o conceito de sexualidade infantil. Stein (1998) disse que esse assunto é tão difícil de ser investigado porque é um "tabu e acontece no início da vida num nível velado e profundo de transmissão de fantasia e sensações corporais" (p. 615). Nos tratamentos mãe-bebê, podemos reunir observações, comentários da mãe, comunicações do bebê, respostas às intervenções e reflexões a respeito da nossa contratransferência. Tudo isso fornece maior suporte ao nosso trabalho de suposições a respeito do tráfego de fantasias entre mãe e bebê. Isso se aplica tanto aos bebês que estão bem como àqueles que estão com dificuldades. Se Frida pertencia ao primeiro grupo, vou, então, abordar o caso de um garoto que estava claramente em apuros. Retornemos ao pequeno Nic, do Capítulo 1, a fim de conferir se o seu sofrimento poderia ser descrito em termos similares.

Amamentação e sexualidade infantil

O seio é representado de forma complexa na mente da mãe. É um órgão para lactação – mas também inconscientemente imbuído de significados eróticos desde a sua infância até a vida adulta. Quando cuida do seu bebê, diverte-se e enfrenta dificuldades com ele, ela não pode deixar de transmitir mensagens cujo componente sexual é parcialmente inconsciente para ela. Elas também são enigmáticas para o bebê, que não pode captar suas nuances eróticas ocultas. Como veremos, é precisamente essa incompreensão que promove uma sexualidade infantil salubre para o bebê. Entretanto, se os conflitos em torno das implicações sexuais inconscientes da amamentação ganham em importância, o resultado é menos favorável. Na verdade, problemas com a amamentação são uma queixa comum das mães, geralmente relacionados com depressão pós-natal (Gagliardi, Petrozzi, & Rusconi, 2010; Mccarter-Spaulding & Horowitz, 2007) e dificuldades com a identidade materna (Cooke, Schmied, & Sheehan, 2007).

Como vimos no Capítulo 1, Nic, o filho de duas semanas de vida de Tessie, ficava inquieto enquanto amamentava. As sessões mãe-bebê já revelaram o conflito dela entre querer rejeitá-lo e cuidar dele amorosamente. O mamilo ferido abriu caminho para esse conflito emergir como um problema com a amamentação. Posteriormente, durante o trabalho individual com Tessie, foi possível elaborar as conexões entre a sua sexualidade inconsciente e o conflito apresentado. Tessie não estava satisfeita com o seu casamento e se via perturbada por pensamentos anoréxicos, embora o seu peso estivesse num nível saudável. Depois, conexões entre a anorexia e as suas fantasias sexuais se tornaram evidentes: ela, inconscientemente, igualava comer em lugares públicos com promiscuidade. As suas restrições anoréxicas (olhar para a bala, mas não a comer) estavam relacionadas às fantasias masoquistas de implorar por satisfação sexual sob circunstâncias humilhantes.

Foi difícil para Tessie aceitar o filho sugando o seu seio, simplesmente porque ele gostava disso. Inconscientemente, ela queria tudo para si mesma e sentia que ele havia lhe tirado essa possibilidade. Ela me disse, envergonhada: "Eu me senti como uma rainha na sala de parto. Todos diziam que eu estava maravilhosa. Mas, quando voltei para casa para cuidar dele, eu me senti tão sozinha". Tais fantasias se chocaram com o seu alto padrão ético. O seu desejo de ter tudo para si parecia se relacionar com o *seu* desejo sexual infantil pelo seio. Aqui, Nic era o seu oponente. Podemos nos perguntar: até que ponto *ele* tinha conflitos correspondentes? Imaginei que a sua inquietação no seio era uma resposta à ambivalência da mãe. Essa hipótese emergiu quando o vi inquieto no seio direito e calmo no seio esquerdo. Nic parecia ter internalizado a ambivalência materna, o que despertou emoções conflitantes nele. Esse antagonismo interno manteve o problema da amamentação. O objeto da função, o seio do apego, era suficientemente confiável. Nic tinha o leite de que precisava e ganhava peso satisfatoriamente. Porém, o seio sexual de fantasias prazerosas já era um objeto confuso, parcialmente excitante e capaz de satisfazer, parcialmente assustador e capaz de rejeitar. Agora, poderíamos falar de conflitos em relação à sexualidade infantil nele também.

O problema de outra díade, Tina e sua mãe, Nathalie (Capítulo 2), era que o seio era o único remédio para os terríveis choros e gritos da menina. Ao observar como Tina evitava os olhos da mãe enquanto estava deitada em seu colo, sugeri que ela tinha "duas mães". Uma aparecia quando ela estava sorrindo e olhando a mãe nos olhos. A outra era assustadora e deveria ser evitada. Assim que falei sobre isso, Nathalie recordou sua dúvida em relação aos dois nomes que havia pensado em dar para a filha desde o seu nascimento. Tina soava "legal e acolhedor". Christina era "rígido e antigo" – ainda que contivesse uma palavra com um tom gentil.

Os dois nomes também eram metáforas da personalidade de Nathalie. "Christina" se relacionava ao seu aspecto anoréxico, controlado, distante e elegante, enquanto "Tina" se referia ao seu aspecto fofo e espontâneo. Era difícil para ela recuperar esta última parte de si mesma, pois a desprezava. O seu amor pela filha estava misturado com desprezo pelo apelido "Tina" ser "simples e comum". A sua ambivalência se refletia na fantasia da sala de parto: a recém-nascida era muito doce para ser chamada de Tina.

Nathalie amamentou sua menina: "Eu sei que é bom para ela, mas não gosto de fazer isso". Quais impressões tal atitude causariam no bebê? E quando Tina começou a berrar e a mãe a pegou no colo, como ela reagiu a um aspecto materno refletido no comentário sorridente de Nathalie: "Eu a acho fofa quando ela está chorando"? Era claro que a atitude de Nathalie emergia de identificações com a sua própria mãe, a quem ela descrevia como egoísta e excessivamente animada. O que nos interessa, aqui, é quais identificações isso poderia gerar em Tina. Sugiro que elas foram afetadas pelas mensagens duplamente enigmáticas da mãe. As suas nuances agressivas e amorosas estavam entrelaçadas além da consciência de Nathalie. Assim, quando a garota olhava para o rosto da mãe, ela não tinha certeza se esta era "amiga ou inimiga": a mãe era amigável, carinhosa e acolhedora ou fria, reservada e irônica? Interpretei os gritos de Tina, bem como a sua recusa do contato visual, como indicadores de um problema no desenvolvimento da sua sexualidade infantil. A sedução primária, na qual as mensagens da mãe deveriam estar "prenhes de significados sexuais inconscientes" (Laplanche, 1989, p. 126), foi complicada em virtude da ambivalência de Nathalie em relação à mãe e à filha.

Anlehnung ou mensagem enigmática: Freud versus Laplanche

Depois de termos recapitulado os dois casos com problemas de amamentação e especulado sobre como poderiam refletir um desenvolvimento problemático da sexualidade infantil do bebê, voltemos a Freud. Ele se pergunta como a sexualidade infantil surge. Para responder tal questão, ele inventa um termo peculiar, *Anlehnung*. Ele implica que a pulsão sexual se apoia em "uma das funções que servem ao propósito de autopreservação" (1905b, p. 182). Embora *Three essays* contenha curtas, mas vívidas, descrições de um bebê com uma mãe carinhosa, Freud não enfatizou que a *Anlehnung* acontece dentro de uma relação de objeto. Como Laplanche argumenta, isso obscurece o nosso entendimento a respeito do nascimento da sexualidade. Ele sugere que as fantasias sexuais do bebê surgem na comunicação entre a mãe e a criança. Quando a mãe, para citar Freud, "acaricia [o bebê], o beija, o nina e, claramente, o trata como um substituto de um objeto sexual completo" (1905b, p. 223), os seus encantamentos são enigmáticos para a criança. Isso porque a relação mãe-bebê é assimétrica e o significado das mensagens maternas está parcialmente escondido dela também. As mensagens se precipitarão no bebê como representações-coisa inconscientes ou "objetos-fonte" (Laplanche, 1999a, p. 129), que constituem a principal fonte de sua pulsão.

A explicação de Laplanche se tornou plausível somente depois que ele fez um adendo à teoria das pulsões e disse que a pulsão é uma mensagem. Reconhecemos a definição de Grotstein (1980), citada no Capítulo 2, de que a pulsão é um "mensageiro de informações" (p. 495). O francês enfatiza que a pulsão não só surge da relação do bebê com o seu corpo, mas também das suas comunicações com outros seres humanos. Freud enfatizou a primeira perspectiva quando definiu a pulsão como "o representante psíquico de uma fonte de estimulação endossomática que flui continuamente" (1905b, p. 168). Para Laplanche (1999a), pelo contrário, "os objetos-fonte da pulsão" (p. 129) surgem, precisamente, daquilo que Freud retratou como as carícias e os beijos da mãe.

Resumindo e simplificando um pouco, para Freud, a pulsão vem de dentro, mas, para Laplanche, ela vem de fora. Os bebês não podem compreender o completo significado das mensagens dos pais: eles as recebem, mas não sabem o que fazer com elas. Em situações de frustração ou excitação, elas são reativadas na forma de significantes traumatizantes aos quais o bebê deve se ligar. Se ele falha, esses significantes ou *Ding-Vorstellungen* (*représentations de chose* ou representações-coisa) se transformam em *Vorstellungs-Dinge* (*représentations-choses* ou coisas-representação) ou "significantes dessignificados". Os termos franceses foram inventados por Laplanche (1999a, p. 97). *Ding-Vorstellungen* decorre de Freud (1915c, p. 202), enquanto *Vorstellungs-Dinge* é a minha tradução para o segundo termo de Laplanche.

Nic e Tina pareciam atormentados por *représentations-choses*. Poderíamos traduzi-los em 'Ai, tira, machuca, mau, pânico, o que isso quer, manejo terrível'. Ambas Tessie e Nathalie eram mães amorosas, angustiadas e irritadas. Isso dificultou para seus bebês a criação de *représentations de chose* de, por exemplo, 'a voz agradável da mamãe' ou 'o cheiro agradável da mamãe' ou 'a mamãe fica irritada quando eu grito'. Se tais representações tivessem se desenvolvido, posteriormente, elas se tornariam reprimidas e contribuiriam para o desenvolvimento da sexualidade genital adulta desses bebês. No entanto, uma vez que *représentations-choses* ficam atrofiadas em virtude da interação complicada, elas permanecem enigmáticas para a criança. No Capítulo 6, falei de alguns termos que significam essas experiências, como o termo de Freud "*Wahrnehmungszeichen*" ou "signos de percepção" (1892-1899/1950, p. 234). Laplanche coloca as suas *représentations-choses* em pé de igualdade com o termo de Freud. Elas também correspondem a situações em que as *representações primárias* (Capítulo 2) permanecem atrofiadas em seu desenvolvimento para acabarem em repressão primária, conforme descrito no Capítulo 8. O *elemento beta de Bion* (1962a) é outro termo que descreve fenômenos semelhantes. Quando as mensagens da mãe não transmitem nada além de "energia ou excitação" (Laplanche, 1999b, p. 106), elas se tornam traumatizantes. Nos termos de Bion, a mãe não pode conter os elementos beta da criança e a criança é traumatizada – como Nic e Tina quando eu os conheci. O objetivo da análise pais-bebê é ajudar esses bebês a transformarem as suas *représentations-choses* em signos mais compreensíveis e inequívocos. Isso pode ajudar a desenvolver a sua sexualidade infantil.

Conclusões clínicas

"A sexualidade infantil tem algo a ver com os bebês?" A minha resposta é afirmativa. Procurei mostrar o valor do conceito quando buscamos entender os distúrbios na relação mãe-bebê na prática clínica. O meu grande exemplo de como isso pode influenciar o mundo adulto foi a minha expressão "encantado" quando estava com Frida. Os meus principais exemplos de bebês foram como os problemas de amamentação de Tina de Nic perturbaram o desenvolvimento de uma forte sexualidade infantil. Para ser sincero, especulei sobre a sexualidade desses bebês. Como afirmado anteriormente, o próprio Freud foi cauteloso sobre demonstrar as manifestações sexuais em crianças. Quando uso a prática mãe-bebê para dar suporte aos meus argumentos, evidentemente, confio nas interpretações. No entanto, eu diria que essa restrição se aplica a qualquer esforço sistemático para compreender as emoções por trás de um comportamento de um bebê, seja em laboratório, tratamento com crianças ou psicanálise com adultos.

Algumas mães experimentam a amamentação como repugnante, prazerosa ou provocante. Conflitos em torno de compartilhamento, autonomia, prazer e dependência podem ser coloridos por conflitos maternos a respeito da sexualidade infantil. Isso arrasta o bebê para um conflito sexual próprio, por exemplo, como desfrutar a mãe enquanto ainda sente a sua ambivalência.

Os bebês mais velhos, prontos para o desmame, não suportam perder o seu único conforto imaginável, o seio. Eles se agarram a ele quando a ambivalência aparece neles ou na mãe. Do ponto de vista da sexualidade do bebê, o seio da mãe é tanto sedutor e reconfortante como um obstáculo frustrante para alcançar a separação e a individuação. Vimos exemplos disso nos casos de Karen (Capítulo 4) e Tom (Capítulo 8).

Concluo que temos boas razões para investigar a sexualidade infantil em distúrbios na relação mãe-bebê ou "preocupações de bebê", como choro, insônia, problemas com a amamentação ou depressão e ansiedade maternas. Sugiro que esses problemas podem envolver a sexualidade infantil da mãe e do bebê. Os dois estão envolvidos em um intercurso sexual, isto é, no sentido psicanalítico do termo. A sexualidade da mãe está totalmente desenvolvida, enquanto a do bebê está apenas nascendo. Se quisermos entender melhor a sexualidade infantil que emerge nesse relacionamento assimétrico, os tratamentos mãe-bebê oferecem um rico material.

10. Conceitos clássicos revisitados III – transferência

Nos dois capítulos anteriores, vimos que a sexualidade infantil e a repressão primária podem ser conceitos valiosos para a compreensão – a partir de uma perspectiva psicanalítica – do desenvolvimento normal e patológico de um bebê. Chegamos, agora, ao conceito de transferência. Nós, psicanalistas, investigamos como partes conscientes e inconscientes da mente do paciente interagem: entre elas e com as partes correspondentes da mente do analista. As contribuições do paciente para essa interação, especialmente aquelas que emanam do seu inconsciente, chamamos de *transferência*. Nosso método clínico tem como objetivo investigá-la e resolvê-la na medida do possível: "É nesse campo [da transferência] que a vitória deve ser conquistada" (Freud, 1912a, p. 108). Qualquer método chamado psicanalítico deve, assim, dar conta de como a transferência aparece e como o psicoterapeuta trabalha com ela. Isso é verdade se pretendermos resolvê-la de forma mais completa na psicanálise clássica ou em menor medida na psicoterapia breve.

Quando os pais procuram ajuda para as preocupações de bebê, eles podem demonstrar, como qualquer outro paciente, transferências em relação ao psicoterapeuta (Fraiberg, 1980). Podemos falar em transferência também no *bebê*? Vou discutir três respostas possíveis: (1) não, ela não existe, (2) sim, ela às vezes existe e é, portanto, um fenômeno supérfluo com o qual o analista não precisa se ocupar, e (3) sim, ela às vezes existe e, quando isso ocorre, precisamos abordá-la por meio de algum tipo de intervenção analítica. Se (1) é o caso, é preciso desvendar as situações em que, erroneamente, acreditamos que a transferência da criança está presente. Se (2) é o caso, isto é, se as interações da criança com o analista são coloridas por impulsos e afetos inconscientes, devemos tentar compreender como eles estão conectados com os sintomas do bebê, ainda que nos abstenhamos de lidar com a relação específica do bebê conosco. Se (3) é o caso, também temos de nos perguntar como lidar com a transferência do bebê.

Já se afirmou (Flink, 2001) que o bebê não está ativamente envolvido na psicoterapia, uma vez que ele não entende as comunicações verbais. De acordo com essa objeção, que foi discutida ao longo deste livro, as nossas intervenções com os pais seriam incompreensíveis para o bebê, que permaneceria alheio ao tratamento. Assim, nenhum impulso o levaria a criar imagens inconscientes do clínico. Na terminologia clássica, nenhuma catexia libidinal ou destrutiva seria dirigida ao psicoterapeuta. Em uma linguagem de relação de objeto, ele não formaria qualquer objeto interno inconsciente relacionado ao psicoterapeuta. Em suma, nenhuma transferência surgiria.

Os autores clássicos em psicoterapia pais-bebê (Cramer & Palacio Espasa, 1993; Fraiberg Et Al., 1975; Lebovici & Stoléru, 2003) enxergam o bebê como ativamente envolvido na psicoterapia. Ele é o "paciente que não pode falar" e, portanto, precisa de "porta-vozes articulados" (Fraiberg, 1987, p. 102), ou seja, um psicoterapeuta. No entanto, como a minha revisão da literatura em breve indicará, quando se trata de transferência – a dimensão inconsciente do relacionamento do paciente com o psicoterapeuta – eles referem-se, na maioria das vezes, à dos pais e não à do bebê. Assim, eles votariam, provavelmente, na opção (2). Eles reconheceriam a existência de uma parte inconsciente da mente do bebê, mas se concentrariam em como ele é influenciado pelo "fantasma no quarto do bebê" parental (Fraiberg et al., 1975). Eles explicariam que a "realidade interna da mãe, o seu inconsciente, constitui o primeiro mundo oferecido ao bebê" (Lebovici & Stoléru, 2003, p. 279) e que isso, por vezes, leva à patologia do bebê. Eles também argumentam que o tratamento tem por objetivo libertar a relação mãe-bebê de "distorções projetivas" (Cramer & Palacio Espasa, 1993, p. 82). *Nota bene*: esse termo se refere às projeções da mãe na criança ou no psicoterapeuta, não às projeções da criança em relação ao psicoterapeuta.

Em princípio, a tarefa de demonstrar a transferência *parental* em psicoterapia pais-bebê não difere de outras psicoterapias. É tudo uma questão de escolher o método de investigação apropriado. Já se sabia, desde antes de Freud, que as relações humanas são influenciadas por fatores inconscientes. A sua contribuição específica foi descobrir a existência desse processo na situação psicoterapêutica, nomeá-lo transferência, rastrear as suas origens infantis e estudar as suas conexões com os resultados. Isso se tornou possível uma vez que ele inventou um instrumento para estudar e lidar com ela: o método psicanalítico. Como analistas, oferecemos amplas possibilidades para que o paciente crie distorções projetivas sobre nós, prestamos atenção a elas, refletimos sobre sua conexão com o sofrimento emocional e, então, transformamos as nossas reflexões em intervenções dirigidas a ele. Isso é o que os psicoterapeutas fazem todos os dias em seus consultórios. Discutir a transferência em conexão com um *bebê* em psicoterapia é mais complicado. Como no trabalho com adultos, precisaríamos permitir que o bebê criasse distorções projetivas a nosso respeito, prestar atenção a elas, entrever suas conexões com o seu sofrimento e falar com ele sobre isso. Mas, já que ele não pode nos dizer como nos experimenta e as suas comunicações são menos explícitas e mais difíceis de interpretar que os comentários verbais adultos, como isso seria possível?

Nos casos que apresentarei agora, usei o método MIP como descrito ao longo deste livro. Procuro construir um relacionamento com os pais *e* o bebê e dar igual atenção a eles. As comunicações do adulto contribuem para a dinâmica do campo analítico (Baranger & Baranger, 2009; Civitarese, 2008; Ferro & Basile, 2011), mas as comunicações não verbais do bebê também são importantes: não só porque contribuem para a atmosfera da sessão, mas também porque podem representar os seus esforços para se comunicar com a mãe e comigo. Mas – até agora as minhas descrições do MIP só abordaram a necessidade de se relacionar com o bebê e prestar atenção às suas comunicações –, elas não optaram por nenhuma das minhas três respostas sobre a transferência infantil.

Ao longo dos anos, observei que um bebê, por vezes, se relacionada comigo de uma forma colorida por intensas emoções negativas. Às vezes, elas são restritas a mim, enquanto ele mantém uma atitude de confiança em relação aos seus pais. Isso deu origem à hipótese de que as suas emoções relacionadas a mim podem refletir a transferência. Em outras palavras, ele pode abrigar impulsos inconscientes com os quais vem lutando por conta própria e que, até agora, ficaram disfarçados como sintomas funcionais, como distúrbios do sono ou problemas com a amamentação. Pensei que o bebê, talvez, estivesse reencaminhando esses impulsos a mim e que isso explicava por que ele me temia. Se essa hipótese se mostrasse sustentável, eu sugeriria, ainda, que a transferência do bebê pode ser usada como um conceito para a compreensão de suas angústias. Talvez até seja possível amenizá-las de forma semelhante à que fazemos com os pacientes adultos: por meio de intervenções que trabalham a transferência. Se assim for, a questão é como isso pode ser feito com crianças não verbais.

Abordarei as seguintes questões, que resultam das três opções que formulei acima: a transferência é relevante para descrever a relação de um bebê com o analista? Se a resposta for "sim, mas apenas em determinadas situações", o que as caracteriza? Precisamos falar com os pais ou com a criança sobre isso? Se optamos por nos dirigir ao bebê, como tal técnica difere de outras psicoterapias pais-bebê?

Este capítulo centra-se em três casos. O primeiro prepara o terreno para a discussão teórica: durante a sua primeira consulta, Jennifer, uma menina de 1 ano e meio de idade, ficou com medo de mim de repente, mantendo uma relação de confiança com os seus pais no consultório. Isso despertou as minhas reflexões sobre a transferência dos bebês. Para investigar se fenômeno semelhante ocorre com bebês mais jovens, o segundo caso é de um menino de 7 meses de idade, David, que evitou olhar para mim. No terceiro caso, Vance, um menino de 9 meses, ficou com medo de mim assim que o seu pai se sentiu desconfortável em relação a mim. Como essa transferência paterna foi resolvida, o menino se acalmou. Isso foi logo substituído por outro tipo de medo, que já não parecia conectado com o desconforto do seu pai. Ao contrário, ele refletiu algum problema internalizado do menino. O caso de Vance despertou as minhas reflexões sobre transferência "direta" e "indireta".

Caso 1 – Jennifer, 18 meses

Fui contatado pelos pais de Jennifer por causa de sua insônia ao longo dos seus poucos meses de vida. Eles me disseram que ela, provavelmente, não tinha nenhum pesadelo, mas acordava várias vezes em lágrimas. Um remédio leve para o sono tinha sido de pouca ajuda. As investigações pediátricas não conseguiram detectar quaisquer problemas médicos subjacentes. Na primeira sessão, a mãe parecia triste, mas disse: "Eu só estou exausta". Ela era confiante e amigável, embora eu não tivesse chegado perto dela. O pai estava gravemente preocupado com o bebê e com a saúde de sua esposa. Notei algo estranho na contratransferência: de repente, fui tomado por uma sensação desagradável em relação ao pai. Essa experiência breve e incompreensível foi sentida como um corpo estranho em minha psique, já que ele parecia um pai amigável e preocupado e eu não tinha nenhuma informação que contradissesse essas impressões. Durante a entrevista, conversei com os pais e transmiti a minha empatia em relação ao problema que me contaram. De vez em quando, me virava para Jennifer:

Analista: A mamãe e o papai me disseram que você não dorme bem. Eles estão tão preocupados. Deve ser difícil para você não conseguir dormir.

Jennifer olhou para mim com seriedade e, talvez, tristeza. A minha impressão contrastava com a descrição dela feita pelos pais de um bebê alegre. Eles tinham usado todos os seus recursos para lidar com a insônia dela. Continuamos falando sobre esse assunto enquanto eu, de vez em quando, olhava para Jennifer e comentava sobre o que seus pais estavam me dizendo. De repente, um terror apareceu no rosto de Jennifer enquanto ela me olhava. Não fui capaz de identificar qualquer intercâmbio ou evento que pudesse explicar essa mudança dramática. Ela começou a gritar "Fora, fora" e correu para a porta. Os pais, chocados, tentaram consolá-la em vão.

Por que Jennifer, subitamente, ficou com medo de mim? Podemos sugerir que isso refletia um medo geral, mas os pais nunca tinham visto tal coisa anteriormente. Em alternativa, isso poderia ter surgido por conta de timidez ou prudência gerais. No entanto, via de regra, ela era uma menina alegre. Dado que não encontrei nenhum evento na sessão para explicar o seu terror, a minha hipótese foi que isso tinha vindo de experiências anteriores. No início da sessão, ela foi capaz de mantê-las como representações inconscientes, mas, depois de um tempo, de repente, elas surgiram e se conectaram a mim. Como analistas, temos experiências diárias de falta de coerência entre a forma como nos comportamos com o paciente e como ele nos experimenta. Rotulamos esses casos como manifestações da transferência. Portanto, indaguei se poderia conceituar o medo de Jennifer de forma semelhante. Se isso se provasse, forças inconscientes estavam ativas, não só em relação a mim, mas talvez também em conexão com a sua insônia e a minha transitória contratransferência em relação ao pai. O tratamento mãe-bebê que se seguiu permitiu investigar essas questões. Infelizmente, a mãe retomaria o trabalho em alguns meses, o que nos obrigou a definir um tempo-limite para a nossa investigação.

A segunda sessão, somente com mãe e filha, começou com Jennifer olhando para mim em pânico e tentando escapar para a sala de espera. A mãe foi pega de surpresa e teve dificuldade para fazê-la ficar. Nesse momento, precisei decidir de qual porta de entrada (Stern, 1995) me aproximar. Poderíamos considerar que o pânico de Jennifer refletiu o desconforto de sua mãe em vir para a sessão. Se assim for, a menina foi alvo de projeções da mãe. Eu poderia abordar essas questões diretamente com a mãe ("Como você se sentiu vindo aqui hoje?") ou com a menina ("Talvez a mamãe estivesse um pouco apreensiva em vir aqui hoje"). Outra entrada seria falar com Jennifer sobre o seu medo de chegar a um lugar desconhecido ("Não é fácil chegar a um novo lugar"). As duas últimas opções implicariam abordar a menina sem falar diretamente sobre como ela estava me experimentando. Toda vez que recordava o seu olhar aterrorizado para mim durante a nossa primeira consulta, eu pensava que o "ponto alto" seria falar com ela sobre esse medo, embora não soubesse quais eram as suas origens.

> Analista: Você está com muito medo de mim, Jennifer. Você não sabe por que, nem eu, mas eu sei que é terrível ter medo. Você realmente quer se livrar desse susto. Espero que eu possa ajudá-la com isso.

Enquanto eu falava, Jennifer se acalmou lentamente. Pedi que a mãe me contasse mais sobre como havia experimentado a situação atual. Ela começou a falar espontaneamente sobre o parto. Uma cesariana de emergência foi necessária em virtude do parto prolongado. Ela sentiu que a equipe a tinha rejeitado quando lhes pediu ajuda. Quando Jennifer tinha 3 meses, alguns problemas com a amamentação surgiram por causa de dor nos mamilos. Ao falar sobre isso, ela parecia reprimida. Apontei o contraste entre as suas experiências dolorosas e o falar de forma moderada. Ela não fez nenhum comentário sobre isso. No fim, a minha impressão foi de que as palavras da mãe não tiveram impacto sobre a menina, enquanto a minha atenção ao seu pânico a fez relaxar lentamente.

Na terceira sessão, Jennifer entrou em pânico mais uma vez. Uma diarreia com um cheiro forte sujou-lhe as calças. Depois que a mãe trocou sua fralda e suas roupas, me dirigi a Jennifer.

Analista: Talvez você queira se livrar do seu "susto" fazendo cocô, mas agora o cheiro tornou-se assustador, também. Aqui é realmente assustador e você acha que eu sou assustador também.

Mais uma vez, eu estava falando com Jennifer sobre o seu medo em relação a *mim* – não sobre chegar a um novo local ou o fato de ela carregar a angústia projetada da mãe em relação a mim. Outra observação, a meu ver, sustentou que essa porta de entrada era relevante. Depois que eu tocava em um animal de brinquedo ou um móvel, ela se recusava a tocá-los. Ela queria sentar em uma cadeira pequena, mas o meu mero olhar para esta a fez recuar. Se tivesse ficado com medo dos brinquedos porque eram novos para ela, Jennifer os teria evitado sempre. No entanto, ela estava brincando com eles até eu tocá-los ou olhá-los. A partir de então, ela os ignorava.

Misturado com esses episódios, outro clima surgia, no qual Jennifer era alegre, empreendedora e fazia contato de forma cautelosa: ela colocou o seu próprio urso de pelúcia na cadeira temida e andou um pouco, sem saber onde colocá-la. Nessas ocasiões, ela olhava para mim alegremente. O contraste entre sua alegria e seu medo era impressionante. Na minha conversa com a mãe, apontei os diferentes temperamentos que elas tinham: Jennifer era alegre e comandava, enquanto a mãe era mais tímida e contida. Ela parecia não familiarizada e encantada com o entusiasmo de Jennifer. Ela era apaixonada pelo marido, um pai solidário e dedicado. Sentia-se satisfeita com a vida, com exceção da insônia da menina. As nossas conversas pouco mudaram o medo ou a insônia de Jennifer. Em contraste, os efeitos psicoterapêuticos pareciam acontecer quando eu me dirigia a Jennifer diretamente.

Após algumas sessões, Jennifer começou a relaxar. Ela se tornou travessa e bem-humorada. Por exemplo, ela brincava sobre quem decidiria se o seu urso de pelúcia se sentaria na sua cadeira, ela ou eu. Pode-se argumentar, em linha com um comentário crítico manifestado ao longo deste livro (por exemplo, em conexão com a Figura 1, do Capítulo 1), que este desenvolvimento positivo ocorreu porque *a mãe* se tornou mais relaxada na minha presença.

No entanto, o nosso relacionamento não mudou muito. Em contraste, Jennifer passou a confiar em mim e deu especial atenção às minhas intervenções. Isso não quer dizer que eu ignorava a mãe. Eu disse a ela como interpretava a insônia de Jennifer. Parecia que algum medo tinha se acumulado desde o início, cujas raízes talvez nunca entendamos. Jennifer só poderia expressá-lo por meio da sua insônia e, agora, como sugeri, por meio do seu medo em relação a mim. O pressuposto teórico foi que os objetos internos não assimilados a governavam. Embora o meu breve desconforto em relação ao pai, sentido na contratransferência, não tenha sido esclarecido nem discutido, silenciosamente, o interpretei como uma experiência semelhante aos temores de Jennifer. Refiro-me, especialmente, à sua qualidade de não assimilação ou falta de "alfabetização" (Ferro, 2006). Em outras palavras, o rosto do pai apareceu para mim, por um segundo, como um ícone assustador. Entendi que este tinha características semelhantes ao terror noturno da menina. Em termos de contratransferência, isso representava a minha identificação concordante (Racker, 1968) com Jennifer, um conceito discutido nos Capítulos 1 e 6. Com isso, *não* afirmo que ela acordasse porque temia o seu pai.

Portanto, nunca chegamos a conhecer quais experiências, se houverem, tinham precipitado os seus temores noturnos. O que importa é que eles não tinham sido adequadamente contidos inicialmente. Alcancei os efeitos psicoterapêuticos, principalmente, por restabelecer a conexão continente-contido. Isso lhe permitiu elaborar o medo que sentia por mim. Durante a nossa 24ª sessão, ele desapareceu completamente, enquanto a sua insônia foi significativamente reduzida. Três anos depois, entrei em contato com os pais para pedir permissão para publicar o material. Eles consentiram e acrescentaram que, desde os 3 anos de idade, Jennifer dorme bem a noite inteira. Eles acreditavam que isso se devia apenas em parte à psicanálise e mencionaram uma alergia à proteína do leite como fator contribuinte para a insônia. Eles não acreditavam que ela havia tido quaisquer temores, uma declaração em gritante contraste com as minhas impressões clínicas. Os comentários deles pareciam indicar uma mistura de transferência negativa não resolvida e gratidão.

Agora, vou usar o caso para abordar as nossas perguntas iniciais sobre a transferência infantil. Primeiro, vou estudar como o conceito de transferência tem sido usado na literatura psicanalítica com crianças.

A controvérsia Freud-Klein e a questão da transferência da criança

Como Laplanche e Pontalis (1973) observam, o conceito de transferência é problemático. Para alguns analistas, notadamente kleinianos, transferência diz respeito a todo fenômeno que ocorre na relação do paciente com o psicanalista. Outros analistas usam definições mais estreitas. O comum a todos é que eles se referem a situações em que os desejos inconscientes constituídos de "protótipos infantis" (p. 455) são efetivados na relação analista--analisando. Essa definição ainda deixa questões importantes sem resposta: em primeiro lugar, a transferência ocorre em todas as relações ou apenas na analítica? Então, Jennifer também temia outras pessoas? Em segundo lugar, frequentemente, alega-se que a transferência é "irrealista" (p. 456) no que diz respeito ao conteúdo e à extensão. Mas, talvez, isso meramente reflita a "irrealidade" da situação analítica? Talvez o medo de Jennifer tenha sido, simplesmente, uma reação ao meu comportamento "assustador" ou não familiar? Terceiro, se o seu medo atual foi construído sobre experiências aterrorizantes anteriores, como sabemos sobre as conexões entre o passado e o presente? Freud (1914) falou de experiências que "ocorreram muito cedo na infância e não foram compreendidas na época, mas foram compreendidas e interpretadas posteriormente" (p. 149). Ele supôs que, mesmo que elas possam ser entendidas *après-coup* no processo analítico, o paciente nunca poderá recuperá-las. Se assim for, seria impossível escavar as raízes do medo de Jennifer. Alternativamente, isso pode indicar uma neurose traumática, em que o "fator do deslocamento" (Freud, 1916-1917, p. 363) não obtve sucesso em assimilar a excitação. Se assim for, é preciso investigar as fontes do trauma e como elas apareceram hoje como transferência.

Vamos abordar essas questões com o caso de Jennifer. Quanto à primeira, os pais alegaram que ela confiava em outras pessoas e que o seu medo aparecia apenas comigo. Quanto à segunda questão, mantive uma atitude psicanalítica na qual eu era simpático, atencioso e espontâneo em vez de "assustador". Isso torna difícil explicar por que eu não podia sequer olhar para um dos brinquedos sem ela tivesse ataques de pânico. Terceira, os pais negaram qualquer trauma anterior e só relataram a sua insônia. A única explicação plausível deve ser que um problema emocional não resolvido estava, agora, deslocado como um medo em relação a mim. Protótipos infantis foram, assim, efetivados em nosso relacionamento e as condições foram cumpridas para nomearmos o seu temor como uma transferência.

Neste ponto, pode-se objetar que a transferência se refere a uma coloração *mantida* por uma relação de objeto, não a um medo temporário. Essa objeção diz respeito à controvérsia Freud-Klein em relação à análise com crianças (Winberg Salomonsson, 1997). Anna Freud (1926) argumentou que a transferência não pode ocorrer com crianças pequenas dado que suas vidas internas e seus processos inconscientes não estão suficientemente desenvolvidos. Ela se referia, principalmente, à neurose de transferência, que ela duvidava que existisse em crianças pequenas. Quanto a Melanie Klein, ela utilizou muito o termo "situação de transferência" (Petot, 1990, p. 139), que se refere a todas as fantasias inconscientes que estão "enraizadas nas fases iniciais do desenvolvimento e nas camadas mais profundas do inconsciente" (Klein, 1952, p. 55). O problema de diferenciar essas fantasias das relações realistas é que, na mente da criança, "toda experiência externa está entrelaçada com as suas fantasias" (p. 54). Nas palavras de Petot, "quando a criança vem para a análise, as suas relações 'reais' com os objetos reais já são, num certo sentido, relações de transferência [...] a atitude de uma criança de 3 anos de idade com os seus pais não é determinada pela realidade da atitude deles, mas por uma imago interna, uma representação imaginária ou distorcida dos pais" (p. 142). Petot refere-se a situações em que os objetos internos, especialmente os ruins e destrutivos, são projetados no psicoterapeuta.

As visões de Klein foram modificadas pelos pós-kleinianos (Spillius, 1983). Por exemplo, eles passaram a se concentrar mais em uma análise detalhada da interação paciente-analista, com uma inclusão cada vez maior da perspectiva da contratransferência. Isso está implícito no termo "transferência como situação total" (Joseph, 1985). Da mesma forma, Anna Freud (1965) modificou a sua "opinião anterior de que a transferência na infância é restrita a 'reações de transferência' individuais e não desenvolve para o *status* completo de uma 'neurose de transferência'" (p. 36). O grupo freudiano contemporâneo reconhece "as influências internas mais iniciais do desenvolvimento da criança [...] [e] a existência de fantasias de transferência, angústias e resistências desde o início da análise" (Sandler & Sandler, 1994, p. 387), bem como o impacto da contratransferência (Piene, Auestad, Lange, & Leira, 1983) e da transferência negativa (Anthony, 1986).

Independentemente de concordarmos com a visão kleiniana ou freudiana contemporânea, uma questão permanece: quando a transferência começa? Se um bebê de um dia de vida está gritando no seio, isso expressa uma transferência materna negativa? Isso soa muito forçado. Que tal um bebê gritando com o psicoterapeuta? O requisito mínimo para falar de transferência é que o bebê tenha desenvolvido um relacionamento com o analista. Essa condição foi cumprida no caso de Jennifer. No entanto, como Anna Freud talvez objetasse, não poderíamos confirmar nem negar a transferência no caso dela, porque, sem as associações livres, não teríamos a ferramenta de investigação necessária.

A solução para esse dilema é, na minha opinião, parafrasear Klein e sugerir que fenômenos *do tipo transferenciais* operam "ao longo da vida e influenciam todas as relações humanas" (Klein, 1952, p. 48), ao passo que podemos falar de *transferência* somente quando pudermos investigá-la com precisão, isto é, na situação analítica. Esse ponto de vista é coincidente com o de Muir (1991). Ela restringe a transferência aos "aspectos da relação primária que são atuais e não resolvidos, que também são extraídos da situação familiar e *projetados na relação psicoterapêutica*" (p. 66, grifos meus). Na verdade, nós, psicoterapeutas, estabelecemos uma relação com o paciente com o objetivo específico de cultivar a transferência. Fazemos isso mantendo o enquadre e prestando muita atenção às comunicações do paciente e à nossa contratransferência. Assim, a transferência é sugada para dentro da situação analítica "como um aspirador de pó" (Cohen & Hahn, 2000, p. 2). A interação entre transferência e contratransferência estimula a regressão e coloca o analisando de qualquer idade em um "papel formalmente infantil" (Stone, 1961, p. 21).

Para ilustrar os dois conceitos: se um bebê começa a chorar para um estranho no ônibus, poderíamos, no máximo, chamar isso de fenômeno do tipo transferencial. Em contraste, o medo de Jennifer surgiu no *setting* psicanalítico. Assim, ele *pode* refletir a transferência, uma conjectura que eu poderia investigar em um processo psicanalítico. Tendo delimitado o termo transferência à situação analítica, temos outro problema: em que medida uma criança é capaz de estender fantasias ao analista? Para um pós-kleiniano como Meltzer (1967), a resposta é evidente: o "fluir e a fluidez" (p. 4) das relações de objeto interno de uma criança as tornam propensas à transferência. Em contraste, Anna Freud afirmou que, dado que a criança tem o seu "relacionamento ou fantasia passado firmemente fixado na pessoa dos pais" (Sandler, Kennedy, & Tyson, 1990, p. 92), ela não pode catexizar o analista. No entanto, se Anna Freud estava certa, por que Jennifer teve medo de mim? Concluo que o medo dela poderia ser resultado de um processo pelo qual ela estava deslocando afetos que estavam conectados com as suas *experiências* de pessoas ao redor dela, em essência, os pais. Os itálicos enfatizam que não me refiro aos seus pais verdadeiros, mas aos objetos internos como emergiram na relação continente-contido comigo. Esses afetos eram estranhos e possivelmente conectados com o seu distúrbio do sono. A minha atenção amigável, embora psicanaliticamente neutra, fez com que eles surgissem renovados, mas também prometeu-lhes continência. Esse duplo motor a levou a se comportar como qualquer paciente em psicoterapia: ela transferiu a sua angústia para o nosso relacionamento.

Em contraste, evito o termo neurose de transferência, uma vez que, historicamente, este se refere a pacientes mais velhos. No caso de Jennifer, rotulei o seu medo em relação a mim como uma transferência infantil *direta* e *estável*, na qual ela projetou em mim um objeto interno ruim. Enquanto eu era o alvo das suas projeções, ela me temia. Por outro lado, ela projetava em seus pais o objeto interno bom, como quando ela correu para a mãe pedindo proteção. O termo "direta" refere-se ao fato de que a sua transferência não se fez presente via transferência da mãe. Não havia sinais de que a mãe me temia. Para resumir, o medo de Jennifer significou uma transferência infantil que conseguimos resolver por meio de diálogos e brincadeiras. Nosso trabalho também fez a mãe ficar mais relaxada e compreender o temperamento de Jennifer, mas a maior parte se deveu à comunicação direta com a menina.

Para concluir, a transferência parecia ser um termo relevante para descrever o medo de Jennifer. Ela apareceu no início do tratamento, quando os objetos internos negativos foram projetados em mim. Resultados significativos foram alcançados por meio da continência do medo da menina. Vou adiar a investigação sobre como a minha técnica diferiu dos métodos de outros autores até que tenha investigado como eles veem os bebês e a transferência. Farei isso depois de ter respondido uma nova pergunta que emergiu no caso de Jennifer. Ela tinha 18 meses de idade e falou algumas palavras. A transferência ocorre em crianças menores? Vou abordar essa questão com o caso de um menino de 7 meses de idade.

Caso 2 – David, 7 meses

Quando a mãe de David, Irene, me contatou por telefone, ela explicou que estava preocupada porque o seu filho estava evitando os olhos dela desde quando tinha 4 meses de idade. A psicoterapia mãe-bebê que se seguiu durou cinco meses, com sessões duas vezes por semana e, depois, uma vez por semana. Ao todo, trabalhamos por 39 horas. A psicoterapia inteira foi gravada em vídeo com o consentimento da mãe. O objetivo é documentar para mim mesmo o tratamento, a fim de estudar o processo analítico.

Quando nos encontramos pela primeira vez, Irene me diz que David nasceu de cesariana em virtude de uma apresentação pélvica – o feto não estava na posição correta. "Talvez isto o tenha afetado negativamente, embora eu não saiba como!" Com 2 meses de idade, ele teve uma infecção viral e foi hospitalizado: "Eu não tinha entendido o quanto ele estava mal! Foi terrível vê-lo com todos aqueles tubos e máquinas". Depois de alguns dias, eles voltaram para casa e David ficou bom, mas, com 4 meses, ele começou a evitar os olhos dela, enquanto continuava olhando para os outros membros da família.

Durante nosso primeiro encontro, David mama calmamente enquanto brinca com a mão de sua mãe. Ele nunca olha em seus olhos, mas, muitas vezes, *me* dá longos sorrisos felizes. Irene não parece deprimida, mas fala de sua dor, sua culpa e seu estresse em cuidar de seus filhos. Seu marido, diz ela, não entende a profundidade do problema de David. Na sessão seguinte, ela fala sobre as suas premonições durante a gravidez. Ela temia que as suas preocupações com o filho mais velho pudessem prejudicar o feto. "É por isso que David nasceu com um franzido em sua testa." Enquanto ela falava, David evitava os seus olhos constantemente. Em desespero, ela lhe pergunta:

"O que eu fiz de errado para você!?". Grande parte da psicoterapia que se seguiu centrou-se em sua culpa, sua frustração e sua humilhação a respeito dessas questões.

Durante uma sessão na terceira semana, David está olhando feliz para mim enquanto evita os olhos da mãe. É humilhante para ela e desconcertante para mim. Sinto que ele está me tornando o seu favorito. Sugiro a ambos algumas imagens que entram na minha mente: eles parecem dois ímãs com os polos iguais se repelindo. David olha atentamente para os meus gestos que acompanham a fala. Quando, por frustração, sugiro que Irene seja mais ativa na captura do olhar do menino, isso só o leva a rejeitá-la ainda mais. Ao final da sessão, me sinto ainda mais frustrado com sua consistente fuga em relação à mãe.

Analista para David: Bem, David, alguém poderia realmente ficar bravo com você quando não olha nos olhos da mamãe.

Como consequência da minha frustração contratransferencial não assimilada, ao dizer a palavra "bravo", bato a minha mão suavemente sobre a pequena mesa entre nós. Ele leva um susto e chora brevemente.

Analista: David, você ficou com medo de mim. Você vê, eu me sinto tão pequeno e fraco quando não posso ajudá-lo a entrar em contato com a mamãe. É por isso que eu bati na mesa e você ficou com medo.

O menino se acalma e eu continuo.

Analista para mãe: É fácil perceber a sua culpa quando ele está te evitando. Eu mesmo provei a culpa agora – e a reprovação dele também!

Na sessão seguinte, o menino claramente evita os *meus* olhos.

Analista para David: Você não quer olhar para mim hoje.

Mãe: Recebi bastante resposta de David desde que estivemos aqui no outro dia. Se eu dizia: "David, olhe aqui", ele não se virava para mim. Mas, agora, ele olha nos meus olhos. (Mãe o levanta e procura os seus olhos, mas ele a evita.)

A para D (ele está literalmente virando de costas para mim): Você realmente quer decidir se vai olhar para mim ou não, não quer?

M: Sim, claro! Quando chegamos em casa depois da sessão anterior, ele teve dificuldade para cair no sono. Incomum! Era uma reação ao que aconteceu aqui? Ou ele estava cansado? Eu não sei.

A: Eu quero ouvir você, Irene, mas primeiro gostaria de dizer uma coisa para você, David. Você está olhando para longe de mim, talvez porque nós não nos vimos por um tempo, desde quinta-feira passada.

D: Aaah.

A: Aaah. Da última vez, eu bati na mesa (ele olha feliz para mim por alguns segundos) e você se assustou. Agora, você está olhando para mim. A mamãe disse que você estava de mau humor depois da última vez que nos encontramos. "Björn bobo" bateu na mesa. Então, o Björn bobo foi embora. Agora que você voltou para mim com a mamãe, você está olhando para longe de mim. Isso é fácil de entender. (Ele olha para mim um pouco mais longamente.)

M sorrindo para D: Foi isso, David?

A para D: Aconteceu o mesmo quando você era pequeno, David? (Ele olha feliz para os meus olhos.) A mamãe tinha tantas coisas com o que se preocupar...

D: Hehe.

A: Sim, e a gente pode virar a cara quando está triste e decepcionado. Quando alguém virou a cara para outra pessoa, se torna desagradável olhá-la nos olhos.

M sorrindo para D: Foi isso, David, foi isso?

Escrevi esse caso para investigar se fenômenos semelhantes ao medo de Jennifer podem ocorrer em crianças mais jovens. Uma diferença é óbvia: seu medo em relação a mim foi persistente, ao passo que o evitamento de Davi foi temporário. O seu impacto foi forte o suficiente para merecer o rótulo de transferência? Pode-se dizer que ele simplesmente representou um "modo habitual de se relacionar" (Sandler et al., 1990, p. 80). No entanto, David olhou facilmente outras pessoas nos olhos, incluindo eu mesmo, com exceção da sessão que transcrevi. Também, pode-se dizer que isso é, simplesmente, resultado de uma representação da contratransferência. Isso era verdade, mas, como por outro lado ele evitava a mãe consistentemente, cheguei a outra conclusão: ele me evitou porque eu vim a *temporariamente representar um objeto interno que ele, de outra forma, projetava na sua mãe*. Como no caso de Jennifer, portanto, rotulei o seu evitamento em me olhar como uma transferência negativa *direta*. Diferentemente do caso de Jennifer, isso foi breve e contrastou com uma predominante transferência positiva ou mesmo idealizada, caracterizada pelo seu constante sorriso para mim, enquanto evitava a mãe.

O caso de David ilustra que a transferência também pode ocorrer em bebês. O seu evitamento não reflete, simplesmente, uma transferência que se intensificou quando bati na mesa. Parecia, em vez disso, ser um ramo de problemas emocionais mais profundos. Está além do escopo deste capítulo explicar como eles foram resolvidos na análise. Basta dizer que o ponto de virada veio quando descobri que não só David evitava os olhos da mãe: ela também evitava os olhos *dele* na medida em que não exprimia os seus sentimentos por meio do seu olhar. Formulei isso para David em palavras simples: "Eu acredito que a mamãe é tímida. Ela não se atreve a mostrar os seus sentimentos". Quando falei assim, ele olhou rapidamente em meus olhos. A mãe confirmou que era uma pessoa tímida em geral. Essas sessões aqueceram o contato entre eles, aumentaram o contato visual e ajudaram a mãe a ser mais autoconfiante. O tratamento foi encerrado quando ele tinha 12 meses de idade. Desde então, recebi duas mensagens de Irene dizendo que o relacionamento deles, assim como o próprio David, estava se desenvolvendo bem.

Transferência em bebês – uma revisão da literatura

Veremos, agora, as opiniões de outros clínicos que trabalham com pais e bebês sobre a transferência. Em primeiro lugar, é preciso esclarecer a terminologia. A literatura psicanalítica está repleta de referências a "transferência infantil", desde que Abraham, em 1909 (Falzeder, 2002, p. 88), se referiu ao ressurgimento de atitudes infantis em pacientes adultos. Essa conotação ainda é válida. O termo refere-se a adultos ou crianças verbais e autísticas (Tustin, 1981). Para diferenciar, vou usar o termo *"transferência de bebê"* para os fenômenos discutidos aqui.

A maioria dos clínicos que trabalha com pais e bebês concorda que o componente central das psicoterapias é "entender como as experiências dos pais moldam suas percepções, seus sentimentos e seus comportamentos em relação à criança, com a criança contribuindo para as dificuldades de interação por meio de características físicas ou temperamentais que têm um significado particular para os pais" (Thomson-Salo, 2007, p. 962). Eles também concordam que as primeiras experiências podem colorir a relação dos pais com o psicoterapeuta, um fenômeno muitas vezes rotulado de transferência pais-psicoterapeuta. Em contraste, a transferência bebê-psicoterapeuta, como a descrevo, não é mencionada.

Quando Selma Fraiberg (1987) examina a transferência em análise com crianças (cap. 9), ela não exemplifica com casos de bebês. Os capítulos sobre "os fantasmas no quarto do bebê" (cap. 4), uma psicoterapia com um menino de 5 meses de idade (cap. 5), a mãe adolescente e o seu bebê (cap. 6) e as defesas patológicas na infância (cap. 7) tampouco se referem à transferência do bebê. O conceito refere-se aos pais, como quando um "psicoterapeuta que evoca os fantasmas adquirirá na transferência os atributos temíveis do fantasma" (p. 121). Da mesma forma, seus seguidores (Lieberman & Van Horn, 2008) exploram "como os problemas dos pais afetam seus sentimentos e seus comportamentos em relação à criança" (p. 65). Em contrapartida, a transferência de bebê não é explorada.

Daniel Stern (1995) estuda as "representações dos bebês vistas clinicamente" (p. 99). Seus exemplos referem-se, principalmente, às constelações, como microdepressão do bebê com uma mãe deprimida (idem) ou ele sendo o "reanimador" da família (p. 102). Stern aborda a importância das "representações de bebês como portal de entrada (imaginado)" (p. 134) para intervenções psicoterapêuticas. No entanto, não há relatos de relações bebê-psicoterapeuta específicas e nenhuma menção é feita à transferência de bebê.

Winnicott (1941) considerou possível o trabalho psicoterapêutico com mães e bebês em virtude da "fluidez da personalidade do bebê e [d]o fato de que os sentimentos e os processos inconscientes são formados então" (p. 232). Ele usou uma "situação definida" (p. 229), na qual ele e a mãe se abstiveram de contribuir para o intercâmbio clínico, "de modo que o que acontece pode, razoavelmente, ser creditado à criança" (p. 230). Ele, no entanto, não descreveu nada específico sobre a parte dos bebês em relação a ele: nem quando ilustra seus comportamentos na situação psicoterapêutica, nem quando trata uma menina incentivando-a a expressar a sua agressão em relação a ele.

O grupo pais-bebê do Centro Anna Freud (Baradon et al., 2005) exemplifica, com diálogos psicoterapeuta-bebê, que o bebê é um "parceiro no processo psicoterapêutico" (p. 79). O objetivo é "dar suporte para as comunicações [do bebê] [...] e representá-las para os seus pais" (p. 75). As vinhetas indicam que o psicoterapeuta tenta obter *contato* com o bebê em vez de resolver as transferências de bebê. Os conceitos de "transferência" (p. 119) e "matriz transferencial positiva e negativa" (p. 29) referem-se a como as relações dos pais com seus próprios pais aparecem em relação ao psicoterapeuta ou ao bebê. Transferências bebê-psicoterapeuta não são mencionadas.

Os clínicos da Tavistock trabalham mais explicitamente com as teorias kleinianas e bionianas. Um volume editado por Emanuel e Bradley (2008) ilustra o trabalho deles com crianças de até 5 anos. Entre as suas abundantes referências à transferência, nenhuma diz respeito ao tipo que estou discutindo. Os editores descrevem a propensão do bebê a identificações projetivas, pelas quais eles querem dizer aquelas dirigidas aos pais. O clínico também pode ser afetado por elas e usá-las para "considerar o seu impacto no seu próprio estado emocional, um indicador útil do estado mental do seu cliente" (p. 5). Não encontramos qualquer discussão sobre como elas podem influenciar a relação psicoterapeuta-bebê e, consequentemente, o termo transferência não ocorre nesse contexto. O processo de intervenção é descrito como uma tentativa do psicoterapeuta de "fazer contato com o bebê ou a criança, observando a sua brincadeira e tentando entender o significado de suas comunicações, enquanto envolve também os pais" (p. 6). Essa não é uma descrição de transferência de bebê. O psicoterapeuta deve ser "contido em abordar" a transferência, pela qual se entende, novamente, aquela emanando dos pais (p. 6). O mesmo uso da transferência em conexão com os pais, não os bebês, é óbvio em outro capítulo (Miller, 2008). O ponto de Miller é que temos um mandato limitado para trabalhar com a transferência, ou seja, a dos pais. De maneira similar à dos editores, ela vê a contratransferência como uma ferramenta valiosa para a compreensão dos dilemas da mãe e do bebê, mas as relações do bebê não são delineadas.

Outro volume da Clínica Tavistock concentra-se no trabalho com bebês (Pozzi-Monzo & Tydeman, 2007). Um capítulo de Paul e Thomson-Salo sobre o trabalho com bebês em grupos descreve como "os bebês transferem para nós e para os outros integrantes do grupo os sentimentos e as ideias que derivam de seus cuidadores. Os psicoterapeutas se tornam significativos para os bebês antes que as mães e a forma como as crianças, inicialmente, se comportam com nós dois [os psicoterapeutas] é transferida do modo como elas são com as mães" (p. 145). Isso indicaria exemplos de transferência de bebê como eu a defino. Por exemplo, um menino de 7 meses de idade tem uma relação conflituosa com sua mãe. Sorridente, ele toca a mão do psicoterapeuta e coloca o dedo na boca, ao que a mãe começa a brincar com ele. "Alguns bebês se relacionam positivamente conosco desde o início, como se tivessem deixado de lado as dificuldades com seus pais" (idem). No entanto, em contraste com minhas vinhetas, Paul e Thomson-Salo parecem não ter como objetivo interpretar ou resolver a transferência do bebê. Eles preferem usá-la como um trampolim para aprimorar o contato mãe-bebê.

É provável que o contraste entre mim e Paul e Thomson-Salo, em nosso uso do termo transferência, tenha a ver com preconcepções e técnicas. Pensa-se que os bebês deixam de lado suas dificuldades com os pais enquanto se relacionam positivamente com o psicoterapeuta, isso pode ser resumido a uma fórmula simplificada do que se passa na mente do bebê: 'A mamãe é má, mas você, Doutor, você é bom. É por isso que eu prefiro estar com você'. Na minha preconcepção, um bebê que tem dificuldades com a mãe está propenso a uma transferência negativa, de acordo com outra fórmula simplificada: 'Doutor, você é mau como a mamãe, ou seja, como eu, inconsciente e parcialmente, a experimento. É por isso que eu evito os seus olhos. Fazer isso pode até me ajudar a ficar mais relaxado com a mamãe'. A visão com a qual cada um se identifica depende de suas preconcepções. Isso também tem a ver com quanta atenção o analista presta à relação do bebê com ele e o quanto ele aceita que sentimentos negativos sejam dirigidos a ele. Essa questão está intimamente relacionada com a contratransferência, como visto na minha cena com David, quando bati na mesa.

Em outros trabalhos (Thomson-Salo, 2007; Thomson-Salo & Paul, 2001; Thomson-Salo et al., 1999), os pontos de vista dos clínicos de Melbourne chegam mais perto do meu, mas, como veremos, eles não são idênticos. A ideia deles de "trabalho direto com o bebê" é para permitir que os pais "vejam mais facilmente que as suas fantasias de terem danificado totalmente ou aniquilado o bebê não são realidade" (Thomson- Salo et al., 1999, p. 59). Uma clínica, Ann Morgan, sugere que as projeções dos pais podem afetar o bebê negativamente, que o psicoterapeuta deve fazer contato com o bebê para entender "a experiência a partir de dentro do mundo do bebê em vez de olhar de fora como se fosse inexplicável" (Thomson-Salo & Paul, 2001, p. 15) e que isso visa oferecer "ao bebê uma experiência (mais que a promessa de uma relação)" (p. 16). Isso é descrito em termos de um fascínio mútuo entre bebê e psicoterapeuta e como um elo entre os dois, no qual o bebê é visto "como um sujeito com os seus próprios direitos, o que, então, permite que uma lacuna seja criada entre a mãe e o bebê, um espaço que permite o crescimento" (p. 14). Essa lacuna será "um espaço transicional" (p. 16).

A razão pela qual uma lacuna não existia anteriormente no bebê é, muitas vezes, que os pais identificaram o bebê com "algum objeto interno na mente dos pais em vez de [terem construído] uma relação empática com o bebê" (p. 18). Uma vez que o psicoterapeuta cria o espaço, ele pode trabalhar com as projeções parentais e também "com o bebê para que a mãe o veja de forma diferente [...] o psicoterapeuta torna-se um continente para o ódio e as projeções tóxicas dos quais o bebê foi, anteriormente, o receptáculo" (idem). Embora essas publicações pareçam coincidir com a minha definição de transferência de bebê, noto uma diferença: um psicoterapeuta que faz uma conexão com um bebê não está, necessariamente, visando criar um *setting* em que a transferência da criança para ele possa florescer e ser discutida. Concordo plenamente que os bebês são "indivíduos com direito a uma intervenção em seu próprio favor " (Thomson-Salo, 2007, p. 961). A questão é se isso implica uma consideração – ou não consideração – das comunicações da criança a partir de uma perspectiva de transferência e se visa resolver tal transferência. A resposta é determinada por preconcepções do psicoterapeuta, como dito acima.

A última clínica anglo-saxã à qual vou me referir aqui é Stella Acquarone (2004). Ela considera "uma resistência por parte do psicoterapeuta não confrontar a transferência primitiva do bebê e a contratransferência" (p. 164). No entanto, é difícil encontrar exemplos de tais confrontos. Mesmo no caso de um menino de 8 meses de idade (p. 188) que fica calmo com sua mãe, mas é cauteloso com o psicoterapeuta, Acquarone lida com isso de forma pedagógica com a mãe a respeito dos sentimentos do bebê em vez de se dirigir a ele. Assim, a transferência do bebê permanece não investigada.

Entre os analistas franceses, Bernard Golse pergunta se "os bebês sabem como transferir" (2006, p. 135). Sua resposta cautelosa decorre de problemas inerentes em atribuir os mecanismos de transferência às crianças que são demasiadamente jovens para experiências *après-coup* (Golse & Roussillon, 2010). Em outras palavras, os bebês são muito jovens para serem capazes de construir, retrospectivamente, imagens de interações do início da vida. Ele observa que, se existem transferências, as negativas parece mais visíveis que as positivas. Golse pergunta se a nossa frequentemente intensa contratransferência em relação aos bebês prova a capacidade deles para a transferência. No final, ele deixa essa pergunta sem resposta. Possivelmente, essa perspectiva *après-coup* dos autores franceses torna mais difícil detectar a transferência de bebê. A meu ver, o conceito de objeto interno torna mais fácil explicar que os bebês como Jennifer ou David são capazes de abrigar "fantasmas" internos terríveis, não assimilados e, em parte, similares a objetos e transferi-los para o psicoterapeuta.

Alguns clínicos franceses trabalham com uma forma mais direta de se dirigir ao bebê do que é comum no mundo anglo-saxão. A mais conhecida foi Françoise Dolto (1985), mencionada nos Capítulos 1 e 3. Ela se dirigia ao bebê pois estava convencida de que "tudo pode ser dito para o bebê sobre as coisas que podem promover a sua percepção da realidade" (p. 95). No entanto, ela não viu a sua relação com o bebê em termos de transferência. Embora ela tivesse como objetivo se tornar disponível para "as pulsões mais arcaicas do indivíduo" (Ledoux, 2006), isto é, para a transferência do paciente, ela não aplicou, até onde apreendi de seus escritos, essa postura à relação do bebê com ela. As mesmas impressões se aplicam à sua compatriota contemporânea, Myriam Szejer (2011).

Uma analista falante do francês, Annette Watillon (1993), explicitamente considera a transferência do bebê para ela. Ela afirma que todos os analistas que trabalham com mães e bebês "concordam sobre a intensidade e o imediatismo da transferência do bebê para o psicoterapeuta" (p. 1044), uma declaração surpreendente em vista da minha pesquisa sobre a literatura. Ela vê a "inter-ferência" do bebê como "um aspecto vital das psicoterapias [...] Mesmo um pequeno bebê vai desempenhar o seu papel nas questões envolvidas no trata-mento" (p. 1038). Ela considera o encontro psicoterapêutico com crianças e pais como algo de "dramatização [...] [uma] representação [que] permitirá que cada protagonista efetue uma reintrojeção mais tolerável (porque foi de-sintoxicada) dos objetos relevantes" (p. 1041). O bebê transfere a fim de en-contrar um resultado diferente para o conflito. Ela sugere que o psicoterapeu-ta deveria "compreender, verbalizar e demonstrar *aos pais* o que a criança está encenando" (p. 1044, grifos meus). Assim, a abertura de Watillon à transferência de bebê não implica que ela se dirija a ele. A razão é, como ela escreve, que poderia despertar ciúmes nos pais e conspirar com as suas pró-prias "partes infantis insatisfeitas que buscam amor e compreensão" (idem).

O analista sueco Johan Norman (2004) relatou o caso de um menino de 6 meses de idade. Quando este tinha 3 meses, os pais foram informados de que ele poderia ter uma doença grave. Posteriormente, eles receberam in-formações que os tranquilizaram, mas a mãe ainda se mostrava preocupada e o menino choramingava constantemente e dormia mal. Quando Norman falou da relação bebê-analista, ele se referiu ao vínculo K de Bion (1962a) e às identificações projetivas. Ele sugeriu, um tanto cautelosamente, o termo trans-ferência para dar conta da noção do menino de uma relação continente com ele. Em contrapartida, ele não parece conceber o pânico do menino como ten-do uma relevância específica para a transferência.

Para concluir, todos os clínicos referidos aqui, provavelmente, concorda-riam com Barrows (2003) que "o objetivo principal do trabalho de saúde mental infantil é a promoção do bem-estar psicológico da criança" e que "o trabalho direto com a criança pode oferecer um caminho a seguir" (p. 286). A maioria deles também concordaria com a sua observação de que, paradoxal-mente, esse trabalho pouco tem sido realizado. Na minha opinião, a relação específica da criança com o psicoterapeuta tem sido investigada menos ainda. Consequentemente, a literatura contém poucas referências à transferência de bebê. Quando ela é, de fato, considerada, a observação é acompanhada por comentários do psicoterapeuta para os *pais*, não pela elaboração disso com o bebê. Não vejo outra explicação além do fato de que esses psicoterapeutas não veem as comunicações da *criança* significando uma transferência com especificidade e rota próprias, uma que precisa ser verbalizada para o seu criador: a criança.

Caso 3 – Vance, 9 meses

Até agora, falei de dois casos para exemplificar as transferências infantis *diretas*. Isso evoca a questão da existência ou não de transferências *indiretas*. O caso final vai investigar isso e, se a resposta for afirmativa, como as duas formas estão conectadas.

Os pais de Vance são profissionais ocupados. A mãe, Arlene, esteve em licença-maternidade e agora o pai, Henry, terá a sua. Pai e filho irão para o país de origem de Arlene para ficarem com a avó. Arlene os visitará regularmente, mas eles se perguntam se o garoto vai sentir falta da mãe. Eles se consultam comigo no centro de saúde infantil para obter aconselhamento. Encontro uma mãe gentil e um pai consciencioso, embora um pouco inquieto. O projeto de visitar o país de origem da mãe já foi cancelado, eles me dizem. A *raison d'être* foi a angústia de Henry em ficar sozinho com o menino. "Estou habituado a um ritmo mais rápido que o de um bebê. Eles dizem que eu era uma criança hiperativa." Ele quer sentar em frente ao computador enquanto cuida de Vance, mas também está preocupado e um pouco envergonhado em relação ao seu plano. Sugiro que ele e Vance me vejam por algumas sessões, "para talvez descobrir o que há de especial no ritmo de Vance e como ele se difere do seu".

Na primeira sessão pai-bebê, o menino se agarra ao colo do pai de forma angustiada e evita os meus olhos.

Pai: Isso é muito incomum!

Analista para pai: Como você se sente vindo aqui hoje?

P: Não há problemas. Eu pensei que isso seria legal!

A: Da última vez, você falou sobre como é difícil ficar sozinho com Vance.

F: Sim, mas isso já está muito melhor agora. Agora, eu posso ver seu progresso no dia a dia.

O pai não reconhece qualquer angústia em me ver. Mais tarde na sessão, ele fala mais abertamente sobre sua culpa por priorizar o seu trabalho e o projeto de separar Vance e a mãe levando-o para a avó.

Na segunda sessão, uma semana depois, o menino está angustiado novamente. Ele usa uma chupeta, lamenta um pouco, se apega ao pai e me evita. O pai fica estressado.

Pai para Vance: Você está com medo, Vance, como o papai estava quando chegamos hoje?

Analista: Do que você estava com medo quando veio até mim?

P: Eu não sei! Talvez que você, o *expert*, descubra que eu não sou um bom pai.

A: E o que tem de errado em você como pai?

P: Eu não sei dizer. Mas tenho a sensação de que você sabe tudo!

Hoje, claramente, o pai está menos defensivo no que diz respeito aos seus temores em relação a mim, isto é, à sua transferência. Depois de um tempo, ele fala da sua própria infância.

Pai: A minha mãe costumava dizer que, já na sala de parto, eu ficava escavando em um canto da cama como se estivesse tentando sair dela.

Analista: Ela deu a entender que você era hiperativo?

P: Mmm.

A: É como se você já estivesse com esta marca. Agora, você acha que eu vou marcá-lo como um pai ruim.

P: É ainda pior. É como se eu me perguntasse: "O que esse homem sabe sobre mim que eu não sei"?!

O nosso trabalho com a transferência negativa do pai e as suas memórias de atribuições negativas pela mãe dá frutos. Na terceira sessão, uma semana depois, Vance está olhando para mim calmamente do colo de seu pai. O pai está brincando:

Pai: Hoje eu não estou com medo, por isso Vance está calmo. Eu estava pensando em casa que talvez você não saiba tudo, afinal!

Nesta terceira sessão, o meu contato com Vance é sorrindente e animado. Ele começa a brincar com alguns blocos de madeira que entrega a Henry e a mim. Henry começa a falar sobre a sua adolescência.

Pai: Quando eu tinha 12, 13 anos de idade, a minha mãe e o meu pai brigaram. Eles permaneceram casados, mas eu meio que perdi o contato com o meu pai, que se enterrou no trabalho. Esses tempos foram difíceis para mim.

Exatamente neste ponto, Vance começa a choramingar e agarra-se ao pai. Ele evita olhar para mim. Desta vez, o pai não fica chateado nem tenta distrair Vance. Ele reflete:

P: É impressionante como ele é sensível. Isso é encorajador e assustador. O que acontecerá se ele tiver amigos que não são bons para ele, será que ele vai sofrer?

A: E quanto a *você* ser sensível?

P: Bem, eu era considerado um cara duro, mas por dentro eu não era.

Vance se acalma e retoma a brincadeira com a gente. Dez minutos mais tarde, Henry retorna ao tema de sua infância. Ele costumava ouvir as histórias de seu pai sobre a natureza. Expectativas positivas e tristeza misturam-se nessa história. Ele quer fazer coisas semelhantes com Vance no futuro. Mais uma vez, Vance lamenta por um tempo, me evita e se apega ao pai.

Enquanto Henry guardou essas memórias dolorosas da adolescência, a mistura resultante de afeto e defesa inconscientes foi, de alguma forma, comunicada a Vance. Esta *gestalt* paterna incompreensível interrompeu o vínculo continente-contido entre eles. Vance lidou com a mudança na atmosfera, projetando essa *gestalt* em mim. Tornei-me o seu objeto fóbico enquanto o colo do pai era um refúgio seguro. Quando o pai relaxava, o menino ficava bem comigo novamente. Assim, a transferência de Vance foi *indireta*, uma vez que seguia a transferência do seu pai. Depois de algumas semanas, Henry desenvolveu uma relação de confiança estável comigo. Enquanto isso, Vance começou a brincar com a gente. Sorridente, ele continuou distribuindo blocos de madeira e pegando-os de volta.

Durante a quarta sessão, uma mudança ocorreu. Vance começou a andar com orgulho em direção à porta enquanto Henry e eu o olhávamos com carinho. Após a caminhada de um metro, ele parou no local, virou-se e se atirou no colo do pai, enquanto chorava inconsolavelmente. Eu não entendia os motivos de sua mudança. Algumas semanas mais tarde, percebi que não tinha mais vagas abertas no centro de saúde infantil. Sugeri que continuássemos a terapia no meu consultório privado e Henry aceitou. Na nossa primeira sessão lá, Henry disse que gostou do ambiente, mas Vance logo começou a chorar. Ele evitou os meus olhos e olhou pela janela. Conforme o segui com os olhos, percebi as folhas secas lá fora. Um pensamento triste surgiu na minha contratransferência: "Este é o primeiro dia de outono do ano". Enquanto permanecia em um clima sombrio de transitoriedade, brevidade e solidão, meus pensamentos vagavam para a visualização de um bebê sendo mandado para um lugar desconhecido e distante. Agora, passei a me concentrar em um "detalhe" a que os pais tinham se referido anteriormente, mas que não tínhamos elaborado. Quando Vance tinha 7 meses, eles o levaram para o país natal de Arlene. Pai e filho permaneceram lá enquanto ela voltou para Estocolmo.

Analista: Eu estou pensando sobre essa viagem quando Vance tinha sete meses de idade. Na verdade, nós não falamos sobre isso.

Pai: Eu não quero pensar nisso! Não foi uma boa viagem.

A: Por que não?

P: Essa coisa sobre a língua estrangeira, foi um cenário novo para Vance. Todo mundo era bom para ele, mas ele ficou sem a mãe. Arlene e eu não fomos honestos com nós mesmos: quando chegamos em casa, depois de duas semanas, Vance estava quieto e triste. Arlene estava triste demais, mas não se atreveu a falar sobre isso.

A: Talvez Vance tenha experimentado a mudança para o meu consultório de forma semelhante à sua mudança para o país de origem da mãe, especialmente depois que ela voltou para Estocolmo.

Algumas sessões depois, Vance quer ser o explorador destemido novamente. Ele olha com orgulho para mim, caminha em direção à porta, entra em pânico enquanto olha para mim e, em seguida, corre para o pai. Henry fica espantado, mas não se preocupa de forma excessiva.

Pai: Ele tem muitos sentimentos dentro dele. Eu sei que ele deve passar por eles!

Situações semelhantes, de Vance ficando um ou dois metros distante, entrando em pânico, olhando para mim com medo e correndo para o pai, se repetem muitas vezes. Em uma dessas ocasiões, me dirijo a ele:

A para V: Talvez você esteja com medo de que eu vá levá-lo para o país da mamãe. Você foi para lá com o papai uma vez.

Vance olha seriamente para mim.

A para P: Talvez seja uma boa ideia dizer a Vance o que aconteceu lá.

P para V: Certa vez, você e eu estávamos com a mamãe e a vovó e outros. Lembra-se das galinhas que nós vimos? Aí, a mamãe voltou para casa e você e eu ficamos lá. Você estava dormindo com a vovó e eu fui visitar você muitas vezes, mas não tantas quanto eu deveria ter ido. Eu deveria ter me dado conta!

O menino se acalma enquanto ouve o pai. De acordo com os nossos termos transferência indireta e transferência direta, o comportamento de Vance agora coincide com o último. O seu medo em relação a mim parece brotar de emoções não elaboradas relacionadas com a sua separação da mãe dois meses antes. Elas foram anunciadas em seu pânico na porta do centro de saúde infantil, mas a mudança para o meu escritório deu-lhes um novo impulso. Isso desperta a minha identificação concordante (Racker, 1968) na contratransferência, sob a forma da minha tristeza de outono. Quando começo a questionar Henry sobre a viagem que fizeram, ele entra em contato emocional com preocupações sobre o assunto até então reprimidas. Em virtude da culpa do pai pela viagem e pela separação, as reações do menino não foram suficientemente contidas. A transferência direta de Vance parece enraizada numa projeção de um terror sem nome (Bion, 1962a) em relação a mim. Assim, represento o seu trauma da separação incontido, talvez misturado com um medo de que vou separá-lo dos seus pais novamente.

Durante este "segundo ato" da psicoterapia, o medo de Vance em relação a mim explodiu vez ou outra. Confirmei para Vance que ele tinha medo de ser mandado embora, de ser deixado sozinho sem a mamãe e de permanecer comigo como uma figura ameaçadora. Também transmiti que todos os seus sentimentos foram aceitos por mim e seu pai. A mãe, posteriormente, participou de uma sessão e confirmou que o menino estava bastante diferente quando voltou com o pai. Ela, agora, podia falar dos seus sentimentos ruins sobre isso. Depois de alguns meses de trabalho, Vance foi capaz de olhar para mim com sinceridade e alegria. A sua transferência negativa diminuiu e a psicoterapia foi encerrada após 22 sessões, quando ele tinha 13 meses de idade. O pai pediu um *follow-up* quando Vance tinha 1 ano e meio de idade. Ele não demonstrou nenhum medo ou apreensão quando me encontrou e parecia ser um menino feliz tanto em casa quanto no berçário, de acordo com os relatos do pai.

Comentários finais

Uma vez que conceituamos como transferência as emoções de um bebê *vis-à-vis* com o analista, devemos, logicamente, nos perguntar se ela pode ocorrer em outras situações. Para responder, faço uma distinção entre os fenômenos do tipo transferenciais e a transferência. Reservei o último termo para a situação analítica, que é especificamente construída para impulsionar tais reações e fornecer o instrumento necessário para investigá-las. Para ser sincero, se uma criança olha com terror para um estranho no ônibus, talvez ela o faça porque está projetando um objeto interno nele, mas não temos as ferramentas para investigar isso. Em contrapartida, se um bebê está chorando durante uma visita ao centro de saúde infantil, podemos perguntar à mãe como ela está se sentindo em nos ver. Talvez ela indique que está ansiosa e, portanto, o choro do bebê parece mais compreensível. O clínico deve discernir se tal comportamento é parte de uma perturbação da relação ou, alternativamente, uma reação transitória indireta à ansiedade da mãe.

Como acontece com todos os conceitos psicanalíticos, as transferências de bebê "direta" e "indireta" simplificam uma realidade clínica complexa. No entanto, pode ser dito o seguinte: quanto mais observamos uma transferência de bebê negativa direta, mais temos de nos dirigir ao bebê. O medo persistente de Jennifer demonstrou isso. Durante a transferência indireta de Vance, foi mais importante falar com o pai sobre o seu medo em relação a mim. Quando uma transferência direta surgiu conectada com a separação precoce de Vance, foi essencial falar com o menino sobre isso. Essa conclusão também foi comprovada pelo ensaio clínico randomizado controlado (ECR) de tratamentos MIP que vou relatar no próximo capítulo. Metade dos bebês se mostrou afetada negativamente pela perturbação na relação com a mãe. Este subgrupo melhorou mais quando tratado com MIP no lugar dos cuidados tradicionais de enfermagem do centro de saúde infantil. Entrevistas com os analistas confirmaram que eles haviam procurado estabelecer um relacionamento com esses bebês perturbados e investigar a sua natureza emocional. Nos termos da minha conceituação, eles tinham se concentrado na transferência de bebê *se* e *quando* ela apareceu.

Ressalto que nem todos os bebês respondem com uma transferência direta. Uma condição prévia para que ela possa emergir é o foco do clínico na sua relação com o bebê. Caso contrário, os objetos internos do bebê não serão projetados nele ou ele não vai intuir que o choro e o afastamento do bebê representam tal mecanismo. Isso merece outro estudo para que possamos decidir a relevância de outros fatores, como o impacto do distúrbio da criança e/ou dos pais. Penso que as transferências diretas ocorrem, principalmente, entre as crianças que estão à beira de se tornarem enredadas pelas "preocupações de bebê" com os pais. Como aconteceu no caso de Vance, a psicoterapia parece ter evitado que isso ocorresse.

Para resumir, perguntei, no início do capítulo, se a transferência em bebês existe, ou se, talvez, seja apenas um fenômeno supérfluo que não precisa ser trabalhado pelo analista. Alternativamente, ela poderia existir e precisa ser trabalhada por meio de intervenções analíticas. Forneci argumentos e ilustrações clínicas sugerindo que, por vezes, ela existe de fato. Se usarmos uma técnica com foco na transferência parental ou apenas em fazer contato com o bebê, podemos considerá-la supérflua e deixá-la sem solução. Mas, se a nossa técnica se abre para um diálogo com o bebê e a mãe, por vezes, teremos situações clínicas nas quais o bebê desenvolve uma relação emocional específica conosco. Uma vez que isso parece resultar das projeções de objetos internos do bebê que são, muitas vezes, aterrorizantes, isso merece ser considerado como transferência e ser conversado com o bebê. O meu argumento é simplesmente um de urgência: se um bebê está me olhando com terror, devo lidar com isso como qualquer outra situação angustiante – por meio da continência e de intervenções.

O nosso trabalho clínico deve ser adaptado de acordo com os tipos de transferência, que podem mudar durante o tratamento. Os dois tipos, direta e indireta, podem nos ajudar a entender a situação do bebê e quando e como nos dirigir a ele. Esses tratamentos fornecem novo material empírico para um velho debate em análise com crianças, isto é, se a transferência está enraizada no início do desenvolvimento e se ela aparece em todas as crianças. Respondo ambas as questões de forma afirmativa: até mesmo bebês podem ter transferências de diferentes tipos.

11. Tratamento psicanalítico mãe-bebê – isso funciona?

Até agora, alguns leitores podem ter tido a impressão: "Este tratamento MIP parece interessante. Todos os casos relatados no livro melhoraram. Na verdade, o MIP deve ser bastante eficaz". É claro que é fácil se opor a tais conclusões: os meus relatos são confiáveis? Será que eu "esqueci" de relatar casos de insucesso? Ou só informei sobre as áreas em que a melhoria foi evidente, enquanto ignorei outras? Eu verifiquei se as minhas impressões são válidas? Por exemplo, o que quero dizer ao afirmar que Beate teve "sucesso" no seu processo de desmame? E a objetividade: talvez as vinhetas do caso superestimem as minhas conquistas? Finalmente, vamos supor que todos os *meus* casos tiveram sucesso. E quanto a outros clínicos que usam o mesmo método, eles atingiram resultados semelhantes?

Tais perguntas são a base da crítica que se opõe ao tipo de apresentação de estudo de caso único que usei neste livro. A sua lógica impecável levou ao seguinte argumento: "Com certeza, a psicoterapia pode ser interessante para qualquer um que passa por ela, mas a sua eficácia continua, cientificamente, sem provas". Consequentemente, existe a necessidade de examinarmos a psicoterapia por meio de um método científico chamado "ensaio clínico randomizado" ou "ECR". A sua lógica é simples: dentro de um paradigma estritamente definido e controlado, os participantes são randomizados para o tratamento A ou B. Não somos levados a pensar que A é sempre bem-sucedido enquanto B é inútil, mas, talvez, que a probabilidade (indicada pelo "valor p") é alta o suficiente para nos levar a concluir que A parece melhor que B segundo tais medidas, para esta amostra e sob estas condições, com estes psicoterapeutas. Se alguns ECR alcançam resultados semelhantes, concluímos que A, o "método índice", é "baseado em evidências". O ECR tornou-se a prova que separa tratamentos eficazes e cientificamente comprovados daqueles que são declarados como não tendo nenhuma eficácia estabelecida. Hoje, políticos e administradores tendem a apoiar cada vez mais estes primeiros.

Se quisermos comparar medicamentos contra, digamos, a dor de cabeça, um ECR duplo-cego é, logicamente, impecável. Afinal, quem tomaria pílulas de açúcar no lugar de Aspirina contra tal mal-estar? No entanto, o paradigma ECR também abre as portas para a crítica de muitos psicoterapeutas. Um procedimento duplo-cego em nossa área é impossível, uma vez que um participante vai saber de que tipo de psicoterapia está participando. Em segundo lugar, como sabemos que as nossas medidas abrangem as mudanças que desejamos alcançar? E como podemos medir o sucesso psicoterapêutico? Em uma palestra crítica, Bruno Falissard (2012) afirmou que "a pureza metodológica do ECR é um mito" e que o seu paradigma é "um totem com uma fundação frágil". Isso não o impediu de enfatizar que devemos submeter as psicoterapias a tais exames minuciosos, desde que saibamos interpretar os resultados com sabedoria.

Ao longo dos anos, percebi que a prática psicanalítica e a pesquisa ECR têm mais em comum do que é imediatamente evidente. Na psicanálise, como argumentei no Capítulo 2, nos movemos em torno dos circuitos inferenciais. Todos aprendemos sobre a lógica clássica na escola: "Todos os seres humanos ao longo da história morreram". A indução diz: "Todos os seres humanos são mortais". A dedução diz: "Jim é humano. Então, ele é mortal". A abdução é mais complicada: "Os humanos são mortais. Jim acabou de morrer. Então, ele era humano". No entanto, quando busco confirmar isso, encontro uma criatura morta na rua. As pessoas a chamam de Jim. Ela tem um corpo de quatro patas com uma cauda e uma crina. Agora, devo mudar a minha abdução: "Jim está morto, mas ele não parece humano. Ele parece outra coisa. Eu preciso descobrir o que". Observo-o com cuidado e concluo: "Jim era um cavalo".

Apliquemos o círculo inferencial a um caso clínico. O bebê Karen, do Capítulo 4, está chorando. Sua mãe, Miranda, tem uma ideia indutiva de que os bebês que choram estão sempre tristes. Quando Karen está chorando durante a sessão, a mãe deduz que a sua filha está triste de novo. Tenho outra impressão: Karen está com raiva. Isso porque eu tenho uma ideia indutiva diferente da de Miranda: bebês que choram podem estar tristes, desesperados, furiosos, cansados, com fome etc. Para descobrir, pesquisamos o assunto de forma mais profunda. Uma vez que sinto que Karen está com raiva em vez de triste, falo com ela sobre isso. Em resposta, ela berra e concluo: "Eu refuto a dedução de Miranda de que Karen está triste. Ela está brava". A próxima vez que ela chorar, posso concluir que: "Agora, Karen está com raiva de novo". No entanto, desta vez, eu noto o seu olhar triste, o que me faz corrigir a minha dedução por raciocínio abdutivo. No final, vou dizer a mim mesmo: "Às vezes, quando Karen berra, ela está com raiva, às vezes, ela está triste. Eu gostaria de entender o que diferencia as duas situações".

Um ECR segue o mesmo círculo inferencial. Uma pessoa lê as vinhetas de um caso que atendi e percebe os resultados favoráveis. A indução diz: "Mães e bebês com preocupações de bebê melhoram com tratamento MIP". Isso dá origem a uma hipótese que poderíamos testar em um ECR. No entanto, isso não vai ser tão fácil como em nosso exemplo sobre Jim. Em vez disso, usamos métodos estatísticos para calcular a probabilidade de que a nossa indução esteja correta, ou seja, de que os pacientes, em geral, melhoram a partir do MIP. Para esse fim, criamos dois grupos que recebem MIP ou a psicoterapia X. Em seguida, comparamos os resultados entre os dois grupos. Alternativamente, poderíamos pensar: "Este menino e a sua mãe melhoraram. Isso prova que eles passaram pelo tratamento MIP". Mas, quando checamos isso na nossa ficha de dados a respeito do ECR, descobrimos que eles passaram pelo tratamento X e não por MIP! Isso levanta novas questões: "Alguns pacientes melhoram com X e outros com MIP. Quais fatores diferenciam o sucesso de cada tratamento? Se pudéssemos saber de antemão, poderíamos recomendar a cada paciente o tratamento que é mais provável que o beneficie!". Isso levaria a uma melhor compreensão da especificidade psicoterapêutica (Orlinsky, Rönnestad, & Willutzki, 2004): que tratamento é melhor para qual paciente segundo quais medidas de resultado?

Essas deliberações poderiam nos levar a concordar com o comentário resignado de Hans Sachs na ópera de Richard Wagner (1868) *die Meistersinger von Nürnberg*, ato II:3. Ele está tentando compreender o enigma por trás do belo estilo de cantar de Walther von Stolzing, o jovem herói:

Eu sinto isso e não posso entendê-lo [...]
e se eu o compreender totalmente,
Eu não posso medi-lo!
Mas, então, como eu devo compreender
o que me parecia incomensurável?

Sachs conclui que sua tarefa é impossível, ao passo que eu concluo que um ECR pode levar a resultados que são relevantes para psicoterapeutas e ajudar a melhorar a nossa prática. A condição é que o estudo seja bem executado, que as suas medidas reflitam as áreas clinicamente importantes e, por último, mas não menos importante, que interpretemos os nossos resultados com sabedoria. Não seremos capazes de reivindicar que a psicoterapia A é sempre superior à B. Em vez disso, poderemos descobrir que A é geralmente melhor, ou que, para alguns pacientes, A é melhor enquanto, para outros, B tem mais chances. O meu símile da aspirina/açúcar pode provocar a oposição: "o modelo médico não explica adequadamente os benefícios da psicoterapia" (Wampold, 2001, p. 203). Eu concordo, mas afirmo que um estudo bem executado pode, de fato, ajudar a explicar *alguns* aspectos sobre os benefícios da psicoterapia. Para ser verdadeiro, ele pode não explicar todos os efeitos, mas essa objeção também se aplica aos relatos de estudo de caso.

Assumo essa posição em contraste aos psicanalistas que argumentam que as avaliações quantitativas não podem dar conta de resultados psicoterapêuticos complexos nem elucidar os caminhos intrincados pelos quais esses resultados são alcançados. Falissard (2012) acrescenta que é difícil transpor os resultados de um ECR de uma psicoterapia para outra. Concordo que o procedimento de encaminhamento não reflete a realidade clínica diária: os casos são atribuídos aos tratamentos por acaso, enquanto um analista recomenda o tratamento somente após cuidadosas considerações. Mas, se o nosso ECR usa uma sábia combinação de avaliações quantitativas e qualitativas e se interpretamos os seus resultados com sabedoria e cautela, ele pode ser relevante para a prática psicanalítica. O que o paradigma de um ECR *não pode* fazer, no entanto, é iluminar os detalhes do processo psicoterapêutico. Para isso, precisamos explicar melhor as vinhetas de casos e a teoria clínica, assim como tenho feito ao longo deste livro.

Meta-análise da psicoterapia pais-bebê

Vou relatar brevemente alguns dos principais estudos comparativos sobre psicoterapia pais-bebê. Em uma meta-análise sobre tratamentos para a depressão pós-parto, Dennis (2004) apontou muitos problemas metodológicos, o que fez com que os resultados de muitos estudos fossem difíceis de verificar. Singleton (2005) meta-analisou 25 estudos de intervenções pais-bebê. As diferenças de tratamento eram pequenas no que diz respeito à saúde e ao desenvolvimento mental infantil, enquanto a relação pais-bebê e a capacidade dos pais, muitas vezes, atingiram níveis significativos. Inesperadamente, psicoterapias longas pareceram menos eficazes, seja porque "já não eram eficazes para crianças mais velhas, as famílias que passaram pela psicoterapia de longo prazo poderiam ter mais dificuldades ou os efeitos das intervenções para a interação pais-bebê não foram duradouros" (p. 96).

Estudos específicos

Psicoterapia mãe-bebê

Em um estudo suíço (Robert-Tissot et al., 1996), mães e bebês foram randomizados para psicoterapia mãe-bebê (Fraiberg, 1987) ou interação orientada (IO) (McDonough, 2004). Foram feitos *follow-ups* pós-tratamento após seis e doze meses. Efeitos significativos *independentes* da modalidade do tratamento foram encontrados após seis meses a respeito de sensibilidade materna, comportamento infantil e sintomas. As representações maternas não tiveram melhoria significativa. A faixa etária extensa do estudo (2 a 30 meses) tornou a interpretação dos resultados mais difícil. Além disso, as psicoterapias foram breves, com seis sessões em média. Isso nos leva a querer entender melhor os efeitos diferenciais: IO propiciou maior melhoria na sensibilidade materna, enquanto a psicoterapia mãe-bebê aumentou a autoestima da mãe. Os resultados foram "consistentes com as expectativas frequentemente expressas quanto aos resultados de pesquisas sobre psicoterapias: os efeitos comuns a ambos os tratamentos são maiores que os seus efeitos específicos" (Robert--Tissot et al., 1996, p. 111).

258 TRATAMENTO PSICANALÍTICO MÃE-BEBÊ – ISSO FUNCIONA?

Um estudo canadense (Cohen et al., 1999) comparou a psicoterapia "observe, espere e questione" – *Watch, Wait and Wonder* (WWW) – com a psicoterapia mãe-bebê *ad modum* Fraiberg. Os psicoterapeutas WWW aconselharam as mães a seguirem o exemplo do bebê. Isso deveria melhorar mais a competência parental que interpretar os determinantes inconscientes da relação dos pais com a criança, como no modelo de Fraiberg. Os tratamentos consistiram em cerca de catorze sessões, uma vez por semana. Imediatamente após o tratamento, WWW foi mais eficaz em relação à melhoria no apego, nos escores mentais de Bayley e na satisfação materna, mas não na sensibilidade ou na responsividade. Ambas as psicoterapias reduziram igualmente as queixas e o estresse materno, além de melhorarem a relação mãe-filho. *Follow-ups* foram feitos seis meses após o término das psicoterapias (Cohen, Lojkasek, Muir, Muir, & Parker, 2002). Em relação à "psicoterapia de Fraiberg", algumas melhorias surgiram apenas agora. O seu foco no *insight* talvez tenha deixado as mães angustiadas no início da psicoterapia.

Um estudo realizado nos Estados Unidos (Lieberman, Weston, & Pawl, 1991) investigou crianças de 12 meses de idade em uma amostra de imigrantes latinos de alto risco. Crianças com o tipo de apego denominado seguro formaram o "grupo de controle seguro". As crianças ansiosas foram randomizadas para psicoterapia mãe-bebê ou um "grupo de controle ansioso". As psicoterapias duraram um ano. Aos 24 meses, efeitos significativos favoreceram o grupo de psicoterapia em relação à maioria dos itens: as suas pontuações alcançaram as do grupo de controle seguro.

Mãe deprimidas

Mães deprimidas (O'Hara, Stuart, Gorman, & Wenzel, 2000) foram randomizados para doze sessões de psicoterapia interpessoal (Klerman, Weismann, Rounsaville, & Chevron, 1984) ou um controle de lista de espera. Foram utilizados questionários e uma entrevista diagnóstica inicial (Hamilton, 1967), seguidos de contato por telefone. Estudos estatísticos do tipo "por intenção de tratamento" demonstraram efeitos para o grupo que recebeu terapia, exceto acerca de sintomas infantis, talvez porque as mães tivessem reportado pouca preocupação nesta área e as terapias não focaram na sua relação com o bebê.

Um grupo em Cambridge, Reino Unido (Cooper, Murray, Wilson, & Romaniuk, 2003; Murray, Cooper, Wilson, & Romaniuk, 2003), investigou se a psicoterapia para as mães deprimidas pode melhorar as relações da díade e o desenvolvimento da criança. Elas foram randomizadas para psicoterapia cognitivo-comportamental, psicoterapia psicodinâmica mãe-bebê, aconselhamento não diretivo (Holden, Sagovsky, & Cox, 1989) ou cuidados primários de rotina. Os três grupos de tratamento ativo receberam dez sessões em casa quando o bebê tinha entre 8 e 18 semanas. Os grupos de tratamento ativo baixaram os escores de depressão imediatamente após o tratamento, ao passo que apenas o grupo de psicoterapia mãe-bebê melhorou nas entrevistas clínicas. *Follow-ups* quando a criança tinha 9 meses, 1 ano e meio e 5 anos mostraram efeitos limitados em relação aos problemas de relacionamento relatados pela mãe, e o grupo psicodinâmico relatou ainda mais problemas comportamentais pós-tratamento. O item sensibilidade só melhorou entre as mães em risco social que receberam aconselhamento. Assim, a maioria dos resultados não demonstrou qualquer benefício dos tratamentos ativos.

Em outro estudo, as mães deprimidas e os seus bebês foram designados para um grupo de psicoterapia mãe-bebê, uma psicoterapia interpessoal individual (Clark; Tluczek; Wenzel, 2003) ou um grupo de controle de lista de espera. As psicoterapias focaram na depressão e nos relacionamentos dos bebês. Foram feitos *follow-ups* três meses após o tratamento. Ambas as psicoterapias melhoraram a depressão materna, a percepção do bebê, o afeto positivo e a verbalização. Embora os tratamentos ativos, muitas vezes, tenham incluído o bebê, eles não mostraram efeitos sobre as contribuições interativas deles.

Conclusões e implicações do ECR para o MIP

As psicoterapias produziram efeitos, principalmente, em relação ao bem-estar das mães. Os efeitos em relação à criança nem sempre foram exaustivamente investigados e, quando encontrados, foram mais fracos. A maioria dos estudos não usou entrevistas de avaliação. Cheguei à conclusão de que as entrevistas são menos confiáveis que as avaliações objetivas, mas, por outro lado, elas possibilitam que tenhamos uma visão, em primeira mão, do relacionamento mãe-bebê e da gênese dos sintomas. O entrevistador também pode utilizar avaliações qualitativas para analisar os efeitos diferenciais do tratamento. Decidi, portanto, usar entrevistas para fazer a avaliação de diagnósticos, categorias qualitativas e resultados.

Em relação à faixa etária, dado que o MIP foi desenvolvido para crianças pré-verbais, só incluí bebês com menos de 1 ano e meio. No que se refere às mães, a psicoterapia pode afetar não somente a depressão, mas também outros tipos de psicopatologia e estresse. Por isso, incluí questionários sobre psicopatologia geral, estresse e depressão. Para evitar análises incompletas em virtude de desistências, decidimos por análises do tipo "por intenção de tratamento". Esse método estatístico inclui casos que abandonam o tratamento antes do término. Cada modo de psicoterapia tem, assim, de suportar a carga daqueles casos que deixam o estudo (Chakraborty & Gu, 2009).

Qual método devemos usar para comparar com MIP? Pode-se argumentar em direções diferentes: uma vez que o MIP é um método bem descrito, ele deve ser comparado com um de padrão e clareza teórica similares. Por várias razões, tal concepção não foi viável, infelizmente. Outro argumento implica que, dado que o MIP é um método novo, devemos, primeiro, compará-lo com o modo usual de se cuidar das preocupações de bebê. As comparações com os "tratamentos usuais" têm sido criticadas (Kendall, Holmbeck, & Verduin, 2004). Por razões éticas, eles devem ter uma qualidade aceitável. Eu sabia que este era o caso do cuidado-padrão oferecido pelo centro de saúde da infantil sueco: ele tem bastante tradição e ótima reputação, incluindo o treinamento de enfermeiros para se atentarem ao sofrimento psíquico dos pais e das crianças. Kendall e colaboradores também argumentam que é preciso verificar quais fatores dos respectivos tratamentos contribuem para que haja diferenças em relação aos efeitos. Para esse fim, usei entrevistas em que as mães podiam me contar sobre os seus tratamentos e como se sentiam em relação a eles. Comparei-as com as entrevistas psicanalíticas para entender a especificidade psicoterapêutica do MIP. Circunstâncias práticas me impediram de realizar entrevistas semelhantes com as enfermeiras.

Outras considerações a respeito do projeto surgiram da minha experiência clínica. Imaginei que o procedimento de encaminhamento poderia criar reações emocionais, que eu deveria conter durante a entrevista. Isso era eticamente obrigatório e também ajudaria a diminuir a taxa de abandono. Em segundo lugar, os instrumentos para verificação dos resultados deveriam incluir comunicações verbais e comportamento interativo não verbal. Isso foi um desdobramento do meu foco nos diferentes níveis semióticos de comunicações e sintomas. Em terceiro lugar, os bebês e as mães também deveriam ser descritos e classificados qualitativamente.

O ECR para o MIP – um resumo

O ECR partiu do Projeto de Psicanálise Mãe-Bebê de Estocolmo (Mother-Infant Psychoanalysis Project of Stockholm – MIPPS), que se iniciou em 2001 quando um grupo de analistas passou a se reunir para supervisão e desenvolvimento da prática e da teoria MIP com a coordenação do seu inventor, Johan Norman. Após a sua morte, em 2005, sete analistas continuaram como um grupo de supervisão. Durante os anos do ECR, deixei o grupo a fim de adotar uma perspectiva "externa". O ECR foi desenhado para comparar os seus tratamentos com os atendimentos regulares do centro de saúde infantil sueco (Child Health Centre – CHC). O estudo surgiu a partir da Divisão de Psiquiatria Infantil e Adolescente do Karolinska Institutet com Per-Anders Rydelius, Rolf Sandell e Andrzej Werbart como supervisores. O professor Rydelius é psiquiatra infantil e diretor dessa divisão, enquanto Sandell e Werbart são professores de psicologia nas Universidades de Linköping e Stockholm, respectivamente, além de serem psicanalistas.

Os nossos instrumentos quantitativos serão descritos superficialmente, uma vez que foram detalhados nos relatórios do ECR (Salomonsson & Sandell, 2011a, 2011b). Todas as medidas classificadas por especialistas foram verificadas com fins de confiabilidade testando-se correlações intraclasse (ICC) ou acordos intercodificadores. Esses valores, que sempre atingiram níveis aceitáveis, podem ser encontrados nos relatórios. Outros instrumentos foram criados ou alterados para o ECR. Vou descrevê-los em profundidade e ilustrar com exemplos clínicos: (a) um formato de entrevista que quantifica o impacto das experiências passadas e presentes da mãe, (b) tipos ideais (Wachholz & Stuhr, 1999) de mães e bebês, (c) adequação materna para a psicanálise e (d) adesão do analista ao método MIP. Finalmente, vou apresentar algumas recomendações para futuros pesquisadores que desejam criar ECR com amostras semelhantes. Além disso, vou relatar como o ECR me ajudou, bem como a outros analistas, a desenvolver a minha prática. Essa discussão vai ser uma ponte para um futuro livro sobre consultas pais-bebês nos centros de saúde infantil e como as supervisões de enfermeiros podem melhorar sua perspicácia e sua coragem clínicas.

Recrutamento

O estudo tinha como alvo mães com "preocupações de bebê": elas estavam preocupadas com o funcionamento do bebê, consigo próprias enquanto mães ou com a relação que tinham com a criança. Recrutamos as mães e os seus bebês, com menos de 1 ano e meio de idade, nos CHC, na sala de parto do Hospital Universitário Karolinska e por meio de anúncios em sites de internet voltados para os pais. Para atender aos critérios de inclusão, as preocupações deveriam ocorrer por duas semanas e a mãe deveria viver em Estocolmo e falar sueco razoavelmente bem. Os critérios de exclusão foram: psicose materna ou abuso de drogas se uma colaboração futura parecesse improvável.

Inicialmente, 214 mães me contataram e foram entrevistadas por telefone. A maioria se recusou a participar porque as suas preocupações tinham diminuído. Algumas mães me disseram que apenas "queriam ajudar com a investigação", mas não estavam vivenciando quaisquer "problemas reais". Entrevistei as noventa mães restantes, com os seus bebês, no meu consultório. No final desse período de entrevista, dez mães recusaram a randomização: elas acreditavam que as suas preocupações não justificavam uma possível participação no trabalho de MIP. As oitenta díades restantes foram randomizadas sob consentimento materno informado. Cuidei para que as mães pudessem falar sobre quaisquer sentimentos a respeito da distribuição. Imediatamente após as entrevistas, quatro casos desistiram sem fornecer dados e um estava em tratamento no término do projeto. A análise estatística por intenção de tratamento pôde, assim, usar 75 dos oitenta casos.

Resumidamente falando, o perfil da amostra era de baixo risco quanto ao nível social e de médio risco do ponto de vista psiquiátrico. A mãe típica era uma mãe "de primeira viagem" de 33 anos, com um bom nível educacional e vivendo com o pai da criança. Tinha histórico de depressão, ansiedade ou distúrbio alimentar. O bebê típico nasceu de parto normal a termo, embora as cesarianas fossem inesperadamente frequentes. O bebê tinha, em média, 5 meses de idade e nenhuma doença somática grave tinha sido diagnosticada.

Instrumentos

Medidas de autopercepção

QUESTIONÁRIOS DO RELATO MATERNO

O sofrimento materno foi avaliado por três questionários de autopercepção: a Escala de Depressão Pós-parto de Edimburgo (*Edinburgh Postnatal Depression Scale* – EPDS) (Cox et al., 1987), o Questionário de Estresse Parental Sueco (*Swedish Parental Stress Questionnaire* – SPSQ) (Östberg, Hagekull, & Wettergren, 1997) e o *Check List-90* de Sintomas (*Symptom Check List-90* – SCL-90) sobre sofrimento psíquico geral (Derogatis, 1994; Fridell, Cesarec, Johansson, & Malling Thorsen, 2002). O EPDS é validado em amostras suecas (Wickberg & Hwang, 1997). Ele tem dez itens em escalas com três etapas. O SPSQ é uma versão sueca do índice de estresse parental (Abidin, 1990), com 35 itens avaliados em escalas com cinco etapas. O SCL-90 condensa os sintomas num escore médio, o índice geral de severidade (GSI). As consistências internas foram satisfatórias em todos os questionários.

Para avaliar o funcionamento social e emocional dos bebês, as mães usaram uma tradução sueca do Questionário Idades e Estágios: Socioemocional (*Ages and Stages Questionnaire: Social-Emotional* – ASQ:SE) (Squires, Bricker, Heo, & Twombly, 2002). Nós usamos escores médios para fazer comparações entre as diferentes faixas etárias dos bebês. O intervalo foi 0 – 13,4, em que 0 era ideal. Em um estudo separado (Salomonsson & Sleed, 2010), investigamos as suas intercorrelações com nossos outros instrumentos. Seus escores estavam estreitamente associados ao sofrimento materno autopercebido, em vez de, como esperávamos, a classificações de interações ou relacionamentos das díades. Assim, parecia que o sofrimento psíquico das mães, pelo menos nesta amostra clínica, influenciava como elas avaliavam o funcionamento dos seus filhos.

Medidas realizadas por especialistas

Relação mãe-bebê

Usei a Escala de Avaliação Global da Relação Pais-Bebê (*Parent-Infant Relationship Global Assessment Scale* – PIR-GAS) (ZERO-TO-THREE, 2005) para ter uma noção global do "funcionamento geral do relacionamento, sem levar em conta se as deficiências deste surgem da criança, do cuidador ou do encaixe singular entre os dois" (Boris, Zeanah, Larrieu, Scheeringa, & Heller, 1998, p. 296). A PIR-GAS é parte de um instrumento maior de diagnóstico, o DC 0-3:R, com cinco eixos. O eixo I avalia os diagnósticos primários, como distúrbios regulatórios, do sono ou alimentares. O eixo II abrange a dimensão relacional por meio do *checklist* de problemas relacionais (*Relational Problems Checklist* – RPCL) e do PIR-GAS. O eixo III diz respeito a problemas de saúde e de desenvolvimento, e o eixo IV, a fatores de estresse psicossocial. O eixo V aborda o funcionamento emocional e desenvolvimental da criança. Avaliei as mães e os bebês em todos os eixos exceto o V – mas, como um instrumento de resultado, só usei o PIR-GAS, uma vez que é o único instrumento quantitativo dentro desse sistema diagnóstico. Os escores do PIR-GAS variam de 0 a 99, de "maus tratos documentados" a "bem adaptado". Classifiquei as entrevistas de entrada gravadas em vídeo sem saber as pontuações do questionário ou as classificações da interação. A confiabilidade entre os avaliadores, como verificado por um psicólogo pais-bebê independente fora "do mundo psicanalítico", foram excelentes.

Interação mãe-bebê

As gravações de vídeo, com duração de dez minutos, foram avaliadas por dois clínicos independentes e não informados, com larga experiência com bebês. Eles foram treinados e certificados pelo autor da Escala de Disponibilidade Emocional (*Emotional Availability Scales* – EAS) (Biringen, Robinson, & Emde, 1998). As dimensões são: sensibilidade materna, estruturação, não intrusividade e não hostilidade, além de capacidade de resposta e envolvimento do bebê. Para ficar alinhado com a edição mais recente (Biringen, 2009), transformei todas as pontuações para variarem de 0 a 1, com 1 para comportamento ótimo. A dimensão não hostilidade foi omitida em virtude da baixa confiabilidade entre os avaliadores. ICC para as subescalas restantes foram aceitáveis.

Aderência do analista ao modelo de tratamento

Precisávamos nos certificar de que os psicoterapeutas estavam oferecendo o tipo de tratamento que se esperava que oferecessem. Para o grupo CHC, tive de me limitar a perguntar às mães, nas entrevistas de acompanhamento, que tipo de tratamentos elas tinham recebido e quais eram os seus pensamentos sobre isso. Eu sabia que os analistas do MIP se reuniam semanalmente para supervisão e manutenção da adesão ao modelo de tratamento. Assim, o modo de trabalho deles foi bastante homogêneo. Para quantificar a adesão e investigar os processos de tratamento, entrevistei cada analista e cada mãe após o término do tratamento. Configurei nove itens referentes a: contato e continência da criança, confiança em intervenções interpretativas, consciência da transferência negativa materna e capacidade de sustentar uma aliança de trabalho. Avaliei os itens em uma escala de 1 a 4 (ótimo) e a pontuação máxima era 36. Não fiz teste de confiabilidade. Em vez disso, comparei escores entre cada mãe e cada analista para obter informações a respeito das psicoterapias provenientes de duas fontes no lugar de apenas uma. Por outro lado, pode-se objetar que classificações por um único avaliador podem ser tendenciosas. A metodologia de pesquisa sempre implica concessões.

Adequação materna à psicanálise

As mães divergiram quanto à sua motivação para o trabalho em psicanálise: se elas estavam psicologicamente orientadas ou atribuíam as próprias experiências a fatores externos, se elas se concentravam no alívio dos sintomas ou na compreensão deles e se elas pareciam pacientes ou ansiosas para obter resultados imediatos. Condensei essas impressões em uma variável ordinal numa escala de quatro pontos, que variava de adequação "duvidosa" a "excelente". Tínhamos a hipótese de que isso poderia prever positivamente os resultados, principalmente aqueles relacionados à mãe.

Entrevista sobre a experiência da mãe (I-ME)

A entrevista de entrada durou duas horas com o bebê presente e incluiu uma gravação da interação e um procedimento de randomização. Avaliei a forma como a mãe experimentou a sua vida passada e presente, como filha para seus pais, cônjuge e mãe. Outros itens tiveram o comportamento da criança como foco. As minhas entrevistas semiestruturadas eram baseadas na psicanálise, visando captar as manifestações verbais e as expressões emocionais espontâneas da mãe. Pensei que a presença do bebê poderia influenciar as mães a se expressarem de forma mais espontânea.

Algumas mães estavam preocupadas com o seu relacionamento conjugal ou familiar. Outras contaram de traumas ou doenças psiquiátricas na infância e no início da idade adulta. Muitas haviam sido tratadas por conta de depressão, ansiedade ou anorexia. Algumas expressaram indiferença ou angústia quando falaram da sua gravidez. Outras contaram sobre partos terríveis. As mães também estavam preocupadas com problemas quanto à alimentação e ao sono do bebê ou com o seu casamento. Entendi que experiências desse tipo poderiam prever o desenvolvimento da díade e, portanto, imaginei um método para quantificá-las.

Determinei quatro aspectos principais, cuja utilidade para antever o desenvolvimento da díade foi demonstrada por vários estudos (ver Salomonsson & Sandell, 2012, para maiores detalhes): bem-estar psicológico da mãe, maternagem, apoio e bem-estar do bebê. Para cada aspecto, foram criados cinco itens. O "bem-estar da mãe" engloba ansiedade pré-parto, pós-parto e no presente, bem como culpa e autoestima. "Maternagem" se refere a experiências do parto e da amamentação, se os sentimentos em relação ao bebê parecem integrados e se a mãe descreve o bebê como uma pessoa "por si só" e tem *insights* sobre a influência de sua história no seu relacionamento com o filho. "Apoio" inclui a confiança da mãe em mim, na equipe do CHC, no pai do bebê e nos próprios pais. "Bem-estar do bebê" refere-se a saúde somática, sono, apetite, humor e relação com a mãe. Formulei cada item como uma declaração positiva e, em seguida, avaliei em uma escala de quatro pontos se as minhas impressões estavam de acordo ou não com as declarações. Uma pontuação média, a pontuação I-ME, foi calculada. A nossa hipótese era de que isso acrescentaria informações além dos questionários e das avaliações de vídeo. Pensamos, especificamente, que as experiências das mães nos diriam algo sobre o desenvolvimento futuro da díade. Dado que alguns casos receberam psicoterapia e outros não, a hipótese era de que os escores da I-ME permitiriam prever diferencialmente interações diádicas entre esses dois subgrupos.

TIPOS IDEAIS DE MÃES E BEBÊS

Havia outras diferenças entre as díades que eu não podia agrupar sob a pontuação I-ME. Refiro-me às impressões que nós, clínicos, acumulamos no trabalho diário. Algumas mães se destacaram como ansiosas, desamparadas e cheias de expectativas menos maduras em relação ao tipo de ajuda que queriam. Outras pareciam mais reflexivas e desconfiaram que estavam acrescentando algo negativo à relação com o bebê, embora sem entender como. Os psicoterapeutas aprendem a respeitar a individualidade de cada paciente, ainda que a experiência clínica nos ensine que alguns pacientes se assemelham a outros. Este é um tipo de raciocínio indutivo, um modo de triar experiências em classes. Objetos internos "bons" e "maus" seriam um exemplo. *Nota bene*: a menos que tais induções sejam seguidas por deduções e abduções, elas permanecerão como conclusões não comprovadas, delírios ou apenas preconceitos.

Reuni as minhas impressões a respeito das mães e dos bebês em "tipos ideais" (Wachholz & Stuhr, 1999). Esse conceito foi introduzido pelo sociólogo Max Weber (1904) e implica um esforço para unir, no mundo das ideias, os exemplos típicos de fenômenos. Se eu usar o exemplo "cavalheiro britânico", percebemos que "ideal" não tem nada a ver com "perfeccionismo", superioridade moral ou médias estatísticas. Tipos ideais, pelo contrário, implicam o agrupamento de impressões em uma base *qualitativa* e a sustentação dos agrupamentos com semelhanças em várias dimensões. Um tipo ideal é baseado em "certos elementos comuns à maioria dos casos de um dado fenômeno" (Wikipedia, 2012). Tal método tem sido usado na pesquisa em psicoterapia até certo ponto (Leuzinger-Bohleber, Stuhr, Ruger, & Beutel, 2003; Lindner, 2006; Philips, Werbart, Wennberg, & Schubert, 2007).

268 TRATAMENTO PSICANALÍTICO MÃE-BEBÊ – ISSO FUNCIONA?

Resultados

Dados pré-tratamento

A Tabela 1 ilustra o sofrimento psicológico e a disfunção diádica da amostra. Para vários instrumentos, dados normativos estavam disponíveis, como indicado pela referência g na tabela. Ao compararmos estes números com nossa amostra, concluímos que os nossos escores médios pré-tratamento estavam em níveis clínicos na maioria das dimensões.

Tabela 1 *Dados de pré-tratamento. Prevalência (%) ou escores médios com desvios-padrão*

Medida	MIP	CHCC	Dado de referência
EPDS	12,24 (4,64)	11,51 (4,80)	5,65[a], 6,92[b]
ASQ:SE	2,03 (1,15)	1,90 (1,17)	0,87[c]
PIR-GAS	68,0 (11,4)	69,6 (12,9)	
SPSQ	3,01 (0,49)	2,92 (0,60)	2,5[d]
GSI	0,99 (0,61)	0,96 (0,50)	0,45[e], 0,34[f]
EAS mãe: sensibilidade	0,56 (0,14)	0,60 (0,14)	
EAS mãe: estruturação	0,67 (0,15)	0,71 (0,14)	
EAS mãe: não intrusividade	0,82 (0,16)	0,78 (0,20)	
EAS bebê: responsividade	0,60 (0,18)	0,67 (0,19)	
EAS bebê: envolvimento	0,59 (0,20)	0,64 (0,22)	
DC 0-3:R, eixo I: diagnóstico	19%	8%	18[g]
DC 0-3:R, eixo II: nota no RPCL	81%	86%	8,5[g]
DC 0-3:R, eixo III: diagnóstico	16%	3%*	
DC 0-3:R, eixo IV: estressores	62%	87%*	

Nota: MIP = tratamento psicanalítico mãe-bebê. CHCC = cuidado do centro de saúde infatil. EPDS = Escala de Depressão Pós-parto de Edimburgo. ASQ:SE = Questionário de Idades e Estágios: Socioemocional. PIR-GAS = Escala de Avaliação Global da Relação Pais-Bebê. SPSQ = Questionário Sueco de Estresse Parental. GSI = índice geral da severidade do *Check List*-90 de Sintomas. EAS = Escala de Disponibilidade Emocional. DC 0-3:R = Classificação Diagnóstica Zero-a-Três, edição revisada. RPCL = *Checklist* dos Problemas Relacionais.

* p < 0,05 (entre grupos)
n = 38 para MIP e 37 para CHCC, exceto para a EAS (n = 33 e 30).
a (Seimyr, Edhborg, Lundh, & Sjögren, 2004)
b (Wickberg & Hwang, 1997)
c (Squires, Bricker, & Twombly, 2004) (escores médios/item de bebês "sem risco" < 1 ano)
d (Östberg et al., 1997)
e (Fridell et al., 2002)
f (Börjesson, Ruppert, & Bågedahl-Strindlund, 2005)
g (Skovgaard et al., 2008)

Dados do tratamento

O número de casos perdidos durante o *follow-up* foi igual nos dois grupos, cerca de 10%. Isso indica que as mães do CHC, geralmente, *não* estavam mais decepcionadas que as mães do MIP com o encaminhamento terapêutico recebido. O fato de os dados pré-tratamento serem, geralmente, melhores no grupo CHC também explica o achado anterior. As baixas taxas de rotatividade satisfazem às nossas preocupações éticas (Kendall et al., 2004) e aumentam a validade do nosso estudo.

Na introdução deste livro, detalhei os cuidados de rotina dos CHC suecos, com encontros regulares com a enfermeira e *check-ups* pediátricos, incluindo esforços para detectar a depressão materna. Nas entrevistas de *follow-up*, observei que as psicoterapias breves foram estabelecidas para um terço das mães do grupo CHC: psicoterapia cognitivo-comportamental ou psicodinâmica, psicoterapia mãe-bebê breve ou contatos de apoio, não excedendo cinco sessões.

As mães do MIP continuaram com os cuidados no CHC. Além disso, elas foram tratadas pelos analistas (nunca por mim). Elas tiveram uma média de 23 sessões de MIP, duas ou três vezes por semana. Os escores médios de adesão de 29 delas indicaram que os analistas haviam aderido razoavelmente bem ao MIP. Os analistas com pontuações mais elevadas tiveram bom contato com os bebês e os descreveram com riqueza de detalhes. Eles preferiram uma frequência alta de sessões, já que isso facilitava a continência. Por outro lado, eles eram flexíveis se precisassem ajustar a frequência de acordo com a situação de vida da mãe. Pontuações não ótimas, muitas vezes, subentendiam uma aliança de trabalho insuficiente com a mãe ou um fracasso do analista em perceber a sua transferência negativa.

Resultados

Entrevistas de *follow-up* foram feitas seis meses após as entrevistas de entrada. A Tabela 2 mostra que os efeitos do MIP foram mais vantajosos em relação à EPDS, à sensibilidade EAS e ao PIR-GAS e quase significativos em relação ao SPSQ. Os efeitos variaram de pequenos a moderados. Em comparação com outros estudos (Lieberman et al., 1991; Murray et al., 2003), o nosso grupo CHC estava longe de ser um grupo de controle de "não tratamento": muitos enfermeiros focavam em questões psicológicas e, como dito, um terço das mães recebeu apoio psicológico adicional. Isso pode ocultar, parcialmente, uma diferença em relação à eficácia entre o MIP e o CHCC e, assim, atenuar os efeitos "reais" do MIP.

Também estávamos interessados em saber se a duração ou a frequência da psicoterapia influenciavam os resultados, pelo menos desde que Singleton (2005) afirmou que psicoterapias mais longas produzem resultados menos eficazes. De fato, nem a duração nem a frequência influenciaram a eficácia. Isso não nos permite concluir que os tratamentos breves foram igualmente eficazes. As entrevistas indicaram que as mães em tratamentos mais longos tinham uma história de depressão grave ou estados de ansiedade. Isso acrescentou uma carga extra ao seu sofrimento e exigiu tratamentos mais longos.

Tabela 2 *Análise de modelos combinados para comparar os efeitos do MIP e do cuidado CHC.*

Instrumento	F	p	d de Cohen	Δ de Becker
EPDS	5,894	*0,018*	0,39	0,57
ASQ:SE	1,255	0,266	0,20	0,25
PIR-GAS	8,210	*0,006*	0,58	0,84
SPSQ	3,901	*0,052*	0,14	0,37
SCL-90	2,038	0,158	0,25	0,11
Dimensões EAS:				
Mãe: sensibilidade	4,872	*0,031*	0,42	0,67
Mãe: estruturação	1,718	0,195	0,15	0,36
Mãe: não intrusividade	0,039	0,844	0,27	0,02
Bebê: responsividade	2,701	0,105	0,17	0,47
Bebê: envolvimento	0,444	0,508	0,10	0,22

Acrônimos: ver Tabela 1.

Avaliações qualitativas

A constatação de que um número específico de sessões de análise produziu melhores resultados que as visitas ao CHC confirmou as nossas expectativas. O tratamento MIP foi planejado para ajudar as mães e os bebês em sofrimento. Seria uma surpresa constatar que não há diferenças entre os dois grupos. Os psicoterapeutas estão, provavelmente, mais interessados em saber: "Qual método eu deveria recomendar *neste* caso?". Queríamos saber se certos tipos de mães e bebês deveriam ser encaminhados, respectivamente, para o MIP ou o cuidado no CHC. A nossa hipótese era de que os resultados estariam associados com os tipos ideais e/ou a adequabilidade das mães à psicanálise. Essas premissas foram baseadas em descobertas de que "as características prétratamento dos pacientes são dimensões importantes que influenciam a resposta psicoterapêutica" (Blatt & Shahar, 2004, p. 426). Além disso, uma vez que o paciente é um "cliente ativo" (Bohart, 2006, p. 218) na relação psicoterapêutica, as suas atitudes devem influenciar os resultados. Se esses fatores se provassem influentes, eles poderiam iluminar a especificidade da terapia (Orlinsky et al., 2004) por MIP e CHC e ajudar os clínicos que trabalham com pais e bebês a sugerirem um modelo de terapia para cada caso individual.

Adequabilidade à psicanálise

Os escores foram semelhantes nos grupos MIP e CHC, em média 2,4, isto é, um nível médio. Eles só foram capazes de prever escores do PIR-GAS para o grupo MIP e na amostra toda. Quanto mais adequada a mãe parecia ser, melhor a relação desenvolvida, independentemente do tratamento. Isso nos surpreendeu: as minhas avaliações da adequabilidade da mãe à psicanálise não tiveram muito valor preditivo. Isso poderia, simplesmente, indicar que as minhas avaliações não eram confiáveis. No entanto, as avaliações de dois colegas experientes em um quarto da amostra revelaram resultados semelhantes. Portanto, a minha hipótese é que, no atendimento da díade – durante o clima psicológico especial do período pós-natal, e com os dois participantes funcionando em níveis muito diferentes de desenvolvimento –, uma avaliação convencional da adequabilidade analítica do adulto apenas prediz, vagamente, os resultados da psicoterapia.

Escores I-ME

O I-ME mediu a carga de experiências da mãe que pode ser relevante para o desenvolvimento da díade. Os atendimentos, tanto MIP quanto os tratamentos breves no grupo CHC, visaram influenciar o sofrimento materno e a sua disponibilidade emocional. Elas poderiam, então, influenciar à medida que o I-ME previu o desenvolvimento da díade. Consequentemente, as nossas análises diferenciaram entre os casos com ou sem psicoterapia. No grupo de psicoterapia, o I-ME não foi preditivo. Assim, nesses casos, o tratamento afetou os resultados de maneira a abolir a capacidade do I-ME de "prever" o desenvolvimento. Em contraste, encontramos previsões significativas no grupo sem psicoterapia: o I-ME foi o único preditor da disponibilidade emocional geral da mãe, enquanto o escore GSI foi o único preditor da disponibilidade emocional do bebê. Consulte Salomonsson e Sandell (2012) para os valores exatos. Resumidamente, a carga de experiências da mãe previu o *seu* comportamento em relação à criança seis meses depois, mas o seu nível geral de sofrimento psíquico previu como o seu *bebê* interagiria com ela.

Tipos ideais de mães

A categorização das mães se deu de forma contínua durante as entrevistas e depois, uma vez que eu sempre assistia às gravações de vídeo. Estabeleci e avaliei os diferentes tipos de mães sem saber a pontuação do questionário e as classificações externas da interação. Inicialmente, criei cinco tipos ideais de mães.

Mãe caótica

As oito mães consideradas caóticas sentiam-se devastadas por terem se tornado mães. Os seus comentários foram, por vezes, incoerentes e difíceis de acompanhar, embora não tivessem qualidades psicóticas. As suas funções egoicas pareciam vacilar quando eram dominadas por sentimentos fortes. Elas relataram que era oneroso cuidar do bebê e delas próprias. Isso diminuía a capacidade delas de observar as necessidades do bebê. A mãe de Ken, de 16 meses de vida, disse: "O pai dele e eu estamos, ainda estamos, juntos, mas moramos em casas diferentes. Tudo tem sido muito intenso. Ele tem um apartamento maior. Nós mudamos para lá, mas as coisas não saíram como pensávamos. Então, me mudei e ele (apontando para Ken, mas referindo-se ao pai) ainda vive lá".

As mães lidavam, frequentemente, com o sentimento de impotência via identificação projetiva. A mãe de Martine, de 6 meses de idade, culpou a parteira pelos seus problemas. Mecanismos projetivos também ficaram evidentes quando ela disse: "Parece que ela (apontando para Martine) destruiu as coisas para mim". No entanto, essa mãe percebeu que ela própria tinha algo a ver com os seus problemas de relacionamento: "Eu dou coisas para ela brincar sozinha quando estamos em casa... Eu a estou rejeitando. Eu tento beijá-la, mas é difícil... Às vezes, eu esqueço dela. É terrível".

Os bebês de mães caóticas, geralmente, tiveram um diagnóstico de eixo I do DC 0-3:R , em sua maioria relativo a alterações na regulação. Em contraste, essas mães não tiveram mais antecedentes psiquiátricos que as outras. A chegada do bebê agravou as tendências caóticas preexistentes das mães, que resultaram em oscilações entre atitudes projetivas e introjetivas. Estas tendem a afetar a criança, como quando a mãe de Martine, alternadamente, a ama e a rejeita. Não é preciso dizer que isso afetou negativamente a criança. Quando a mãe percebeu isso, os seus sentimentos de culpa aumentaram, bem como o seu estado caótico. Os analistas daquelas que foram indicadas para MIP confirmaram tais mecanismos de defesa. O analista de Martine informou que a mãe alternava entre procurar e rejeitar ajuda. Outro problema era a inveja da mãe em relação à criança, que fez com que a sua empatia por Martine diminuísse.

Mãe deprimida/reservada

Muitas dessas vinte mães sentiam-se incapazes de amar o seu bebê. A mãe de Bobby, de 4 meses de idade, teve anorexia e bulimia durante a adolescência. Agora, ela estava deprimida e obesa. "Eu temo que a minha depressão afete Bobby e que ele não se apegue a mim. Será que ele gosta mais do pai que de mim porque eles se veem apenas na parte da manhã e à noite? O pai sabe confortá-lo melhor. Isso se deve às primeiras semanas de vida de Bobby? Após três semanas tirando leite e lidando com choramingos e choro, iniciei com a mamadeira". Sua baixa autoestima e sua culpa eram evidentes: "Era para este momento ser o melhor da minha vida. Eu queria ser tudo para ele, mas eu só me culpo!".

Algumas mães demonstraram uma "depressão sorridente". A mãe de Nicole, de 6 meses de idade, disse, com um sorriso enigmático, que a parteira sugeriu colocar a recém-nascida em sua barriga, mas ela rejeitou a ideia. Ela se sente incapaz de "reconhecer a menina. Eu estou triste e irritada, mas ela é uma boa garota". Enquanto acariciava Nicole de forma distraída, ela disse: "Sim, você é uma garota legal... não é...". No vídeo da interação, Nicole virou para o lado oposto ao da mãe, que estava lendo um romance. O analista do MIP teve dificuldades em chegar à mãe: "Ela queria conselhos, mas me rejeitou! Ela temia que eu lhe dissesse coisas que ela não aceitaria". A transferência negativa foi conectada à infância da mãe, quando a sua irmã mais nova nasceu. Nicole era a sua segunda filha e a sua chegada reavivou o ciúme de mãe, que a fez projetar a imagem de uma irmã mais nova na menina. Ela tinha sentimentos de culpa e temia as críticas da analista. A analista não interpretou este "fantasma no quarto do bebê" (Fraiberg et al., 1975), uma vez que isso poderia aumentar a transferência negativa. A mãe me disse na entrevista: "A analista me ajudou a tirar isso de dentro de mim. Eu pude me espelhar... Talvez ela tivesse uma agenda mais clara do que pude perceber. Eu gostava dela... Bem, eu também me irritava com ela. Ela realmente viu a Nicole". Essas mães, em geral, oscilavam entre defesas e rejeições narcísicas e uma curiosidade em saber como podiam estar contribuindo para as preocupações de bebê. Esperávamos que elas tivessem escores EPDS iniciais piores, mas, na verdade, elas não diferiram dos outros tipos de mãe em nenhuma medida.

Mãe com uma identidade maternal incerta

Essas 23 mães tinham como foco a carreira profissional e se sentiam despreparadas para a maternidade. A mãe de Ursula, de 5 meses de idade, disse: "Eu tenho que ter um trabalho e um marido perfeitos antes de ter um filho. Eu comecei num novo emprego uma semana antes da gravidez. Eu neguei que uma coisa interferiria na outra. Quando voltei para casa com ela, eu queria devolvê-la e trancar as suas roupas num armário. Eu não gosto de empurrar o carrinho. No trabalho, eu estava no comando, mas, agora, é como uma grande nuvem de não saber o que fazer! Acho que sempre há culpa quando uma mulher não acha que a maternidade é fantástica". Ela achou difícil simpatizar com o bebê: "Eu queria ser uma boa menina e amamentar, mas ela recusou o seio e me evitou. Nunca foi provado cientificamente que o aleitamento materno é o melhor. De qualquer forma, eu entendi a sua recusa como uma derrota pessoal". O vídeo mostrou uma insensibilidade evidente na interação: "Você quer aquele brinquedo? Sim ou não? Ah, isso é não. Você quer brincar com eles mais tarde? Não? OK. Você quer levantar ou apenas fazer cocô?".

Entrevistas com os analistas revelaram problemas para estabelecer um diálogo psicanalítico. A repressão emocional em relação ao analista refletiu os problemas relacionais da mãe com a criança. Alguns analistas pensaram que uma frequência alta permitiria um contato mais profundo, mas as mães, muitas vezes, rejeitaram tal sugestão. Isso poderia levar a uma contratransferência negativa, uma vez que o analista se identificava com o sofrimento do bebê. Se a mãe suspeitasse de tal atitude do analista, isso evocaria culpa. Em suma, espirais negativas de transferência-contratransferência eram difíceis de evitar.

Para manter a autoestima, essas mães voltaram-se para a realização profissional, o que conflitava com o desejo que tinham de ser boas mães: era difícil para elas se acalmarem e permitirem que pensamentos oníricos surgissem. Os esforços para se identificarem com as suas mães como uma figura materna encorajadora e benevolente (Bibring, Dwyer, Huntington, & Valenstein, 1961) colidiam com o fato de que essas relações eram, muitas vezes, insatisfatórias. A mãe de Ursula disse: "Eu nunca perguntaria à minha mãe sobre a educação de Ursula ou a minha infância. Ela nunca fala sobre os sentimentos".

Mãe ansiosa/despreparada

Muitas dessas 22 mães entravam em pânico com qualquer sintoma do bebê. A mãe de Mike, de 2 meses e meio, disse: "Ele tem essa histeria... Quero dizer, ele fica chateado e nada funciona. Ele não quer o seio e está inconsolável.

Tenho medo de que ele pare de respirar. É realmente assustador quando eu não o vejo". As suas preocupações de bebê estavam entrelaçadas com a sua ansiedade pessoal: "Eu sempre fui muito ansiosa. Eu coloco o bebê para dormir no berço e fico acordada, verificando se ele está respirando. Para me acalmar, eu o coloco deitado sobre o meu peito".

As mães ansiosas pareciam despreparadas para a maternidade porque os seus próprios desejos de serem cuidadas competiam com os de cuidar do bebê. O analista de Mike pensou na mãe identificada com a irmã mais velha dele: a mãe temia que a menina se sentisse abandonada depois do nascimento de Mike. Ela tentou controlar o comportamento do analista em relação a Mike, o que levou a uma contratransferência desconfortável. O tratamento focou na ansiedade da mãe e o analista não manteve muito contato com o menino. Em geral, esperávamos que essas mães tivessem um resultado pior no ASQ:SE que as outras mães, uma vez que expressavam muitas preocupações de bebê durante as entrevistas. No entanto, este não foi o caso. Também não houve quaisquer transtornos graves por parte dos bebês nesse grupo, isto é, nenhum transtorno eixo I.

Mãe em conflito com o parceiro

Três mães foram abandonadas pelo pai da criança, no sentido concreto ou emocional. No entanto, elas se concentraram em cuidar da criança e aproveitar a relação com ela. A mãe de Georgina, de 2 meses de idade, disse: "Durante anos nós desejamos ter um bebê, mas, quando Georgina nasceu, o meu marido praticamente desapareceu. Ela tinha apenas uma semana de vida e ele foi para o *pub* com os seus amigos! Eu me senti tão sozinha…". Essas mães pareciam não permitir que o seu ressentimento afetasse o relacionamento com o bebê. O principal interesse delas em participar do estudo foi compreender a relação que tinham com o pai da criança, em vez de compreenderem a relação com esta.

Resultados diferenciais para os cinco tipos de mãe

As proporções dos tipos de mãe foram semelhantes nos grupos MIP e CHC. A Figura 7 mostra a média das distribuições. Comparamos a minha divisão de tipos ideais com a de dois psicanalistas experientes a fim de conseguirmos uma concordância entre avaliadores razoavelmente boa. Então, comparamos os cinco tipos a partir de um teste ANOVA para investigar se algum deles se destacava em relação a alguma medida inicial. Um teste Scheffé *post-hoc* apontou diferenças entre mães ansiosas/imaturas e caóticas quanto ao I-ME (p = 0,052). As mães caóticas tiveram as experiências mais negativas dentre os cinco tipos.

Tipos abrangentes de mãe ideal – participantes e abandonadas

Para aumentar o tamanho dos grupos, subagrupei os cinco tipos em dois tipos abrangentes de mãe ideal (OMIT) que nomeei de "participantes" e "abandonadas". A concordância entre avaliadores foi excelente para essas avaliações. O grupo de participantes compreendeu as caóticas, as deprimidas/reservadas e as mães com identidade incerta. Apesar do seu sofrimento psíquico, elas mostraram um claro desejo de participar de um trabalho de exploração psicanalítica. Elas também entendiam que contribuíam para os problemas atuais, embora sem entender como. O grupo de abandonadas compreendeu as mães ansiosas/despreparadas e as conflitantes. Elas se sentiam abandonadas e estavam menos interessadas na compreensão psicológica, apesar de quererem conselhos de especialistas a respeito de como lidar com a criança ou a relação com o parceiro. Como podemos ver na Figura 7, a proporção participantes/abandonadas foi de cerca de 2:1 em ambos os grupos de tratamento.

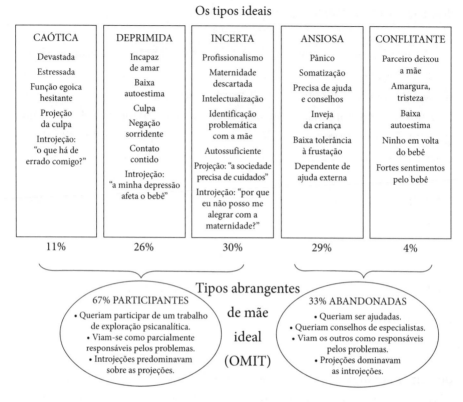

Figura 7 *Os cinco tipos originais de mãe e os dois tipos abrangentes de mãe (OMIT) com as frequências proporcionais.*

Para descobrir se havia alguma diferença entre os dois OMIT em seus escores iniciais, realizamos uma série de ANOVA. A nossa hipótese era de que, uma vez que as participantes tinham maior capacidade de terem *insights*, elas teriam melhores escores. No entanto, para a nossa surpresa, elas tiveram escores menores no I-ME e no PIR-GAS (p = 0,008 e 0,015).

Influência dos tipos abrangentes de mãe nos resultados

O principal motivo para categorizar as participantes era descobrir se o tratamento MIP e os cuidados CHC teriam resultados diferentes para os dois OMIT. Descobrimos que as mães do grupo participante que fizeram o tratamento MIP melhoraram em relação à sensibilidade materna EAS, enquanto aquelas em CHC pioraram. Essa diferença, indicada por α na Figura 8, foi significativa (p = 0,005). Portanto, as mães do grupo participante, quando fizeram o tratamento MIP, tornaram-se mais sensíveis aos sinais da criança que os seus pares que fizeram o tratamento CHC. Houve um efeito reverso, embora sem efeito significativo, para o grupo abandonada, que se saiu um pouco melhor nos cuidados CHC que em MIP.

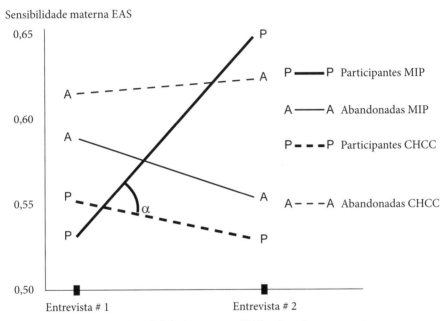

Figura 8 *Sensibilidade materna EAS pré e pós-tratamento de acordo com abordagem MIP/cuidado CHC e OMIT.*

Tipos ideais de bebês

Esses tipos resumem as minhas impressões sobre o bebê, que se somaram aos relatos das mães a respeito do comportamento deles em casa. Optei por uma divisão simples, porém clinicamente relevante: bebês que me preocupavam e que não me preocupavam, respectivamente, os "afetados" e os "não afetados". A distribuição dos bebês foi de 50% em ambos os grupos de tratamento. A concordância com os resultados dos outros dois psicanalistas foi excelente.

Bebê afetado

Esse tipo de bebê chorou ou reagiu com emoções negativas quando a mãe falou de temas angustiantes. Como resposta, o bebê curvou o seu corpo, se afastando, ou evitou o olhar da mãe enquanto ela falava com ele. Os bebês mais velhos pareciam infelizes e se engatinhavam para longe da mãe, indicando um apego esquivo (Ainsworth et al., 1978). Eles também pareciam desorganizados (Main & Solomon, 1986), uma vez que eram excessivamente ativos e agitados. Alguns desafiaram a mãe ou deram um tapa em seu rosto. Alguns exibiram um contato sexualizado, como quando bebês que estavam em processo de desmame pegavam o seio da mãe de forma ansiosa.

Nicole, de 6 meses de idade, e sua mãe do tipo deprimida/reservada, descrito acima, brincou sozinha durante a entrevista. Quando não conseguiu alcançar um brinquedo, ela não buscou ser ajudada pela sua mãe. A sensibilidade materna e a estruturação encontravam-se em níveis baixos, bem como o envolvimento de Nicole em relação à sua mãe. Em virtude de sua pouca idade, ela não pontuou para nenhum diagnóstico do eixo I. A relação foi classificada no PIR-GAS como "perturbada" (50).

Bobby, de 4 meses de idade, também foi classificado como afetado: durante a gravação da EAS, sua mãe (que se encontrava no tipo deprimido/ reservado) disse a ele: "Bonita camisa a mamãe tem, não é?... Você é um menino levado, não é? Vamos pular?". Bobby começou a choramingar. Ela falou baixinho em seu ouvido e fez carinho em suas costas, mas ele choramingou mais. Ela respondeu: "Blablabla". Ele choramingou ainda mais. "Ah, você quer se acalmar!" Ele começou a evitar os seus olhos. Apesar de sua tensão e sua frustração, um diagnóstico do eixo I parecia prematuro. Uma vez que o seu comportamento estava conectado ao da mãe, a relação deles foi classificada como "perturbada" (50) no PIR-GAS.

Em contrapartida, alguns bebês mais velhos do tipo afetado tiveram um diagnóstico do eixo 1. Enquanto a mãe de Misha, de 9 meses de idade, me dizia: "A vida como mãe não é um mar de rosas", ele começou a escalar o seu corpo. Ela comentou: "Oh, querido, você é um menino em estado de alerta", acrescentando que ele estava pendurado na barra de sua saia o tempo todo.

Quando ele alcançou o seu seio, ela disse: "Sim, ele começou a beijar os meus seios... Ele é difícil de ser acalmado". Notei que ele estava "desorganizado". A mãe também comentou sobre os pesadelos dele. Misha foi diagnosticado com transtorno de regulação do processo de estimulação sensorial. Avaliei sua relação PIR-GAS como "significativamente perturbada" (70).

Bebê não afetado

Esses bebês pareciam calmos mesmo quando a mãe estava falando de temas dolorosos. Eles a olhavam com cuidado e curiosidade ou apenas brincavam tranquilamente. Quando a mãe capturava sua atenção, eles, muitas vezes, respondiam com um sorriso. Eles dormiam e se alimentavam bem e eram alegres enquanto estavam em casa. Alguns eram jovens e, talvez, não tivessem tido tempo para desenvolver sintomas. A mãe de Becky, de 2 meses de idade, passou por uma cesariana difícil e elas não mantiveram contato durante quatro horas. Este trauma não estava resolvido e ela sentiu inveja do contato inicial de Becky com o pai. Essa mãe ansiosa/despreparada enchia Becky de carinho, às vezes de forma intrusiva. A menina, no entanto, balbuciava e parecia feliz o tempo todo. No PIR-GAS, por outro lado, elas receberam uma classificação bastante baixa: angustiada (60). Isso se deveu à falta de alegria na história da mãe. "Eu me sinto como uma máquina de comida! Por que o seu contato com o pai é tão melhor? Eu acho que é porque eles passaram aquelas primeiras horas juntos, sem mim".

Eric, de 10 meses de idade, também tinha uma mãe ansiosa/despreparada. Ela entrou em contato com o projeto por causa das dificuldades dele para dormir, mas a sua preocupação principal era, na verdade, a depressão do marido. Enquanto ela falava sobre isso, Eric brincava no chão alegremente. Ele se aproximou dela, lhe deu "oi" e ela o pegou. O vídeo da EAS mostrou como ele a envolvia em sua brincadeira. Eles pareciam gostar de estar juntos. Ela, evidentemente, tinha criado uma zona livre das suas preocupações conjugais. A razão para que eu não classificasse o relacionamento deles como ideal, mas como "perturbado" (80), foi a maneira tensa e acelerada da mãe ao falar sobre isso.

Tipos dos bebês em relação a outras medidas e resultados

Mães com bebês afetados relataram, de forma significativa, mais problemas de bebê (ASQ:SE; p = 0,002) e estresse (SPSQ; p = 0,030) em comparação com as mães de bebês não afetados. Tinham piores relacionamentos (PIR-GAS; p < 0,001), sensibilidade materna (p = 0,003) e estruturação (p = 0,042). Os bebês afetados também eram menos responsivos (p = 0,002) e envolventes (p = 0,001). Portanto, a minha divisão clínica dos bebês correspondeu bem a muitas medidas, que confirmaram a validade dos dois tipos. Quando comparamos os OMIT e os tipos de bebês, descobrimos que as mães abandonadas tinham bebês não afetados com maior frequência, enquanto as mães participantes tinham bebês afetados com maior frequência.

Comparamos os resultados do MIP e do cuidado CHC para cada tipo de bebê. O procedimento foi o mesmo realizado com os OMIT. Efeitos significativos foram encontrados em duas medidas em relação às crianças afetadas. O tratamento MIP foi superior no que se referiu à sensibilidade materna (p = 0,040), como indicado na Figura 9. Igualmente, a pontuação PIR-GAS dos afetados melhorou significativamente no grupo MIP (p = 0,004). Isso é indicado por α na Figura 10.

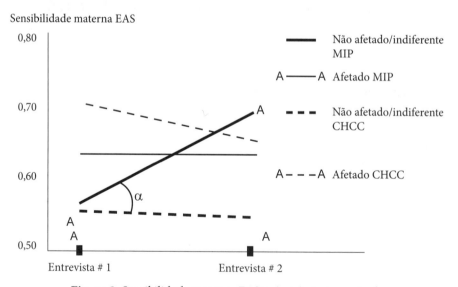

Figura 9 *Sensibilidade materna EAS pré e pós-tratamento de acordo com abordagem MIP/cuidado CHC e tipos de bebê.*

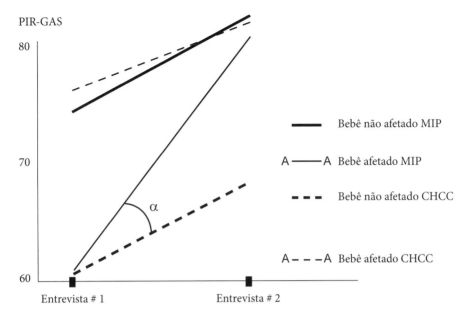

Figura 10 *Escores PIR-GAS pré e pós-tratamento de acordo com abordagem MIP/cuidado CHC e tipos de bebê.*

Discussão

O nosso projeto combina as abordagens hermenêutica e positivista. A primeira tem como foco "significado, interpretação e narração" (Luyten, Blatt, & Corveleyn, 2006, p. 578). Essa é a perspectiva que permeia os relatos de casos e as discussões teóricas presentes neste livro. Em contraste, a nossa abordagem positivista quase experimental contrasta com o "indutivismo enumerativo" (Fonagy, 1993, p. 577) de relatos de casos únicos. Fonagy faz uma crítica ao método de alguns psicoterapeutas que acumulam vários casos para provar o valor de um determinado modelo de psicoterapia. Foi para verificar tais suposições – de que os tratamentos realizados por analistas do grupo MIPPS acumularam, ao longo dos anos, bons resultados – que surgiu a ideia de realizamos o ECR. Se tivéssemos optado, unicamente, por uma abordagem hermenêutica, perderíamos a oportunidade de investigar qual método é, *em geral*, superior para tratar as preocupações de bebê. Se tivéssemos optado por uma concepção positivista que só incluísse medidas

284 TRATAMENTO PSICANALÍTICO MÃE-BEBÊ – ISSO FUNCIONA?

quantitativas, talvez fôssemos capazes de responder tal pergunta, mas teríamos aprendido pouco sobre as diferenças entre cada paciente e psicoterapeuta, e sobre os processos psicoterapêuticos.

O objetivo principal deste estudo foi quantificar as diferenças entre os resultados dos grupos. As entrevistas atingiram um segundo objetivo: categorizar as psicodinâmicas e os sintomas. Eles foram condensados em tipos ideais e adequação materna à psicanálise, fatores que pensei que poderiam influenciar os resultados de forma diferente em relação aos dois modos de tratamento. Um terceiro objetivo era usar as entrevistas para prever o desenvolvimento futuro das duplas. Em quarto lugar, eu queria reunir esses resultados e usá-los em aulas que poderiam ser significativas para os clínicos e influenciar a prática diária deles. Eu tinha a esperança de que eles pudessem experimentar "uma nova atitude empírica [...] o hábito de avaliar as próprias teorias à luz dos fenômenos observados em vez de selecionar os eventos, obviamente de forma pré-consciente, com o objetivo de incrementar essas teorias" (Jimenez, 2007, p. 662). Por último, eu tinha como objetivo divulgar os nossos resultados para os administradores de área da saúde para que eles pudessem decidir como usar os subsídios para os tratamentos. Em uma época de crescente variedade de psicoterapias, cada uma, provavelmente, influenciando diferentemente os indivíduos, precisamos "determinar o lugar apropriado da psicanálise e das psicoterapias psicanalíticas no arsenal da psiquiatria" (Busch, Milrod, & Sandberg, 2009, p. 143). Para cumprir esses objetivos, o ECR deve ter um tamanho de amostra suficiente, descrever os pacientes e os tratamentos de forma adequada, fornecer psicoterapias sob condições controladas, avaliar os resultados com as medidas e os métodos estatísticos adequados, assegurar aos participantes elevados padrões éticos e não interferir na prática das enfermeiras e dos psicoterapeutas.

É sempre difícil comparar diferentes amostras de estudo. A nossa foi uma amostra de baixo risco social, enquanto a amostra de Lieberman et al. (1991) era de alto risco. A metade das nossas mães tinha vivenciado um sofrimento psíquico, necessitando de medicação, psicoterapia ou hospitalização. O risco psiquiátrico pareceu mais elevado que na amostra de Toronto (Cohen et al., 1999). As mães canadenses estavam levemente deprimidas, enquanto o escore EPDS médio das nossas mães era de nível clínico 12 e um quarto delas tinha sido tratada por depressões. As medidas de estresse parental, sofrimento psíquico geral e funcionamento do bebê também indicaram que as nossas mães, claramente, vivenciaram problemas em relação a elas próprias e a seus bebês.

Instrumento de entrevista I-ME

Por que criei um formato de entrevista? Afinal, eu já tinha decidido utilizar quatro questionários e avaliações externas de interações e relações! Minha resposta é que as medidas dos resultados não captavam um ponto importante, que era como a mãe *experimentava* a sua história e a sua situação atual de vida. Eu poderia ter usado um formato de entrevista existente, como a Entrevista de Birmingham para a Saúde Mental Materna (*Birmingham Interview for Maternal Mental Health*) (Brockington, Aucamp, & Fraser, 2006), a Entrevista do Apego Parental (*Parent Attachment Interview*) (Bretherton, 2005) e o Modelo de Trabalho da Entrevista da Criança (*Working Model of the Child Interview* – WMCI) (Zeanah, Benoit, & Barton, 1986). Algumas delas têm uma boa validação, como o WMCI (Vreeswijk, Maas, & Van Bakel, 2012). No entanto, a experiência me ensinou que uma entrevista semiestruturada com a presença da mãe e do bebê me ajuda a ir mais fundo na questão. Ela permite avaliar sintomas e comportamentos e seus determinantes inconscientes. Isso ajuda a compreender a psicodinâmica do problema.

A pontuação I-ME pôde antever as contribuições interativas das mães. Assim, as experiências delas foram associadas à forma como elas se comportavam com o bebê. Por outro lado, não está claro por que as contribuições dos bebês foram previstas pelo SCL-90. Essa medida foca nos sintomas de sofrimento materno, muitos dos quais foram expressos de forma não verbal: por exemplo, ansiedade e irritação enquanto estavam com o bebê.

Resultados: comparação entre MIP e cuidado CHC

Os psicanalistas, em geral, aderiram ao método MIP, embora eu tenha notado que as transferências negativas maternas nem sempre foram observadas pelo analista e raramente foram mencionadas pela mãe. Os efeitos do MIP foram encontrados no que diz respeito à depressão e ao estresse maternos autodeclarados, à qualidade da relação da díade e à sensibilidade materna. As comparações com outros estudos devem ser cautelosas em virtude das diferenças entre amostras, medidas e psicoterapias. Em geral, o MIP equiparou-se a resultados de outros estudos a respeito da angústia materna e da interação diádica.

Resultados diferenciais: os bebês

O nosso objetivo ao investigar a especificidade da psicoterapia era descobrir se "determinados tratamentos são mais eficazes com certos tipos de paciente" (Blatt & Shahar, 2004, p. 397). Quanto à escolha da classificação diagnóstica, poderíamos ter usado o eixo I do DC 0-3:R e o DSM-IV para bebês e mães, respectivamente. No entanto, os nossos bebês mostraram uma grande variedade de sintomas e idades. Além disso, alguns diagnósticos não são aplicáveis aos nossos bebês mais novos. As nossas mães corroboraram a observação de Stern (1995) de que elas se viam como "tendo um problema, não uma doença" (p. 3). Por isso, as classificamos de acordo com a psicodinâmica e as qualidades do relacionamento. Para este fim, escolhemos o método de tipos ideais. Esses tipos constituem uma "hipótese sobre a realidade – e outra irrealista, utópica" (Wachholz & Stuhr, 1999, p. 331). Apesar dessa qualidade "utópica", os dois tipos de bebê diferiram nos relatos maternos e nas avaliações externas. Assim, a sua validade interna foi apoiada por outras medidas. Da mesma forma, a alta confiabilidade entre os avaliadores confirmou a sua validade. Essas associações apontam para o valor da combinação de avaliações qualitativas e quantitativas. Esse procedimento é, muitas vezes, chamado de triangulação (Elliott, Fischer, & Rennie, 1999; Jick, 1979), no sentido de que o pesquisador usa várias perspectivas para o mesmo fenômeno.

O tratamento MIP pareceu muito útil para os bebês afetados em relação à sensibilidade EA materna e às relações diádicas (PIR-GAS). As entrevistas indicaram que a maneira calma e atenciosa dos analistas de falar com esses bebês ajudou as mães a relaxarem e ouvirem seus sinais. Lembro-me de uma mãe que disse: "Engraçado, mas, na análise, eu descobri que o meu filho é uma pessoa! Eu me senti um pouco envergonhada por não saber disso antes. No começo, eu não compreendia o significado por trás do seu balbucio, então, eu não prestava muita atenção. Um dia, depois de uma sessão, eu lembrei do meu cachorro durante a minha adolescência. Eu *sabia* que eu o entendia! As pessoas riam quando eu dizia que ele estava triste ou com raiva, mas eu sentia que podia 'lê-lo'. A análise me ajudou a descobrir algo semelhante com o meu menino". Claramente, o foco do analista no bebê permitiu que essa mãe pudesse entender melhor a personalidade do seu filho.

Resultados diferenciais: as mães

Quando reuni os sintomas, as experiências e as atitudes inconscientes relativas às preocupações maternas, cheguei a cinco tipos de mães, mais tarde resumidos em dois tipos abrangentes de mãe ideal (OMIT). As mães abandonadas se mostravam desamparadas e sozinhas, enquanto as participantes reconheciam ter alguma influência pessoal nos problemas atuais. Quando criei esses tipos e os usei para classificar as mães, não fiz nenhum prognóstico. Uma vez que cada OMIT foi igualmente representado em cada grupo de tratamento, nem o viés da randomização, nem o viés do entrevistador pareceram influenciar as categorizações. Quanto à sobreposição entre OMIT e tipos de bebê relatados acima, parece que a razão principal das mães abandonadas para se aproximarem do estudo foi problemas pessoais, uma vez que os seus bebês estavam razoavelmente saudáveis.

Retrospectivamente, parece que os tipos abandonado e participante se assemelhavam às categorias de paciente "anaclítica" e "introjetiva" sugeridas por Blatt e colaboradores (Blatt, 1992). Indivíduos anaclíticos estão "preocupados com confiança, proximidade e fidedignidade dos outros [...] [incluindo] a sua capacidade de receber e dar amor e carinho" (Blatt, 2006, p. 507). Da mesma forma, as nossas mães abandonadas temiam "ser abandonadas e ficar desprotegidas, sem cuidados" (p. 501) e se mostraram sensíveis a "dimensões interpessoais ou relacionais do processo de tratamento" (Blatt & Shahar, 2004, p. 429). Como Ingrid, uma mãe do tipo abandonada, disse: "Eu penso que a analista focou demais no meu filho. Eu precisava falar sobre *mim*! Eu queria que ela tivesse me aconselhado a partir das suas próprias experiências como mãe". Ela exigiu, assim, uma orientação ativa por parte da analista, pois, como pessoas anaclíticas, ela valorizava os outros "principalmente pelo cuidado imediato, pelo conforto e pela satisfação que fornecem" (Blatt, 2006, p. 501).

Indivíduos do tipo introjetivo buscam "conseguir separação, controle, independência e autodefinição e ser reconhecidos, respeitados e admirados" (Blatt, 2006, p. 508). Os seus conflitos envolvem "sentimentos de inadequação, inferioridade, inutilidade, culpa e dificuldade em gerenciar os afetos, especialmente a raiva" (idem). Reconhecemos tais características na mãe de Martine, que se enquadrou no tipo participante, mencionada no tópico "Mães caóticas". Ela disse: "O meu contato com Martine tornou-se mais forte durante o tratamento MIP. Eu ainda me sinto culpada às vezes, mas sei que a amo e ela me ama. Tudo isso tem a ver com a minha própria mãe. Ela não tinha nenhuma habilidade com os assuntos emocionais!". Ela descobriu o mundo emocional de Martine e pôde atribuir mudanças no relacionamento delas em relação aos temas abordados na análise. Por exemplo, ela entendeu que a rejeição de Martine tinha a ver com a sua própria ambivalência. Esse *insight* a fez projetar, cada vez menos, aspectos negativos em Martine.

O grupo de Blatt descobriu que a psicanálise ajudou, sobretudo, as pacientes introjetivas a desenvolverem capacidades interpessoais adaptativas e a reduzirem tendências interpessoais mal adaptadas. A psicoterapia expressiva--suportiva (*supportive-expressive therapy* – SEP) ajudou a reduzir somente estas últimas e apenas entre as pacientes anaclíticas. Para esse grupo, a SEP foi mais eficiente, em algumas medidas, que a psicanálise. Isso se assemelha ao nosso estudo: MIP é psicanalítico em seus objetivos e seu procedimento, ao passo que a orientação desenvolvimental (Lojkasek et al., 1994) dada pelos enfermeiros tem muitos elementos suportivos.

Estou ciente das diferenças entre o nosso ECR e o estudo de Blatt no que diz respeito a medidas, amostra, modelos de tratamento etc. No entanto, é interessante a observação de que as nossas mães participantes, de forma semelhante aos pacientes introjetivos, não desenvolveram capacidades de relação de objeto, medidas pela sensibilidade EA, tão bem no tratamento do CHC.

Nas entrevistas de *follow-up*, elas sentiram que as enfermeiras, por vezes, responderam com comentários "sem sentido" às suas preocupações de bebê. Isso as deixou sem um espaço para externar essas questões. Sabe-se que os indivíduos que mais se beneficiam das psicoterapias orientadas para *insight* são, muitas vezes, os autorreflexivos (Beutler et al., 2004). Eles também tendem a descrever os seus problemas em termos de dificuldades interpessoais em vez de os verem como sintomas (Horowitz, 1993 citado em Roth & Fonagy, 2005, p. 470). Tenho a impressão de que, quando as mães participantes testemunharam a interação analista-bebê, elas usaram a autorreflexão e uma orientação interpessoal para aumentar a sua sensibilidade em relação à criança. Em contraste, o atendimento feito pelo CHC lhes ofereceu menos possibilidades de desenvolver tais capacidades.

O padrão contrário, de que as mães abandonadas desenvolveram menos a sua sensibilidade em MIP em comparação ao atendimento feito pelo CHC, não foi significativo. Fiquei com a impressão de que o foco do analista no bebê, às vezes, as fez se sentirem abandonadas. Elas queriam que o analista tivesse compartilhado conselhos e experiências pessoais com elas. Os resultados das pacientes traumatizadas ou enlutadas podem associar-se positivamente com um "desejo por uma figura de autoridade compreensiva" (Jones, Cumming, & Horowitz, 1988, p. 52). Os analistas, evidentemente, nem sempre atendem a tais expectativas, o que pode ter contribuído para o fato de essas mães ficarem um pouco menos sensíveis após o tratamento MIP.

Em contraste aos OMIT, tínhamos uma hipótese sobre as classificações de adequação à psicanálise: elas prediriam vários desfechos em relação às mães. Mas, na verdade, elas só previram os resultados PIR-GAS. É difícil interpretar esse achado. Talvez, a adequação à psicanálise tenha sido sobreposta pelo funcionamento reflexivo (FR) materno (Fonagy, Steele, Steele, Moran, & Higgitt, 1991). Se assim for, isso pode ter contribuído para o resultado PIR-GAS ajudando as mães a entenderem o bebê quando ele estava inquieto ou "impossível". Essa suposição é baseada em outros estudos que sugerem essas conexões (Fonagy et al, 1995; Schechter et al., 2005; Slade, Belsky, Aber, & Phelps, 1999).

Em contraste, a adequação à psicanálise não foi capaz de prever qualquer questionário baseado no relato da mãe. Dado que descobrimos que as mães do tipo "participante" se beneficiaram mais do MIP no que diz respeito à sensibilidade materna, investigamos se outras previsões estavam escondidas na avaliação das mães do tipo "abandonada". No entanto, apesar de uma análise dividida, a adequação continuou não prevendo nada além do PIR-GAS. Possivelmente, essas poucas associações resultaram do foco do MIP no bebê. As mães que eram adequadas à psicoterapia individual para obter ajuda com seus próprios problemas podem pensar que o MIP não conseguiu atender a esses desejos.

Conclusões da pesquisa

O personagem Hans Sachs, de Wagner, lamentou não poder compreender o imensurável. No entanto, o trabalho diário do analista consiste em fazer precisamente nisso, embora não com figuras e diagramas. Ao combinar a apresentação de casos individuais com as conclusões do ECR neste livro, meu objetivo foi contribuir para a melhoria da prática diária de outros analistas. Para ser franco, é preciso lembrar que esse ECR tem limitações, assim como todos os estudos científicos. Os nossos resultados não podem, automaticamente, ser estendidos a outras amostras. As mães com níveis educacionais diferentes ou com uma psicopatologia mais grave podem responder de forma diferente ao MIP e ao atendimento do CHC. Essa hipótese deve ser melhor investigada. No que diz respeito ao procedimento do estudo, devemos lembrar que os questionários foram preenchidos após a entrevista, e não antes. Durante os primeiros contatos telefônicos, muitas mães pareciam cautelosas em se abrir para uma pessoa desconhecida. É por isso que preferi que elas, primeiro, se familiarizassem comigo e, em seguida, preenchessem os questionários. Na verdade, as pontuações iniciais dos dois grupos foram aproximadamente iguais. Isso somado à taxa de abandono igual nos dois grupos indicou que, quando as mães preencheram os questionários, a sua distribuição não as influenciou. Houve um problema com a objetividade das classificações PIR-GAS, uma vez que eu as fiz e a minha lealdade era ao tratamento MIP. Assim, optamos por um segundo avaliador que não tinha qualquer lealdade ao MIP. Nossa confiabilidade interna e nossa fidelidade aos cálculos indicaram que as classificações não foram tendenciosas em qualquer direção.

Conclusões clínicas

Como outros ECR que mostraram efeitos positivos da psicoterapia pais-
-bebê em curto prazo (Cohen et al., 1999; Cooper et al., 2003; Lieberman
et al., 1991; O'Hara et al., 2000; Robert-Tissot et al., 1996), este estudo mostrou efeitos em relação à depressão e ao estresse maternos autodeclarados, à
sensibilidade e à qualidade da relação diádica. Certas mães e bebês se beneficiaram de uma psicoterapia mais ambiciosa. Devemos recomendar MIP e psicoterapias semelhantes, especialmente, as mães que intuem que as preocupações de bebê não são causadas exclusivamente por outras pessoas, como seu
parceiro, ou fatores que não são psicológicos, como alergias alimentares. O clínico também deve estar alerta para o sofrimento do bebê. Os bebês que parecem negativamente afetados pela relação devem ter prioridade para a psicoterapia: aqueles que choram constantemente, recusam o seio ou não o deixam,
não olham a mãe nos olhos, não conseguem dormir ou acordam várias vezes,
em suma, casos como os apresentados em toda a parte clínica do livro.

O estudo sustenta que, para avaliar uma díade mãe/pai-bebê, precisamos de
uma longa entrevista. Ela deve incluir observações da mãe e do bebê, além
de uma história completa das experiências da mãe. O estudo I-ME indica que
a intuição e a observação do clínico e a sua avaliação da mãe e da criança podem fornecer informações importantes. Isso pode parecer trivial. A razão
para eu reiterar isso é que os cuidados modernos da saúde, cada vez mais,
usam questionários de relato do paciente para chegar ao diagnóstico e pensar o
tratamento. Na verdade, o nosso estudo ASQ:SE (Salomonsson & Sleed, 2010)
indicou que as mães em sofrimento não eram excelentes avaliadoras num
questionário sobre o sofrimento do bebê. Os questionários podem, assim, fornecer um quadro clínico incompleto.

Para escolher o modelo de psicoterapia, deve-se considerar a mãe *e* o bebê,
cada um com o direito de ser escutado. Há muitos desafios para o psicoterapeuta, como focar simultaneamente na mãe, na criança e na contratransferência. Outro desafio é avaliar o desejo e as capacidades da mãe de ter um
insight psicológico, bem como o seu desejo de receber "ferramentas" e conselhos para lidar com os problemas. Se o profissional não respeitar ambos os
tipos de desejo, ele pode perder o caso em virtude da transferência negativa

materna não resolvida. Na verdade, essas transferências parecem surpreendentemente comuns, provavelmente porque as mães com preocupações de bebê são pegas de surpresa. Elas esperavam que a maternidade seria positiva e enriquecedora, mas, agora, se encontram ansiosas, deprimidas e incapazes de lidar com os desafios que eram triviais. Assim como um "fantasma no quarto do bebê" (Fraiberg et al., 1975) pode aparecer como um hóspede indesejado na sua vida, o psicoterapeuta pode ser sentido como uma ameaça inesperada ao seu equilíbrio psicológico. Então, precisamos ser vigilantes em relação à transferência negativa materna. Por outro lado, alguns fatores que nós, psicanalistas, consideramos essenciais parecem não ter a mesma influência que têm na psicoterapia com adultos. Refiro-me, especialmente, à frequência das sessões: penso que é importante deixar a mãe decidir sobre essa questão em vez de impor um "modelo universal" de psicoterapia.

Considerações para o futuro

Os resultados do ECR foram calculados após seis meses, quando se deu a entrevista de *follow-up*. Seria interessante saber como eles serão no futuro, especialmente porque existem, nesse campo, poucos estudos com *follow-up* de longo prazo. Para este fim, lançamos um estudo de *follow-up* quando as crianças chegaram a 4 anos e meio de idade. O estudo ainda não está concluído.

Os resultados diferenciais entre as mães "abandonadas" e "participantes" inspiraram o meu trabalho clínico a tomar outras direções. O ECR mostrou que o MIP foi, em geral, superior em algumas medidas. Também descobrimos que certas mães e bebês beneficiaram-se de uma abordagem mais suportiva, enquanto outros se beneficiaram mais de uma psicoterapia provocadora da ansiedade e orientada para o *insight*. Outra observação foi que muitas mães, independentemente de serem "participantes" ou "abandonadas", tratadas em MIP ou CHC, ainda estavam frágeis e com medo do futuro. Cheguei à conclusão de que uma psicoterapia pais-bebê não deve ser, automaticamente, considerada como um tratamento "definitivo". Muitos pais precisam saber que eles podem obter apoio renovado *se* e *quando* novos problemas surgirem. Isso pode acontecer quando outra criança nasce, quando ocorre um divórcio na família, quando a criança ou a mãe ficam doentes etc.

Assim, concluí que seria melhor oferecer recursos psicoterapêuticos qualificados nos centros de saúde infantil. Entrei em contato com o CHC Mama Mia, em Estocolmo. A minha ideia era ter uma sala próxima à da enfermeira. Isso geraria menos dúvidas e medos em mães com preocupações de bebê. Eu seria capaz de ajudar "no ato" quando uma mãe sugerisse à enfermeira que algo não estava bem com ela ou o bebê. Esse modo de trabalhar exigiu supervisão das enfermeiras: para ajudá-las a aumentar a sua sensibilidade psicológica e as suas habilidades e coragem de abordar essas questões com a mãe.

Desde 2008, tenho desenvolvido um modelo de consultas psicanalíticas no CHC. Passei a usar a técnica MIP também com crianças maiores e suas mães. O modelo de supervisão também promoveu as competências das enfermeiras no manejo das preocupações de bebê. O próximo livro abordará como esse modelo foi desenvolvido e fornecerá vinhetas clínicas. A Comissão do Fundo Patrimonial Sueco forneceu, recentemente, uma doação generosa para o grupo de psicanalistas pais-bebê de Estocolmo, o que permitirá que esse modelo seja implementado em vários CHC. O plano é avaliar esse projeto de uma forma sistemática.

Epílogo

Agora, temo que o leitor esteja com a mente repleta de conceitos, hipóteses e casos e sentindo-se tonto, ou até mesmo desanimado: "O enigma da infância se perde diante de todos esses termos abstratos!" Portanto, gostaria de apresentar outro retrato que nos diz muito sobre a paisagem pela qual estivemos viajando. O poema foi escrito por Philip Hale, amigo e bardo irlandês, e inspirado pelas questões do livro.

Sem preocupações
Ela está
repleta:
seu mel cristalizado
é do verão passado
Houve
um descansar
de braços: os dela sentem
apenas a estática
de um sofá.
Nela, cada
mamada do bebê
forma dois tipos
de vácuo.

Recuar, buscando
por ecos; configurar
a gramática básica
da língua
no mamilo,
da mamalândia,
dos seus intérpretes,
de modo que todas as
fluências doces
advirão
como tons
colhidos dos
jardins de infância no
tempo que se chama lar.

Este livro sugere que, quando preocupações de bebê estão à espreita, precisamos estudar cuidadosamente essa "gramática básica". Reconheço a complexidade em apreendê-la e as incertezas das nossas interpretações. Porém, penso que existem boas razões para não desistirmos nem frearmos as nossas fantasias enquanto tentamos visualizar o que um bebê chorando ou sem dormir pode sentir. A primeira razão é a urgência. A visão de um bebê chorando ou uma mãe triste é difícil de suportar e nos convoca a agir. A segunda é que, se levamos a sério a teoria desenvolvimental psicanalítica, a infância está na raiz de muito sofrimento posterior ao longo da vida. Não estou dizendo que a vida é determinada durante a infância. Mas, sugiro que levemos seriamente em conta as ideias dos grandes pensadores da psicanálise: a fundação da nossa personalidade e da nossa *Weltanschauung* (visão de mundo) se assentou enquanto esse "Recuar, buscando por ecos" se deu entre nós e nossos pais. A psicoterapia pais-bebê é, portanto, um campo empírico importante que aguarda mais exploração, e que também pode inspirar o trabalho de psicoterapia com pacientes adultos. Minha esperança é que tais explorações tragam mais *insights* sobre as raízes dos distúrbios emocionais e dos transtornos psiquiátricos e sejam de ajuda para as muitas díades de hoje sofrem com preocupações de bebê.

Referências

Abidin, R. R. (1990). *Parenting Stress Index (PSI): manual*. Odessa, FL: Psychological Assessment Resources.

Acquarone, S. (2004). *Infant-parent psychotherapy*. London: Karnac Books.

Ahlberg, A. (1967). *Filosofins historia (The history of philosophy)*. Stockholm, Sweden: Natur och Kultur.

Ainsworth, M. S., Blehar, M. C., Waters, E., & Wall, S. (1978). *Patterns of attachment: a psychological study of the strange situation*. Oxford, England: Lawrence Erlbaum.

Anthony, E. J. (1986). The contributions of child psychoanalysis to psychoanalysis. *Psychoanalytic Study of the Child, 41*, 61-87.

Anzieu, D. (Ed.). (1989). Psychanalyse et language: du corps à la parole (Psychoanalysis and language: from the body to the word). Paris: Dunod.

Anzieu, D. (Ed.). (1990). *Psychic envelopes (Les enveloppes psychiques)*. London: Karnac Books.

Apel, K.-O. (1995). *Charles S. Peirce: from pragmatism to pragmaticism* (J. M. Krois, Trans.). New Jersey: Humanities Press.

Arfouilloux, J.-C. (2000). *Guy Rosolato*. Paris: PUF.

Aulagnier, P. (2001). *The violence of interpretation: from pictogram to statement (La violence de l'interprétation: du pictogramme à l'énoncé*, 1975. Paris: PUF). London: Routledge.

Bahrick, L. E., & Hollich, G. (2008). Intermodal perception. In M. M. Haith & J. B. Benson (Eds.), *Encyclopedia of infant and early childhood development* (Vol. 2, pp. 164-176). San Diego, CA: Academic Press.

Bailly, L. (2012). *A new approach to the traumatic phenomenon.* [Paper presented at The Anna Freud Centre Colloquium], London.

Balestriere, L. (2003). *Freud et la question des origines* (Freud and the question of origins). Bruxelles, Belgique: De Boeck & Larcier.

Balint, M. (1949). Changing therapeutic aims and techniques in psycho--analysis. *International Journal of Psychoanalysis, 31*, 117-124.

Balint, M. (1952). *Primary love and psycho-analytic technique.* London: Maresfield Library.

Balkanyi, C. (1964). On verbalization. *International Journal of Psychoanalysis, 45,* 64-74.

Baradon, T., Broughton, C., Gibbs, I., James, J., Joyce, A., & Woodhead, J. (2005). *The practice of psychoanalytic parent-infant psychotherapy: claiming the baby.* London: Routledge.

Baranger, M., & Baranger, W. (Eds.). (2009). The work of confluence. Listening and interpreting in the psychoanalytic field. London: Karnac Books.

Barrows, P. (2003). Change in parent-infant psychotherapy. *Journal of Child Psychotherapy, 29*(3), 283-300.

Beebe, B., Jaffe, J., Lachmann, F., Feldstein, S., Crown, C., & Jasnow, M. (2000). System models in development and psychoanalysis: the case of vocal rhythm coordination and attachment. *Infant Mental Health Journal, 21*(1-2), 99-122.

Beebe, B., Knoblauch, S., Rustin, J., Sorter, D., Jacobs, T. J., & Pally, R. (2005). *Forms of intersubjectivity in infant research and adult treatment.* New York: Other Press.

Beebe, B., & Lachmann, F. M. (2002). *Infant research and adult treatment: co-constructing interactions.* Hillsdale, NJ: Analytic Press.

Bergmann, M. S. (1995). On love and its enemies. *Psychoanalytic Review, 82,* 1-19.

Bertenthal, B. I., & Longo, M. R. (2007). Is there evidence of a mirror system from birth? *Developmental Science, 10*(5), 526-529.

Beutler, L. E., Malik, M., Alimohamed, S., Harwood, T. M., Talebi, H., Noble, S., & Wong, E. (2004). Therapist variables. In M. J. Lambert (Ed.), *Bergin and Garfield's handbook of psychotherapy and behaviour change* (5th ed., pp. 227-306). New York: John Wiley & Sons.

Bibring, G. L., Dwyer, T. F., Huntington, D. S., & Valenstein, A. F. (1961). A study of the psychological processes in pregnancy and of the earliest mother--child relationship: I. some propositions and comments. *Psychoanalytic Study of the Child, 16,* 9-24.

Bion, W. R. (1962a). *Learning from experience.* London: Karnac Books.

Bion, W. R. (1962b). A theory of thinking. *International Journal of Psychoanalysis, 43,* 306– 310.

Bion, W. R. (1963). *Elements of psychoanalysis.* London: Karnac Books.

Bion, W. R. (1965). *Transformations.* London: Karnac Books.

Bion, W. R. (1970). *Attention and interpretation.* London: Karnac Books.

Bion, W. R. (1997). *Taming wild thoughts.* London: Karnac Books.

Biringen, Z. (2009). *The universal language of love. Assessing relationships through the science of emotional availability (EA).* Recuperado de: www.emotionalavailability.com

Biringen, Z., Robinson, J. L. C., & Emde, R. N. C. (1998). *Emotional Availability Scales* (3rd ed.). Colorado State University: unpublished manual.

Blake, W. (1994). *William Blake: selected poetry.* Oxford, England: Oxford University Press.

Blatt, S. J. (1992). The differential effect of psychotherapy and psychoanalysis with anaclitic and introjective patients: the Menninger Psychotherapy Research Project revisited. *Journal of the American Psychoanalytic Association, 40*(3), 691-724.

Blatt, S. J. (2006). A fundamental polarity in psychoanalysis: implications for personality development, psychopathology, and the therapeutic process. *Psychoanalytic Inquiry, 26,* 492- 518.

Blatt, S. J., & Shahar, G. (2004). Psychoanalysis - with whom, for what, and how? Comparisons with psychotherapy. *Journal of the American Psychoanalytic Association, 52*(2), 393-447.

Bohart, A. C. (2006). The active client. In J. C. Norcross, L. E. Beutler & R. F. Levant (Eds.), *Evidence-based practices in mental health* (pp. 218-224). Washington DC: The American Psychological Association.

Bonaparte, M., Freud, A., & Kris, E. (Eds.). (1954). The origins of psychoanalysis: letters to Wilhelm Fliess, drafts and notes: 1877-1902. New York: Basic Books.

Boris, N. W. M. D., Zeanah, C. H. M. D., Larrieu, J. A. P., Scheeringa, M. S. M. D., & Heller, S. S. P. (1998). Attachment disorders in infancy and early childhood: a preliminary investigation of diagnostic criteria. *American Journal of Psychiatry, 155*(2), 295-297.

Bott Spillius, E., & Feldman, M. (1989). Introduction. In E. Bott Spillius & M. Feldman (Eds.), *Psychic equilibrium and psychic change: selected papers of Betty Joseph London.* London: Tavistock.

Bowlby, J. (1969). *Attachment and loss.* London: Pimlico.

Bretherton, I. (2005). In pursuit of the internal working model construct and its relevance to attachment relationships. In K. E. Grossmann, K. Grossmann & E. Waters (Eds.), *Attachment from infancy to adulthood: the major longitudinal studies* (pp. 13-47). New York: The Guilford Press.

Britton, R., Chused, J., Ellman, S., & Likierman, M. (2006). Panel I: Contemporary views on stages versus positions. *Journal of Infant, Child & Adolescent Psychotherapy, 5,* 268-281.

Brockington, I., Aucamp, H., & Fraser, C. (2006). Severe disorders of the mother--infant relationship: definitions and frequency. *Archives of Women's Mental Health, 9*(5), 243-251.

Bruner, J. (1990). *Acts of meaning*. Cambridge, MA: Harvard University Press.

Busch, F. N., Milrod, B. L., & Sandberg, L. S. (2009). A study demonstrating efficacy of a psychoanalytic psychotherapy for panic disorder: implications for psychoanalytic research, theory, and practice. *Journal of the American Psychoanalytic Association, 57*(1), 131-148.

Bydlowski, M. (2001). Le regard intérieur de la femme enceinte, transparence psychique et représentation de l'objet interne (The interior look of the pregnant woman, psychological transparency and representation of the internal object). *Devenir, 13*(2), 41-52.

Bystrova, K., Ivanova, V., Edhborg, M., Matthiesen, A.-S., Ransjö-Arvidson, A.-B., Mukhamedrakhimov, R., ... Widström, A.-M. (2009). Early contact versus separation: effects on mother-infant interaction one year later. *Birth: Issues in Perinatal Care, 36*(2), 97-109.

Bystrova, K., Matthiesen, A.-S., Vorontsov, I., Widström, A.-M., Ransjö--Arvidson, A.-B., & Uvnäs-Moberg, K. (2007). Maternal axillar and breast temperature after giving birth: effects of delivery ward practices and relation to infant temperature. *Birth: Issues in Perinatal Care, 34*(4), 291-300.

Börjesson, K., Ruppert, S., & Bågedahl-Strindlund, M. (2005). A longitudinal study of psychiatric symptoms in primiparous women: relation to personality disorders and sociodemographic factors. *Archives of Women's Mental Health, 8*(4), 232-242.

Calvocoressi, F. (2010). Touching the void: observations of a very depressed mother in an inpatient unit. *Infant observation, 13*(1), 37-44.

Camus, A. (1994). *Le premier homme (The first man)*. Paris: Gallimard.

Cavell, M. (2001). Seeing through Freud. *The Annual of Psychoanalysis, 29*, 67-82.

Chakraborty, H., & Gu, H. (2009). A mixed model approach for intent-to--treat analysis in longitudinal clinical trials with missing values. *RTI Press publication MR-0009-0903*. Recuperado de: http://www.rti.org/rtipress.

Chinen, A. B. (1987). Symbolic modes in object relations: a semiotic perspective. *Psychoanalysis & Contemporary Thought, 10*, 373-406.

Ciccone, A., Mellier, D., Athanassiou-Popesco, C., Carel, A., Dubinsky, A., & Guedeney, A. (2007). *Le bébé et le temps: attention, rythme et subjectivation (The baby and time: attention, rhythm and subjectivation)*. Paris: Dunod.

Civitarese, G. (2008). *The intimate room: theory and technique of the analytic field* (P. Slotkin, Trans.). London: Routledge.

Clark, R., Tluczek, A., & Wenzel, A. (2003). Psychotherapy for postpartum depression: a preliminary report. *American Journal of Orthopsychiatry, 73*(4), 441-454.

Cohen, J. (1985). Trauma and repression. *Psychoanalytic Inquiry, 5*(1), 163-189.

Cohen, J. (1994). A view of the moral landscape of psychoanalysis. *Journal of the American Academy of Psychoanalysis, 22*, 699-725.

Cohen, M., & Hahn, A. (Eds.). (2000). *Exploring the work of Donald Meltzer*. London: Karnac Books.

Cohen, N. J., Lojkasek, M., Muir, E., Muir, R., & Parker, C. J. (2002). Six--month follow-up of two mother-infant psychotherapies: convergence of therapeutic outcomes. *Infant Mental Health Journal, 23*(4), 361-380.

Cohen, N. J., Muir, E., Parker, C. J., Brown, M., Lojkasek, M., Muir, R., & Barwick, M. (1999). Watch, wait and wonder: testing the effectiveness of a new approach to mother-infant psychotherapy. *Infant Mental Health Journal, 20*(4), 429-451.

Cohn, J. F., & Tronick, E. (1989). Specificity of infants' response to mothers' affective behaviour. *Journal of the American Academy of Child & Adolescent Psychiatry, 28*(2), 242- 248.

Cooke, M., Schmied, V., & Sheehan, A. (2007). An exploration of the relationship between postnatal distress and maternal role attainment, breast feeding problems and breast feeding cessation in Australia. *Midwifery, 23*(1), 66-76.

Cooper, D. E. (Ed.). (1999). *Epistemology: the classic readings*. Oxford, England: Blackwell.

Cooper, P. J., Murray, L., Wilson, A., & Romaniuk, H. (2003). Controlled trial of the short- and long-term effect of psychological treatment of post-partum depression: 1. Impact on maternal mood. *British Journal of Psychiatry, 182*(5), 412-419.

Corradi Fiumara, G. (1995). The metaphoric process: connections between language and life. London: Routledge.

Cox, J., Holden, J., & Sagovsky, R. (1987). Detection of postnatal depression: development of the 10-item Edinburgh Postnatal Depression Scale. *British Journal of Psychiatry, 150*, 782-786.

Cramer, B., & Palacio Espasa, F. (1993). La pratique des psychothérapies mères-bébés: études cliniques et techniques (The practice of mother-infant psychotherapies: clinical and technical studies). Paris: PUF.

D'Entremont, B. (1995). *One- to six-months-olds' attention and affective responding to adults' happy and sad expressions: the role of face and voice.* Kingston, Canada: Queen´s University.

Da Rocha Barros, E. M., & da Rocha Barros, E. L. (2011). Reflections on the clinical implications of symbolism. *International Journal of Psychoanalysis, 92*(4), 879–901.

DeCasper, A. J., & Fifer, W. P. (1980). Of human bonding: newborns prefer their mothers' voices. *Science, 208*(4448), 1174-1176.

Decety, J. (2002). Is there such a thing as functional equivalence between imagined, observed, and executed action? In A. N. Meltzoff & W. Printz (Eds.), *The imitative mind: development, evolution, and brain bases* (pp. 291–310). New York: Cambridge University Press.

Decety, J. (2010). The neurodevelopment of empathy in humans. *Developmental Neuroscience, 32*, 257-267.

Dennis, C.-L. E. (2004). Treatment of postpartum depression, part 2: a critical review of nonbiological interventions. *Journal of Clinical Psychiatry, 65*(9), 1252-1265.

Derogatis, L. R. (1994). *Symptom Checklist-90-R: Administration, scoring and procedures manual* (3rd revised ed.). Minneapolis, MN: National Computer Systems.

304 REFERÊNCIAS

Diatkine, G. (2007). Lacan. *International Journal of Psychoanalysis*, *88*, 643-660.

Diatkine, G. (2008). La disparition de la sexualité infantile dans la psychanalyse contemporaine (The disappearance of infantile sexuality in contemporary psychoanalysis). *Revue Francaise de Psychanalyse, 72*(3), 671-685.

Dolto, F. (1982). Séminaires de psychanalyse d'enfant (Vol. 1) (Seminars on child psychoanalysis (Vol. 1)). Paris: Editions du Seuil.

Dolto, F. (1985). Séminaires de psychanalyse d'enfant (Vol. 2) (Seminars on child psychoanalysis (Vol. 2)). Paris: Editions du Seuil.

DSM-IVTR. (2000). Diagnostic and statistical manual of mental disorders. (4th ed.). Text Revision. Washington, DC: American Psychiatric Association.

Eco, U. (1968). *La struttura assente (The absent structure)*. Milano, Italia: Bompiani [(1971) Den frånvarande strukturen. Lund, Sverige: Cavefors.].

Elliott, R., Fischer, C. T., & Rennie, D. L. (1999). Evolving guidelines for publication of qualitative research studies in psychology and related fields. *British Journal of Clinical Psychology, 38*(3), 215-229.

Emanuel, L. (2006). Disruptive and distressed toddlers: the impact of undetected maternal depression on infants and young children. *Infant Observation, 9*(3), 249-259.

Emanuel, L., & Bradley, E. (Eds.). (2008). "What can the matter be?": therapeutic interventions with parents, infants, and young children. London: Karnac Books.

Faimberg, H. (2005). Après-coup. *International Journal of Psychoanalysis, 86*, 1-6.

Falissard, B. (2012). *Treatment for the brain, treatment for the mind: the same "Evidence-Based Medicine" for both?* Paper presented at the 20th World Congress of the International Association for Child and Adolescent Psychiatry and Allied Professions, Paris.

Falzeder, E. (Ed.). (2002). *The complete correspondence of Sigmund Freud and Karl Abraham 1907-1925*. London: Karnac Books.

Feldman, R. (2007). Parent-infant synchrony and the construction of shared timing; physiological precursors, developmental outcomes, and risk conditions. *Journal of Child Psychology & Psychiatry & Allied Disciplines, 48*(3-4), 329-354.

Ferenczi, S. (1931). Child-analysis in the analysis of adults. *International Journal of Psychoanalysis, 12*, 468-482.

Ferenczi, S. (1933). Confusion of tongues between adult and the child. In *Final contributions to the problems and methods of psychoanalysis (1955)*. London: Maresfield.

Fernald, A. (2004). Hearing, listening and understanding: auditory development in infancy. In G. Bremner & A. Fogel (Eds.), *Blackwell handbook of infant development*. London: Blackwell.

Ferro, A. (1999). *The bi-personal field: experiences in child analysis*. London: Routledge.

Ferro, A. (2006). Clinical implications of Bion's thought. *International Journal of Psychoanalysis, 87*(4), 989-1003.

Ferro, A., & Basile, R. (Eds.). (2011). *The analytic field: a clinical concept*. London: Karnac Books.

Ferry, A. L., Hespos, S. J., & Waxman, S. R. (2010). Categorization in 3- and 4-month-old infants: an advantage of words over tones. *Child Development, 81*, 472–479.

Flink, P.-O. (2001). On Norman's "The psychoanalyst and the baby: a new look at work with infants". *International Journal of Psychoanalysis, 82*, 805-807.

Fonagy, P. (1993). Psychoanalytical and empirical approaches: can they be usefully integrated? *Journal of Royal Society of Medicine, 86*, 577-581.

Fonagy, P. (1996). Discussion of Peter Wolff's paper "Infant observation and psychoanalysis". *Journal of the American Psychoanalytic Association, 44*(2), 404-422.

Fonagy, P. (2001). *Attachment theory and psychoanalysis*. New York: Other Press.

Fonagy, P. (2008). A genuinely developmental theory of sexual enjoyment and its implications for psychoanalytic technique. *Journal of the American Psychoanalytic Association, 56*(1), 11- 36.

Fonagy, P., Gergely, G., Jurist, E. L., & Target, M. (2002). *Affect regulation, mentalization, and the development of the self.* New York: Other Press.

Fonagy, P., Steele, M., Steele, H., Leigh, T., Kennedy, R., Mattoon, G., & Target, M. (1995). Attachment, the reflective self, and borderline states. In S. Goldberg & J. Kerr (Eds.), *Attachment research: the state of the art* (pp. 233-278). New York: The Analytic Press.

Fonagy, P., Steele, M., Steele, H., Moran, G. S., & Higgitt, A. (1991). The capacity for understanding mental states: the reflective self in parent and child and its significance for security of attachment. *Infant Mental Health Journal, 12*(3), 201-218.

Fonagy, P., & Target, M. (2007). The rooting of the mind in the body: new links between attachment theory and psychoanalytic thought. *Journal of the American Psychoanalytic Association, 55*(2), 411-456.

Fraiberg, S. (1980). *Clinical studies in infant mental health.* New York: Basic Books.

Fraiberg, S. (1982). Pathological defenses in infancy. *Psychoanalytic Quarterly, 51*(4), 612- 635.

Fraiberg, S. (1987). *Selected writings of Selma Fraiberg.* Columbus, OH: Ohio State University Press.

Fraiberg, S., Adelson, E., & Shapiro, V. (1975). Ghosts in the nursery: a psychoanalytic approach to the problems of impaired infant-mother relationships. *Journal of the American Academy of Child Psychiatry, 14*(3), 387-421.

Freud, A. (1926). *Introduction to the technique of child analysis.* London: Imago.

Freud, A. (1965). *Normality and pathology in childhood: assessments of development.* New York: International Universities Press.

Freud, S. (1895/1950). Project for a scientific psychology. In J. Strachey (Ed.), *The standard edition of the complete psychological works of Sigmund Freud* (Vol. I) (SE), pp. 281-391. London: Hogarth Press.

Freud, S. (1892–1899/1950). Extracts from the Fliess papers. SE 1, pp. 175-282.

Freud, S. (1896). Further remarks on the neuro-psychoses of defence. SE 3, pp. 157-185.

Freud, S. (1900). The interpretation of dreams. SE 4-5.

Freud, S. (1901). On dreams. SE 5, pp. 629-686.

Freud, S. (1905a). Fragment of an analysis of a case of hysteria. SE 7, pp. 1-122.

Freud, S. (1905b). Three essays on sexuality. SE 7, pp. 123-246.

Freud, S. (1909a). Analysis of a phobia in a five-year-old boy. SE 10, pp. 1-150.

Freud, S. (1909b). Some general remarks on hysterical attacks. SE 9, pp. 227-234.

Freud, S. (1910). Five lectures on psycho-analysis. SE 11, pp. 1-56.

Freud, S. (1911). Formulations on the two principles of mental functioning. SE 12, pp. 213- 226.

Freud, S. (1912a). The dynamics of transference. SE 12, pp. 97-108.

Freud, S. (1912b). On the universal tendency to debasement in the sphere of love (Contributions to the psychology of love II). SE 11, pp. 177-190.

Freud, S. (1913). The claims of psycho-analysis to scientific interest. SE 13, pp. 165-192.

Freud, S. (1914). Remembering, repeating and working-through. SE 12, pp. 145-156.

Freud, S. (1915a). Instincts and their vicissitudes. SE 14, pp. 109-140.

Freud, S. (1915b). Repression. SE 14, pp. 141-158.

Freud, S. (1915c). The Unconscious. SE 14, pp. 159-216.

Freud, S. (1916-1917). Introductory lectures on psychoanalysis. SE 15-16.

Freud, S. (1917). Mourning and melancholia. SE 14, pp. 237-258.

Freud, S. (1918). From the history of an infantile neurosis. SE 17, pp. 1-124.

Freud, S. (1920). Beyond the pleasure principle. SE 18, pp. 1-64.

Freud, S. (1923). Two encyclopedia articles. SE 18, pp. 233-260.

Freud, S. (1925-1926). Inhibitions, symptoms and anxiety. SE 20, pp. 87-178.

Freud, S. (1933). New introductory lectures on psychoanalysis. SE 22, pp. 1-182.

Fridell, M., Cesarec, Z., Johansson, M., & Malling Thorsen, S. (2002). Svensk normering, standardisering och validering av symptomskalan SCL-90 (a Swedish standardization and validation of the SCL-90). Stockholm, Sverige: Statens Institutionsstyrelse.

Gaensbauer, T. (2011). Embodied simulation, mirror neurons, and the reenactment of trauma in early childhood. *Neuropsychoanalysis, 13*(1), 91-107.

Gaensbauer, T. J. (1995). Trauma in the preverbal period: symptoms, memories, and developmental impact. *Psychoanalytic Study of the Child, 50,* 122-149.

Gagliardi, L., Petrozzi, A., & Rusconi, F. (2012). Symptoms of maternal depression immediately after delivery predict unsuccessful breast feeding. *Archives of Disease in Childhood, 97*(4), 355-357.

Gammelgaard, J. (1998). Metaphors of listening. *Scandinavian Psychoanalytic Review, 21*(2), 151-167.

Gervain, J., Macagno, F., Cogoi, S., Peña, M., & Mehler, J. (2008). The neonate brain detects speech structure. *Proceedings of the National Academy of Sciences of the United States of America, 105,* 14222–14227.

Gervain, J., & Mehler, J. (2010). Speech perception and language acquisition in the first year of life. *Annual Review of Psychology, 61,* 191–218.

Gibello, B. (1989). Fantasme, langage, nature, trois ordres de réalité (Fantasy, language, nature, three orders of reality). In D. Anzieu (Ed.), *Psychanalyse et langage (Psychoanalysis and language)* (pp. 25–70). Paris: Dunod.

Goetzmann, L., & Schwegler, K. (2004). Semiotic aspects of the countertransference: some observations on the concepts of the "immediate object" and the "interpretant" in the work of Charles S. Peirce. *International Journal of Psychoanalysis, 85*(6), 1423-1438.

Golse, B. (2006). *L'être-bébé* (*The baby: a being*). Paris: PUF.

Golse, B., & Roussillon, R. (2010). *La naissance de l'objet* (*The birth of the object*). Paris: PUF.

Green, A. (1995). Has sexuality anything to do with psychoanalysis? *International Journal of Psychoanalysis, 76*, 871-883.

Green, A. (1998). The primordial mind and the work of the negative. *International Journal of Psychoanalysis, 79*, 649-665.

Green, A. (2004). Thirdness and psychoanalytic concepts. *Psychoanalytic Quarterly, 73*, 99-13.

Grotstein, J. (1980). A proposed revision of the psychoanalytic concept of primitive mental states – part I: introduction to a newer psychoanalytic metapsychology. *Contemporary Psychoanalysis, 16*, 479-546.

Grotstein, J. (1997). Integrating one-person and two-person psychologies: autochthony and alterity in counterpoint. *Psychoanalytic Quarterly, 66*, 403-430.

Grotstein, J. (2003). Toward a name of her own: commentary on Farhi. *Contemporary Psychoanalysis, 39*, 99-106.

Grotstein, J. (2008). *A beam of intense darkness: Wilfred Bion's legacy to psychoanalysis*. London: Karnac Books.

Guiraud, P. (1975). *Semiology* (G. Gross, Trans.). London: Routledge & Kegan Paul.

Hamilton, M. A. (1967). Development of a rating scale for primary depressive illness. *Journal of Social and Clinical Psychology, 6*, 278-296.

Hermann, I. (1976 (1936)). Clinging - going-in-search: a contrasting pair of instincts and their relation to sadism and masochism. *Psychoanalytic Quarterly, 45*, 5-36.

Hinshelwood, R. D. (1989). *A dictionary of Kleinian thought*. London: Free Association Books.

Holden, J. M., Sagovsky, R., & Cox, J. L. (1989). Counselling in a general practice setting: controlled study of health visitor intervention in treatment of postnatal depression. *British Medical Journal, 298*(6668), 223-226.

Horowitz, M. J. (1993). Interpersonal problems, attachment styles and outcome in brief dynamic therapy. *Journal of Consulting & Clinical Psychology, 61*, 549-560.

Hundeide, K. (2007). When empathic care is obstructed: excluding the child from the zone of intimacy. In S. Bråten (Ed.), *On being moved: from mirror neurons to empathy* (pp. 237-256). Amsterdam: John Benjamins.

Jick, T. D. (1979). Mixing qualitative and quantitative methods: triangulation in action. *Qualitative Methodology, 24*(4), 602-611.

Jimenez, J. P. (2007). Can research influence clinical practice? *International Journal of Psychoanalysis, 88*(3), 661-679.

Jones, E. (1916). The theory of symbolism. In *Papers on psycho-analysis, 1948.* (5th ed., pp. 87- 144). London: Baillière, Tindall & Cox.

Jones, E. E., Cumming, J. D., & Horowitz, M. J. (1988). Another look at the nonspecific hypothesis of therapeutic effectiveness. *Journal of Consulting and Clinical Psychology, 56*(1), 48-55.

Joseph, B. (1985). Transference: the total situation. *International Journal of Psychoanalysis, 66*, 447-454.

Kant, I. (1996). *Critique of pure reason: unified edition (1781, 1787)* (W. S. Pluhar, Trans.). Indianapolis, IN: Hackett.

Karmiloff, K., & Karmiloff-Smith, A. (2001). *Pathways to language.* Cambridge, MA: Harvard University Press.

Kendall, P. C., Holmbeck, G., & Verduin, T. (2004). Methodology, design, and evaluation in psychotherapy research. In M. J. Lambert (Ed.), *Bergin and Garfield's handbook of psychotherapy and behaviour change* (Vol. 5, pp. 16-43). New York: John Wiley & Sons.

Kermode, F. (1985). Freud and interpretation. *International Review of Psychoanalysis, 12*(1), 3-12.

Khan, M. M. (1963). The concept of cumulative trauma. *Psychoanalytic Study of the Child, 18*, 286-306.

Khan, M. M. (1964). Ego distortion, cumulative trauma, and the role of reconstruction in the analytic situation. *International Journal of Psychoanalysis, 45*, 272-279.

Klaus, M., Jerauld, R., Kreger, N., McAlpine, W., Steffa, M., & Kennell, J. H. (1972). Maternal attachment: importance of the first postpartum days. *New England Journal of Medicine, 286*, 460–463.

Klein, M. (1935). A contribution to the psychogenesis of manic-depressive states. In R. Money- Kyrle (Ed.), *The writings of Melanie Klein* (Vol. 1, pp. 262-289). London: Hogarth Press.

Klein, M. (1945). *The Oedipus complex in the light of early anxieties.* (Vol. 1, pp. 370-419).

Klein, M. (1946). *Notes on some schizoid mechanisms.* (Vol. 3, pp. 1-24).

Klein, M. (1952). *The origins of transference.* (Vol. 3, pp. 48-56).

Klein, M. (1959). *Our adult world and its roots in infancy.* (Vol. 3, pp. 247-263).

Klerman, G. L., Weismann, M. M., Rounsaville, B. J., & Chevron, E. S. (1984). *Interpersonal psychotherapy of depression.* New York: Basic Books.

Kloesel, C., & Houser, N. (Eds.). (1992). *The essential Peirce, vol. 1: 1867–1893.* Bloomington, IN: Indiana University Press.

Kloesel, C., & Houser, N. (Eds.). (1998). *The essential Peirce, vol. 2: 1893–1913.* Bloomington, IN: Indiana University Press.

Krentz, U. C., & Corina, D. P. (2008). Preference for language in early infancy: the human language bias is not speech specific. *Developmental Science 11*(1), 1–9.

Kugiumutzakis, G., Kokkinaki, T., Makrodimitraki, M., & Vitalaki, E. (2005). Emotions in early mimesis. In J. Nadel & D. Muir (Eds.), *Emotional Development* (pp. 162-182). Oxford, England: Oxford University Press.

Kuhl, P. K. (2004). Early language acquisition: Cracking the speech code. *Nature Neuroscience, 5*(831-843).

Køppe, S., Harder, S., & Væver, M. (2008). Vitality Affects. *International Forum of Psychoanalysis, 17*, 169-179.

Lacan, J. (1966). *Écrits, Vol. 1.* (B. N. Y. Fink, NY: Norton. 878 p., Trans.). Paris: Seuil, 1999.

Lacan, J. (1975). Encore: séminaires (On feminine sexuality, the limits of love and knowledge: the seminar of Jacques Lacan, Book XX, Encore) (Vol. 20). Paris: Dunod.

Lacan, J. (1998). La forclusion du Nom-du-Père (The foreclosure of the Name of the Father). In J.-A. Miller (Ed.), *Le séminaire vol. 5: les formations de l'inconscient (The seminar, vol. 5: formations of the unconscious)* (pp. 143-159). Paris: Seuil.

Lakoff, G., & Johnson, M. (1999). *Philosophy in the flesh.* New York: Basic Books.

Langer, S. (1942). *Philosophy in a new key* (3rd ed.). Cambridge, MA.: Harvard University Press.

Laplanche, J. (1989). *New foundations for psychoanalysis* (*Nouveaux fondements pour la psychanalyse*, 1987) (D. Macey, Trans.). Oxford, England: Basil Blackwell.

Laplanche, J. (1995). Seduction, persecution, revelation. *International Journal of Psychoanalysis, 76*, 663-682.

Laplanche, J. (1997). The theory of seduction and the problem of the other. *International Journal of Psychoanalysis, 78*(4), 653-666.

Laplanche, J. (1999a). *Essays on otherness.* London: Routledge.

Laplanche, J. (1999b). *The unconscious and the id.* London: Rebus Press.

Laplanche, J. (2002). Sexuality and attachment in metapsychology. In D. Widlöcher (Ed.), *Infantile sexuality and attachment* (pp. 37-63). New York: Other Press.

Laplanche, J. (2007). *Sexual: la sexualité élargie au sens Freudien ("Sexual": sexuality enlarged in the Freudian sense).* Paris: PUF.

Laplanche, J., & Pontalis, J. B. (1973). *The language of psychoanalysis*. London: Hogarth Press.

Lebovici, S., & Stoléru, S. (2003). Le nourisson, sa mère et le psychanalyste: les interactions précoces (The baby, his mother and the psychoanalyst: early interactions). Paris: Bayard.

Ledoux, M. H. (2006). *Dictionnaire raisonné de l'oeuvre de F. Dolto* (*A commented dictionnary on the work of F. Dolto*). Paris: Payot & Rivages.

Lepage, J.-F., & Théoret, H. (2007). The mirror neuron system: grasping others' actions from birth? *Developmental Science, 10*(5), 513-523.

Leuzinger-Bohleber, M., Stuhr, U., Ruger, B., & Beutel, M. (2003). How to study the quality of psychoanalytic treatments and their long-term effects on patients' well-being: a representative, multi-perspective follow-up study. *International Journal of Psychoanalysis, 84*(2), 263-290.

Levenson, E. (2005 (1983)). The ambiguity of change: an inquiry into the nature of psychoanalytic reality. In E. Levenson (Ed.), *The fallacy of understanding: the ambiguity of change*. Hillsdale, NJ: The Analytic Press.

Lichtenberg, J. (1983). *Psychoanalysis and infant research*. Hillsdale, NJ: Analytic Press.

Lieberman, A. F., & Van Horn, P. (2008). Psychotherapy with infants and young children: repairing the effects of stress and trauma on early attachment. New York: The Guilford Press.

Lieberman, A. F., Weston, D. R., & Pawl, J. H. (1991). Preventive intervention and outcome with anxiously attached dyads. *Child Development, 62*(1), 199-209.

Lindner, E. (1912). *Richard Wagner über Tristan und Isolde* (*Richard Wagner on Tristan and Isolde*). Leipzig: Breitkopf&Härtel.

Lindner, R. (2006). Suicidality in men in psychodynamic psychotherapy. *Psychoanalytic Psychotherapy, 20*(3), 197-217.

Litowitz, B. E. (2012). Why this question? Commentary on Vivona. *Journal of the American Psychoanalytic Association, 60*, 267-274.

Lojkasek, M., Cohen, N. J., & Muir, E. (1994). Where is the infant in infant intervention? A review of the literature on changing troubled mother--infant relationships. *Psychotherapy: Theory, Research, Practice, Training, 31*(1), 208-220.

Luyten, P., Blatt, S. J., & Corveleyn, J. (2006). Minding the gap between positivism and hermeneutics in psychoanalytic research. *Journal of the American Psychoanalytic Association, 54*(2), 571-610.

MacFarlane, A. (1975). Olfaction in the development of social preferences in the human neonate. *Parent-infant interaction. CIBA-foundation symposium, 33*. Retrieved from doi: 10.1002/9780470720158.ch7.

Maiello, S. (1995). The sound object. *Journal of Child Psychotherapy, 21*, 23-42.

Main, M., & Solomon, J. (1986). Discovery of a new, insecure/disorganized/disoriented attachment pattern. In T. B. Brazelton & M. W. Yogman (Eds.), *Affective development in infancy* (pp. 95-124). Norwood, NJ.: Ablex.

Mark, E. (2001). Is the self of the infant preserved in the adult? *Medicine, Health Care & Philosophy, 4*(3), 347-353.

Markova, G., & Legerstee, M. (2006). Contingency, imitation, and affect sharing: foundations of infants' social awareness. *Developmental Psychology, 42*(1), 132-141.

Marks, Z., Murphy, S. & Glowinski, H. (2001). *A compendium of Lacanian terms.* London: Free Association Books.

Maroda, K. (2000). Reflections on Benjamin Wolstein, personal analysis, and coparticipation. *Contemporary Psychoanalysis, 36*, 241-249.

Maroda, K. (2002). No place to hide: affectivity, the unconscious, and the development of relational techniques. *Contemporary Psychoanalysis, 38*, 101-120.

Martindale, C. (1975). The grammar of altered states of consciousness: a semiotic reinterpretation of aspects of psychoanalytic theory. *Psychoanalysis and Contemporary Science, 4*, 331-354.

Maze, J. R., & Henry, R. M. (1996). Problems in the concept of repression and proposals for their resolution. *International Journal of Psychoanalysis, 77*(6), 1085-1100.

McCarter-Spaulding, D., & Horowitz, J. A. (2007). How does postpartum depression affect breastfeeding? *The American Journal of Maternal/Child Nursing, 32*(1), 10-17.

McDonough, S. (2004). Interaction guidance: promoting and nurturing the caregiving relationship. In A. J. Sameroff, McDonough, S.C., & Rosenblum, K.L. (Ed.), *Treating parent- infant relationship problems* (pp. 79-96). New York: The Guilford Press.

Mehler, J., Jusczyk, P. W., Lambertz, G., Halsted, N., Bertoncini, J., & Amiel--Tison, C. (1988). A precursor of language acquisition in young infants. *Cognition, 29*, 144–178.

Melon, J. (1983). D'amour et de mort (On love and death). *Revue Belqique de psychanalyse, 3*, 51-72.

Meltzer, D. (1966). The relation of anal masturbation to projective identification. *International Journal of Psychoanalysis, 47*, 335-342.

Meltzer, D. (1967). *The psychoanalytic process*. Perthshire, Scotland: Clunie Press.

Meltzer, D. (1992). *The claustrum*. Perthshire, Scotland: Clunie Press.

Meltzer, D., & Harris-Williams, M. (1988). *The apprehension of beauty: the role of aesthetic conflict in development, violence and art*. Perthshire, Scotland: Clunie Press.

Meltzoff, A. N., & Moore, M. K. (1977). Imitation of facial and manual gestures by human neonates. *Science, 198*(4312), 74-78.

Meltzoff, A. N., & Moore, M. K. (1994). Imitation, memory and the representations of persons. *Infant Behaviour and Development, 17*(83-99).

Meltzoff, A. N., & Moore, M. K. (1997). Explaining facial imitation: a theoretical model. *Early Development & Parenting, 6*, 179-192.

Miller, L. (2008). The relation of infant observation to clinical practice in an under-fives clinical service. In L. Emanuel & E. Bradley (Eds.), *"What can the matter be?": therapeutic interventions with parents, infants, and young children* (pp. 38-53). London: Karnac Books.

Misri, S. and K. Joe (2008). Perinatal mood disorders: An introduction. Perinatal and postpartum mood disorders. In S. Dowd Stone and A. Menken (Eds.), *Perinatal and postpartum mood disorders* (pp. 65-83). New York: Springer.

Mittag, A.-M. (2009). The Child Health Care of Stockholm. *Vårdguiden*. Recuperado de: http://www.vardguiden.se/Sa-funkar-det/Halso-och-sjukvard/Narsjukvard/ Barnhalsovard/

Moore, B. E., & Fine, B. D. (1990). Psychoanalytic terms and concepts (as published in 2010, "PEP consolidated psychoanalytic glossary", Eds. Tuckett & Levinson). New York: Yale University Press.

Muir, D., Lee, K., Hains, C., & Hains, S. (2005). Infant perception and production of emotions during face-to-face interactions with live and "virtual" adults. In J. Nadel & D. Muir (Eds.), *Emotional development* (pp. 207–234). Oxford, England: Oxford University Press.

Muir, E. (1991). Integrating individual and family therapy. In R. Szur & S. Miller (Eds.), *Extending horizons: psychoanalytic psychotherapy with children, adolescents and families* (pp. 65-82). London: Karnac.

Muller, J. (1996). *Beyond the psychoanalytic dyad*. New York: Routledge.

Muller, J., & Brent, J. (2000). *Peirce, semiotics, and psychoanalysis*. Baltimore, MD: The John Hopkins University Press.

Murray, L., Cooper, P. J., Wilson, A., & Romaniuk, H. (2003). Controlled trial of the short- and long-term effect of psychological treatment of post-partum depression: 2. Impact on the mother-child relationship and child outcome. *British Journal of Psychiatry, 182*(5), 420-427.

Nagy, E., & Molnar, P. (2004). Homo imitans or homo provocans? Human imprinting model of neonatal imitation. *Infant Behavior & Development, 27*(1), 54-63.

Nazzi, T., Bertoncini, J., & Mehler, J. (1998). Language discrimination by newborns: toward an understanding of the role of rhythm. *Journal of Experimental Psychology: Human Perception & Performance, 24*(3), 756-766.

Negri, R. (2007). Therapeutic consultation: early detection of "alarm symptoms" in infants and treatment with parent-infant psychotherapy. In M. E. Pozzi--Monzo & B. Tydeman (Eds.), *Innovations in parent-infant psychotherapy* (pp. 95-116). London: Karnac Books.

Norman, J. (1994). The psychoanalyst's instrument: a mental space for impressions, affective resonance and thoughts. In *The Analyst's Mind: from Listening to Interpretation*. London: IPA Press.

Norman, J. (2001). The psychoanalyst and the baby: a new look at work with infants. *International Journal of Psychoanalysis, 82*(1), 83-100.

Norman, J. (2004). Transformations of early infantile experiences: a 6-month--old in psychoanalysis. *International Journal of Psychoanalysis, 85*(5), 1103-1122.

O'Hara, M. W., Stuart, S., Gorman, L. L., & Wenzel, A. (2000). Efficacy of interpersonal psychotherapy for postpartum depression. *Archives of General Psychiatry, 57*(11), 1039-1045.

Olds, D. D. (2000). A semiotic model of mind. *Journal of the American Psychoanalytic Association, 48*, 497-529.

Orlinsky, D. E., Rönnestad, M. H., & Willutzki, U. (2004). Fifty years of psychotherapy process-outcome research: continuity and change. In M. J. Lambert (Ed.), *Bergin and Garfield's handbook of psychotherapy and behaviour change* (5th ed., pp. 307-390). New York: John Wiley & Sons.

Östberg, M., Hagekull, B., & Wettergren, S. (1997). A measure of parental stress in mothers with small children: dimensionality, stability and validity. *Scandinavian Journal of Psychology, 38*(3), 199-208.

Papousek, M., Schieche, M., & Wurmser, H. (Eds.). (2008). *Disorders of behavioural and emotional regulation in the first years of life*. Washington D.C.: ZERO TO THREE.

Peterfreund, E. (1978). Some critical comments on psychoanalytic conceptualizations of infancy. *International Journal of Psychoanalysis, 59*, 427-441.

Petot, J.-M. (1990). *Melanie Klein: vol. 1: first discovery and first system (1919-1932)* (C. Trollope, Trans.). Madison, CT: International Universities Press.

Philips, B., Werbart, A., Wennberg, P., & Schubert, J. (2007). Young adults' ideas of cure prior to psychoanalytic psychotherapy. *Journal of Clinical Psychology, 63*(3), 213-232.

Piene, F., Auestad, A.-M., Lange, J., & Leira, T. (1983). Countertransference: transference seen from the point of view of child psychoanalysis. *Scandinavian Psychoanalytic Review, 6*, 43-57.

Porter, R. H., Cernoch, J. M., & McLaughlin, J. F. (1983). Maternal recognition of neonates through olfactory cues. *Physiology & Behaviour, 30*(1), 151-154.

Pozzi-Monzo, M. E., & Tydeman, B. (Eds.). (2007). *Innovations in parent-infant psychotherapy.* London: Karnac Books.

Quinodoz, D. (1992). The psychoanalytic setting as the instrument of the container function. *International Journal of Psychoanalysis, 73*, 627-635.

Racker, H. (1957). The meanings and uses of countertransference. *Psychoanalytic Quarterly, 26*, 303-357.

Racker, H. (1968). *Transference and countertransference.* London: Karnac Books.

Reddy, V. (2008). *How infants know minds.* Cambridge, MS: Harvard University Press.

Robert-Tissot, C., Cramer, B., Stern, D. N., Serpa, S. R., Bachmann, J.-P., Palacio-Espasa, F., ... Mendiguren, G. (1996). Outcome evaluation in brief mother--infant psychotherapies: Report on 75 cases. *Infant Mental Health Journal, 17*(2), 97-114.

Romantshik, O., Porter, R., Tillmann, V., & Varendi, H. (2007). Preliminary evidence of a sensitive period for olfactory learning by human newborns. *Acta Paediatrica, 96*(3), 372-376.

Rosolato, G. (1978). Symbol formation. *International Journal of Psychoanalysis, 59*, 303-313.

Rosolato, G. (1985). Éléments de l'interprétation (Elements of interpretation). Paris: Gallimard.

Roth, A., & Fonagy, P. (2005). What works for whom: A critical review of psychotherapy research, 2nd ed. New York: Guilford Publications.

Roussillon, R. (2011). *Primitive agony and symbolization*. London: IPA and Karnac.

Rovee-Collier, C., & Hayne, H. (1987). Reactivation of infant memory: Implications for cognitive sevelopment. In H. Reese (Ed.), *Advances in child development and behavior* (pp. 185-238). New York: Academic Press.

Russell, M. J., Mendelson, T., & Peeke, H. V. S. (1983). Mother's identification of their infant's odors. *Ethology and Sociobiology, 4*(1), 29-31.

Salomonsson, B. (1989). Music and affects: Psychoanalytic viewpoints. *Scandinavian Psychoanalytic Review, 12*(2), 126-144.

Salomonsson, B. (1998). Between listening and expression: On desire, resonance and containment. *Scandinavian Psychoanalytic Review, 21*, 168-182.

Salomonsson, B. (2006). The impact of words on children with ADHD and DAMP. Consequences for psychoanalytic technique. *International Journal of Psychoanalysis, 87*(4), 1029-1047.

Salomonsson, B. (2007a). Semiotic transformations in psychoanalysis with infants and adults. *International Journal of Psychoanalysis, 88*(5), 1201-1221.

Salomonsson, B. (2007b). "Talk to me baby, tell me what's the matter now". Semiotic and developmental perspectives on communication in psychoanalytic infant treatment. *International Journal of Psychoanalysis, 88*(1), 127-146.

Salomonsson, B. (2009). Mother-infant work and its impact on psychoanalysis with adults. *Scandinavian Psychoanalytic Review, 32*, 3-13.

Salomonsson, B. (2011). The music of containment. Addressing the participants in mother-infant psychoanalytic treatment. *Infant Mental Health Journal, 32*(6).

Salomonsson, B. (2012a). Has infantile sexuality anything to do with infants? *International Journal of Psychoanalysis, 93*(3), 631-647.

Salomonsson, B. (2012b). An infant's experience of postnatal depression: Towards a psychoanalytic model. *Acc. for publ. in Journal of Child Psychotherapy.* www.tandfonline.com/rjcp

Salomonsson, B. (2012c). Transferences in parent-infant psychoanalytic treatments. *Acc. for publication in International Journal of Psychoanalysis.*

Salomonsson, B., & Sandell, R. (2011a). A randomized controlled trial of mother-infant psychoanalytic treatment. 1. Outcomes on self-report questionnaires and external ratings. *Infant Mental Health Journal, 32*(2), 207-231.

Salomonsson, B., & Sandell, R. (2011b). A randomized controlled trial of mother-infant psychoanalytic treatment. 2. Predictive and moderating influences of quantitative treatment and patient factors. *Infant Mental Health Journal, 32*(3), 377-404.

Salomonsson, B., & Sandell, R. (2012). Maternal experiences and the mother–infant dyad's development: introducing the Interview of Mother's Experiences (I-ME). *Journal of Reproductive and Infant Psychology,* 21-50.

Salomonsson, B., & Sleed, M. (2010). The ASQ:SE. A validation study of a mother-report questionnaire on a clinical mother-infant sample. *Infant Mental Health Journal, 31*(4), 412- 431.

Sandler, J., Kennedy, H., & Tyson, R. (1990). *The technique of child psychoanalysis. Discussions with Anna Freud.* London: Karnac Books.

Sandler, J., & Rosenblatt, B. (1962). The concept of the representational world. *The Psychoanalytic Study of the Child, 17*, 128-145.

Sandler, J., & Sandler, A.-M. (1994). Phantasy and its transformations: A contemporary Freudian view. *International Journal of Psychoanalysis, 75*, 387-394.

Sandler, J., Sandler, A.-M., & Davies, R. (Eds.). (2000). *Clinical and observational psychoanalytical research: Roots of a controversy.* London: Karnac Books.

Sandler, P. C. (2005). *The language of Bion. A dictionary of concepts.* London: Karnac Books.

Schechter, D. S., Coots, T., Zeanah, C. H., Davies, M., Coates, S. W., Trabka, K. A., ... Myers, M. M. (2005). Maternal mental representations of the child in an inner-city clinical sample: violence-related posttraumatic stress and reflective functioning. *Attachment & Human Development, 7*(3), 313-331.

Scruton, R. (2004). *Death-devoted heart: sex and the sacred in Wagner's Tristan and Isolde.* Oxford, England: Oxford University Press.

Segal, H. (1957). Notes on symbol formation. In *The work of Hanna Segal* (pp. 49-68). Northvale, NJ: Aronson, 1981.

Segal, H. (1991). *Dream, phantasy and art.* London: Routledge.

Seimyr, L., Edhborg, M., Lundh, W., & Sjögren, B. (2004). In the shadow of maternal depressed mood: experiences of parenthood during the first year after childbirth. *Journal of Psychosomatic Obstetrics & Gynecology, 25*(1), 23-34.

Seligman, S., & Harrison, A. (2012). Infancy research, infant mental health, and adult psychotherapy: mutual influences. *Infant Mental Health Journal, 33*(4), 339-349.

Sheriff, J. K. (1994). Charles Peirce's guess at the riddle: grounds for human significance. Bloomington IN: Indiana University Press.

Silver, A. (1981). A psychosemiotic model: an interdisciplinary search for a common structural basis for psychoanalysis, symbol-formation, and the semiotic of Charles S. Peirce. In J. Grotstein (Ed.), *Do I dare disturb the universe? A memorial to W. R. Bion* (pp. 270-315). London: Karnac Books.

Silverman, R., & Lieberman, A. (1999). Negative maternal attributions, projective identification, and the intergenerational transmission of violent relational patterns. *Psychoanalytic Dialogues, 9*(2), 161-186.

Singleton, J. L. (2005). *Parent-infant interaction interventions: a meta--analysis.* Dissertation Abstracts International: Section B: The Sciences and Engineering.

Skelton, R. M. (2006). The Edinburgh International Encyclopaedia of Psychoanalysis (as published in 2010, "PEP consolidated psychoanalytic glossary", Eds. Tuckett & Levinson). Edinburgh, Scotland: Edinburgh University Press.

Skovgaard, A., Olsen, E., Christiansen, E., Houmann, T., Landorph, S., & Jörgensen, T. (2008). Predictors (0-10 months) of psychopathology at age 1 1/2 years: a general population study in the Copenhagen Child Cohort CCC 2000*. *Journal of Child Psychology and Psychiatry, 49*(5), 553-562.

Rosenfeld, H. (1987). *Impasse and interpretation: therapeutic and antitherapeutic factors in the psychoanalytic treatment of psychotic, borderline, and neurotic patients.* London: Tavistock.

Slade, A., Belsky, J., Aber, J. L., & Phelps, J. L. (1999). Mothers' representations of their relationships with their toddlers: links to adult attachment and observed mothering. *Developmental Psychology, 35*(3), 611-619.

Solms, M., & Turnbull, O. (2001). *The brain and the inner world: an introduction to the neuroscience of subjective experience.* New York: Other Press.

Soussignan, R., & Schaal, B. (2005). Emotional processes in human newborns: a functionalist perspective. In J. Nadel & D. Muir (Eds.), *Emotional development* (pp. 127-160). Oxford, England: Oxford University Press.

Spillius, E. B. (1983). Some developments from the work of Melanie Klein. *International Journal of Psychoanalysis, 64*, 321-332.

Spitz, R. (1965). *The first year of life.* New York: IUP.

Squires, J., Bricker, D., Heo, K., & Twombly, E. (2002). Ages & Stages Questionnaires: Social- Emotional. A parent-completed, child monitoring system for social-emotional behaviours. Baltimore, MD: Paul H. Brookes.

Squires, J., Bricker, D., & Twombly, E. (2004). Parent-completed screening for social emotional problems in young children: the effects of risk/disability status and gender on performance. *Infant Mental Health Journal, 25*(1), 62-73.

Stein, R. (1998). The enigmatic dimension of sexual experience: The "otherness" of sexuality and primal seduction. *Psychoanalytic Quarterly, 67:594-625, 67,* 594-625.

Steiner, J. (1993). *Psychic retreats*. London: Routledge.

Stern, D. N. (1985). *The interpersonal world of the infant*. New York: Basic Books.

Stern, D. N. (1988). The dialectic between the "interpersonal" and the "intrapsychic": with particular emphasis on the role of memory and representation. *Psychoanalytic Inquiry, 8*, 505- 512.

Stern, D. N. (1995). The motherhood constellation: a unified view of parent--infant psychotherapy. London: Karnac Books.

Stern, D. N. (2004). *The present moment in psychotherapy and in everyday life*. New York: W.W. Norton.

Stern, D. N. (2008). The clinical relevance of infancy: a progress report. *Infant Mental Health Journal, 29*(3), 177-188.

Stern, D. N. (2010). *Forms of vitality: exploring dynamic experience in psychology, the arts, psychotherapy, and development*. New York: Oxford University Press.

Stone, L. (1961). *The psychoanalytic situation*. New York: IUP.

Szejer, M. (2011). *Si les bébés pouvaient parler (If babies could talk)*. Paris: Bayard.

Thomson-Salo, F. (2007). Recognizing the infant as subject in infant-parent psychotherapy. *International Journal of Psychoanalysis, 88*, 961-979.

Thomson-Salo, F., & Paul, C. (2001). Some principles of infant-parent psychotherapy: Ann Morgan's contribution. *The Signal. The World Association for Infant Mental Health, 9*(1-2), 14- 19.

Thomson-Salo, F., Paul, C., Morgan, A., Jones, S., Jordan, B., Meehan, M., & Morse, S. (1999). "Free to be playful": therapeutic work with infants. *Infant Observation, 31*(1), 47-62.

Trevarthen, C. (2001). Intrinsic motives for companionship in understanding: their origin, development, and significance for infant mental health. *Infant Mental Health Journal, 22*(1-2), 95-131.

Trevarthen, C., & Aitken, K. J. (2001). Infant intersubjectivity: research, theory, and clinical applications. *Journal of Child Psychology & Psychiatry & Allied Disciplines, 42*(1), 3-48.

324 REFERÊNCIAS

Tronick, E. (2005). Why is connection with others so critical? The formation of dyadic states of consciousness and the expansion of individuals' states of consciousness: coherence governed selection and the co-creation of meaning out of messy meaning making. In J. Nadel & D. Muir (Eds.), *Emotional development* (pp. 293–315). Oxford, England: Oxford University Press.

Tronick, E. (2007a). Depressed mothers and infants: failure to form dyadic states of consciousness. In *The neurobehavioural and social-emotional development of infants and children* (pp. 274-292). New York: W.W. Norton.

Tronick, E. (2007b). Infant moods and the chronicity of depressive symptoms: the cocreation of unique ways of being together for good or ill, Paper 2: the formation of negative moods in infants and children of depressed mothers. In E. Tronick (Ed.), *The neurobehavioural and social-emotional development of infants and children* (pp. 362–377). New York: W. W. Norton.

Tronick, E., Als, H., Adamson, L., Wise, S., & Brazelton, T. B. (1978). The infant's response to entrapment between contradictory messages in face-to-face interaction. *Journal of the American Academy of Child and Adolescent Psychiatry, 17,* 1-13.

Tustin, F. (1981). *Autistic states in children.* London: Routledge.

Uvnäs-Moberg, K. (2000). *The oxytocin factor: tapping the hormone of calm, love and healing.* Cambridge, MA: Perseus Book.

Wachholz, S., & Stuhr, U. (1999). The concept of ideal types in psychoanalytic follow-up research. *Psychotherapy Research, 9*(3), 327-341.

Waddell, M. (2006). Infant observation in Britain: the Tavistock approach. *International Journal of Psychoanalysis, 87*(4), 1103-1120.

Wagner, R. (1865). Tristan und Isolde. Recuperado de: http://www.rwagner. net/libretti/tristan/e-tristan-a3s1.html (O nome do tradutor não aparecia no site.)

Wagner, R. (1868). Die Meistersinger von Nürnberg. Recuperado de: http:// www.rwagner.net/libretti/meisters/e-meisters-a2s3.html.

Wampold, B. (2001). *The great psychotherapy debate: models, methods and findings*. Mahwah, N.J.: Lawrence Erlbaum Associates.

Van Buren, J. (1993). Mother-infant semiotics: intuition and the development of human subjectivity – Klein/Lacan: Fantasy and meaning. *Journal of the American Academy of Psychoanalysis & Dynamic Psychiatry, 21*(4), 567-580.

Van Toller, S., & Kendal-Reed, M. (1995). A possible protocognitive role for odor in human infant development. *Brain and Cognition, 29* (3), 275-293.

Watillon, A. (1993). The dynamics of psychoanalytic therapies of the early parent – child relationship. *International Journal of Psychoanalysis, 74*, 1037-1048.

Weber, M. (1904). Die "Objektivität" sozialwissenschaftlicher sozialpolitischer Erkentnisse ("Objectivity" in social science and social politics). In *Gesammelte Aufsätze zur Wissenschaftslehre*. Tübingen, Deutschland: Mohr.

Werker, J. F., & Tees, R. C. (2002). Cross-language speech perception: evidence for perceptual reorganization during the first year of life. *Infant Behavior & Development, 25*, 121-133.

Wickberg, B., & Hwang, C. P. (1997). Screening for postnatal depression in a population-based Swedish sample. *Acta Psychiatrica Scandinavica, 95*(1), 62-66.

Widlöcher, D. (2002). Primary love and infantile sexuality: an eternal debate. In D. Widlöcher (Ed.), *Infantile sexuality and attachment* (pp. 1-36). New York: Other Press.

Widström, A.-M., Ransjö-Arvidsson, A.-B., & Christensson, K. (2007). DVD: Breastfeeding: baby's choice. Sweden: Liber Utbildning.

Widström, A., Lilja, G., Aaltomaa-Michalias, P., Dahllöf, A., Lintula, M., & Nissen, E. (2011). Newborn behaviour to locate the breast when skin-to-skin: A possible method for enabling early self-regulation. *Acta Paediatrica, 100*(1), 79-85.

Wikipedia. (2012). Ideal type. Retrieved. Recuperado de: http://en.wikipedia.org/wiki/Ideal_type.

Winberg Salomonsson, M. (1997). Transference in child analysis: a comparative reading of Anna Freud and Melanie Klein. *Scandinavian Psychoanalytic Review, 20*, 1-19.

Winnicott, D. W. (1941). The observation of infants in a set situation. In *Through paediatrics to psycho-analysis* (pp. 52-69). London: Hogarth Press.

Winnicott, D. W. (1953). Transitional objects and transitional phenomena: a study of the first not-me possession. *International Journal of Psychoanalysis, 34*, 89-97.

Winnicott, D. W. (1955). Metapsychological and clinical aspects of regression within the psycho-analytical set-up. *International Journal of Psychoanalysis, 36*, 16-26.

Winnicott, D. W. (1956). Primary maternal preoccupation. In *Through paediatrics to psychoanalysis* (pp. 300-305). London (1982): Hogarth Press.

Winnicott, D. W. (1960). The theory of the parent-infant relationship. *International Journal of Psychoanalysis, 41*, 585-595.

Winnicott, D. W. (1965). The maturational processes and the facilitating environment: studies in the theory of emotional development. London: Hogarth Press.

Winnicott, D. W. (1971). *Playing and reality*. London: Tavistock Publications.

Winnicott, D. W. (1971). *Therapeutic consultations in child psychiatry*. London: The Hogarth Press.

Winnicott, D. W. (1975). *Through Paediatrics to Psycho-Analysis*. London: The Hogarth Press and the Institute of Psycho-Analysis.

Vivona, J. M. (2012). Is there a nonverbal period of development?. *Journal of the American Psychoanalytic Association, 60*, 231-265.

Vouloumanos, A., & Werker, J. F. (2004). Tuned to the signal: the privileged status of speech for young infants. *Developmental Science, 7*(3), 270-276.

Vreeswijk, C. M. J. M., Maas, A. J. B. M., & van Bakel, H. J. A. (2012). Parental representations: a systematic review of the working model of the child interview. *Infant Mental Health Journal*. 33(3), 314–328.

Zeanah, C., Benoit, D., & Barton, M. (1986). Working model of the child interview. Unpublished interview. New Orleans, LA: Tulane University.

ZERO-TO-THREE. (2005). *Diagnostic classification of mental health and developmental disorders of infancy and early childhood (DC 0–3:R)*. Washington, DC: ZERO TO THREE Press.

Zeuthen, K., & Gammelgaard, J. (2010). Infantile sexuality: the concept, its history and place in contemporary psychoanalysis. *Scandinavian Psychoanalytic Review, 33*(1), 3-12.

Zuckerman, E. (1964). *The first hundred years of Wagner's Tristan*. New York: Columbia University Press.

Índice remissivo

NOTA INTRODUTÓRIA

Quando o texto está dentro de uma tabela, o número indicado está em **negrito**. Por exemplo – MIP (tratamento psicanalítico mãe-bebê): resultados comparativos de ECR **268, 270**.

Quando o texto está inserido em uma figura, o número indicado está em *itálico*. Por exemplo: fantasmas e monstros *140, 141*.

Para localizar um caso, por favor, vá para "vinhetas".

análise com criança 27, 125, 138, 231, 238, 251

abdução 64, 119, 254, 267

aconselhamento não diretivo 259

Acquarone, S. 207, 242

adultomorfizar 55, 65, 68, 107, 113, 116

afeto inconsciente 247

afetos de vitalidade (Stern) 24, 55-57, 76, 93, 96

Ahnungen (premonições) 30-31, 177, 179

alterações hormonais 212

amamentação 15-22, 23; depressão materna 129, 143; entendimento do bebê 105-107, 109, 122; mente do bebê 48-49, 50-52;

MIP (tratamento psicanalítico mãe-bebê) 269, 274; pacientes adultos 153; representações primárias 62, 65, 68, 73; sexualidade infantil 207, 210, 216-218, 220-221; transferência 225, 228, 236

ambivalência 24, 32-34; ECR (ensaio clínico randomizado controlado) 288; mente do bebê 48-49, 51; pacientes adultos 153, 163; representações primárias 63, 75; repressão primária 185-186, 199-200; sexualidade infantil 218-219, 220-221

Andy 17-18; mente do bebê 38-40, 44-47, 57; primeiras representações 64, 74, 77, 85

Anlehnung (mensagem enigmática) 218 ver também mensagens enigmáticas

anorexia 52, 60, 62-63, 216, 266, 273

Anthi, P. R. 136

anticatexia 193 ver também catexia

apego 32; continência 103; mente do bebê 42, 49; ECR (ensaio clínico randomizado controlado) 259, 283, 286; primeiras representações 69; sexualidade infantil 206-208, 209-211, 212, 213, 217

apego evitativo 103, 280 ver também apego

Arlene (mãe do Vance) 245-248

Aulagnier, P. 24, 41, 70, 73, 199

autoestima 91, 126, 129, 257, 266, 274-275

autonomia 186, 190, 200, 220

Bailly, L. 40, 52, 72, 77

balbucio 112, 165, 186, 287

Balestriere, L. 157, 192

Balint, M. 75, 152

Baradon, T. et al. 38, 49, 107, 240

Barrows, P. 244

Basile, R. 136

Beate 27-28, 30-31; depressão materna 125, 126-131, 131-139, 139-142, 143-146; repressão primária 183, 189-191, 194-195, 197-199

bebê afetado, tipo ideal 280-281, 282, 283

bebê não afetado, tipo ideal 281-282, 283

Beebe, B. et al. 93, 97

Bergmann, M. S. 174

Bion, W. R. 24; continência 84, 93, 99; depressão materna 141-142; pacientes adultos 154-157; repressão primária 202; sexualidade infantil 206

Blake, W. 17, 37

Blatt, S. J. 287-288

Bobby 273, 280

Bowlby, J. 42, 210

Bradley, E. 240

Bruner, J. 97, 116

Bystrova, K. et al. 211

Calvocoressi, F. 144

castração simbolígena 102, 189

catexia: mente do bebê 42-44;
    repressão primária 191-192,
    193, 202; transferência 223, 234;
    trauma infantil 175, 179

causalidade circular 143

Cavell, M. 192

Centro Anna Freud (Londres) 240

Centro de Saúde Infantil (CHC) ver
    CHC (Centro de Saúde Infantil)

cesarianas 228, 235, 263, 281

CHC (Centro de Saúde Infantil) 20,
    35; avaliações qualitativas
    271-275; conclusões 260;
    medidas 265, 266; recrutamento
    262-263; resultados *279*, *282*,
    283, 285-296; resultados 268-270

checklist de problemas relacionais
    (RPCL) 264, **268**

Christina/Tina 24; primeiras
    representações 60-62, 66, 68, 74,
    79; sexualidade infantil 217

circuitos inferenciais 65, 69, 91, 115,
    119, 254

Clínica Tavistock 240-241

Cohen, J. 137, 180, 202-203

Cohen, N. J. et al. 258, 284, 291

correlações intraclasse (ICC) 261, 265

compreensão linguística 78, 79

comunicação entre o analista e o
    bebê 106

comunicação não verbal 25-26;
    continência 99, 101; depressão
    materna 130; entendimento do
    bebê 113; mente do bebê 46;
    MIP (tratamento psicanalítico
    mãe-bebê) 285; repressão
    primária 181, 193; transferência
    225-226

contato pele a pele 211-212

continência materna e paterna
    24-25, 85, 99-103, 112, 130

continente-contido 99, 230, 234, 247

continência 24-25, 83-104; aspectos
    auditivos 84-86, 86-88, 88-91,
    91-94, 94-106, 102-103; depressão
    materna 129-131, 134, 135-138,
    142-145; elementos visuais 96-99;
    entendimento do bebê 112, 116;

materno e paterno 99-102; mente do bebê 48-49; MIP (tratamento psicanalítico mãe-bebê) 265, 268; pacientes adultos 158-159; repressão primária 189, 195, 196, 199, 202; transferência 234, 251; trauma infantil 179-180

Cooper, P. J. et al. 289, 291

Corradi Fiumara, G. 66, 112, 117

contratransferência 20, 23; continência 89-91, 91-93, 96; depressão materna 126, 148-150, 154, 160-162, 163; entendimento do bebê 106, 119-120; mente do bebê 45, 48-49, 51, 57; sexualidade infantil 216; MIP (tratamento psicanalítico mãe-bebê) 274-275, 292 ver também transferência

Cramer, B. 49, 206, 224

criança pré-verbal 79, 88, 197, 260

cuidados primários de rotina 259

dados pré-tratamento 268-269

David 33, 226, 235-238, 241, 243

Decety, J. 198

dedução 64-65, 119, 254, 267

defesa patológica na infância (Fraiberg) 144

Dennis, C.-L. E. 257

depressão pós-natal 131, 134, 143; ECR (ensaio clínico randomizado controlado) 263, 268; mente do bebê 18; sexualidade infantil 216; repressão primária 190, 197

desamparo: continência 88; mente do bebê 43; MIP (tratamento psicanalítico mãe-bebê) 273, 287; pacientes adultos 149; repressão primária 196; sexualidade infantil 209; trauma infantil 179

desmame: depressão materna 130; MIP (tratamento psicanalítico mãe-bebê) 253, 280; representações primárias 71; repressão primária 183-184, 190; sexualidade infantil 221

desenvolvimento da linguagem 24-25; continência 87, 93, 96, 99; mente do bebê 44; pacientes adultos 157; representações primárias 76-81

Diatkine, G. 100, 207

dimensões afetivas 56, 76

Dolto, F. 38, 102, 243

ECR (ensaio clínico randomizado controlado) 35, 251, 253-296; avaliações 271-283; conclusões 290-292; discussão 283-290;

estudos 257-258; histórico clínica 253-256; resumo 261-267

elementos visuais 44, 48, 79, 92, 97-98, 134-136

Einfühlung (sentimento dentro de empatia) 92 ver também empatia

elementos auditivos 44, 48, 79, 92, 96-97

elementos Beta 93, 157, 220

elementos cinestésicos 44, 48, 79

Ellman, S. et al. 192

Emanuel, L. 144, 240

escala de disponibilidade emocional (EAS) 264, 268, 281

equilíbrio emocional 53, 186

empatia 80, 87, 92, 145, 227, 273

empreendimento polissêmico 57, 64

enigmas de Tristão 166-168

enquadre analítico 202

ensaio clínico duplo-cego 254

ensaio clínico randomizado controlado (ECR) ver ECR (ensaio clínico randomizado controlado)

entendimento adultomórfico qualificado 23, 107, 113

entendimento do bebê 26, 105-123; amamentação 105-107; conceitos

111-113, 113-116; conceitos e achados 119-120; entendimento emocional 119-120; Karen 109-111, 117-119, 122-123; MIP (tratamento psicanalítico mãe-bebê) 107-109; processo semiótico 115-117; signos 115-116; raiva 255

entrevistas 263-267

EPDS (Escala de depressão pós-parto de Edimburgo) 15, 263, 268, **270**, 274

epistemologia 58, 64

Eric 281

equação simbólica (Segal) 111-112

Escato (escada rolante) 131, 133, 136, 138, 145-146

espelhamento 116, 199, 274

experiência do bebê e depressão materna 125-146; comentários 129-131, 135-138; modelo psicanalítico 143-146; vinhetas 126-128, 131-135, 138-142

experiência psicanalítica 45-47

experimento do rosto imóvel 46, 119

evitamento mútuo 144

Faimberg, H. 177

Falissard, B. 254, 256

334 ÍNDICE REMISSIVO

Falzeder, E. 206, 238

fantasia 38, 157, 179, 212

fantasmas e monstros 126, 138-*142*, *140*, *149*, 144-146, 190

fantasmas infantis 63

fantasmas no quarto do bebê 49, 105-123, 204, 239, 274, 292

Feldman, M. 152

Feldman, R. 93

fenômenos mentais inconsciente 40

Ferenczi, S. 83, 152

Ferro, A. 136, 115, 230

Flink, P.-O. 224

Fonagy, P. 46, 210, 212, 283

Fraiberg, S. 49, 144, 223-224, 239, 257, 274

Freud, A. 231-234

Freud, S.: depressão materna 136; entendimento do bebê 111; mente do bebê 40-41, 41-45, 48, 55-56; Laplanche 218-220; pacientes adultos 157; representações primárias 63, 69, 74, 79; repressão primária 184, 191-192, 193-195; sexualidade infantil 205-207, 208-209, 212-214; transferência 223-225, 231-235; trauma infantil 166, 170, 175-176

Frida 85-86, 94-96, 102-103, 214-215, 220

função alfa 93, 136

fóssil vivo 29, 165-181, 191, 194, 203 *ver também* repressão primária; Tristão

Gaensbauer, T. 197-198, 211

Gammelgaard, J. 207

Georgina 276

Gestalt 97, 247

Golse, B. 25, 91, 92, 153, 243

Green, A. 46, 56-57, 78, 137, 206

Grotstein, J. 69, 93, 180, 194

Hans Sachs (personagem na obra de Wagner) 255, 290

Harrison, A. 151

Henry, R. M. 44, 175, 191-192

Henry (pai do Vance) 33, 245-249

Hilflosigkeit (desamparo) 43 *ver também* desamparo

I-ME (instrumento de entrevista) 266, 272, 277, 278, 285, 291

ICC (correlações intraclasse) 261, 265

identidade maternal incerta, tipo ideal 274-275

identificação complementar 74, 150, 161

identificação concordante 49, 149, 151, 230, 249

identificação projetiva: continência 99; depressão materna 130, 137; MIP (tratamento psicanalítico mãe-bebê) 273; repressão primária 178, 200; transferência 240, 244

índices 65-66, 80-81, 93, 114, 117, 119

individuação 189, 221

indução 64, 119, 254, 267

insônia 41, 146, 221, 226-230, 231

intenção de tratamento analítico 258, 260, 262

interpretantes 65, 113-117, *115*, 120, 156, 195

intersubjetividade 39, 84, 107, 116, 151-152, 211-212

intervenções analíticas 23, 26, 30, 30; continente 87-91, 96-98; depressão materna 125, 131, 136, 144; ECR (ensaio clínico randomizado) 256-257, 261; entendimento do bebê 105, 112, 116, 119-120; mente do bebê 37, *53*-54, 55-56; pacientes adultos 150, 153, 158;

representações primárias 67, 74, 81; repressão primária 202; transferência 223-226, 230, 240, 243, 251

intervenções psicoterapêuticas 30, 120, 239

Irene (mãe do David) 235-238

Isolda (personagem na obra de Wagner) 165, 166-168, 168-170, 171-174, 176-178, 179-181

instinto de autopreservação 209, 213

instrumento psicanalítico 136, 198

interação mãe-bebê 264

Jennifer 33, 226-230, 231-235, 237, 243, 250

Johnson, M. 67

Joseph, B. 84, 152, 232

Kant, I. 154-156

Karen 109-111, 117-119, 122-123

Kate (mãe da Frida) 24-25, 84-86, 86-96, 97-100, 102-103

Ken 273

Kendall, P. C. et al. 260, 269

Khan, M. M. 197, 203

Klaus, M. et al. 211

Klein, M. 44, 84, 129-130, 206, 231-235

Kurwenal (personagem na obra de Wagner) 171-172, 174, 176

Lacan, J. 100-101, 112-114, 200

Lakoff, G. 67

Langer, S. 66, 96, 117

Laplanche, J. 70-73, *71*, 98, 111, 137; sexualidade infantil 214-215, 218-220; repressão primária 202; transferência 231

lateralização do cérebro 78

Lebovici, S. 38, 49, 70, 206-207, 224

Lieberman, A. F. 239

Lieberman, A. F. et al. 258, 270, 284, 291

Lindner, E. 167

linguagem americana de sinais 79

Lisa (Norman, 2001) 144

Litowitz, B. E. 79

Lojkasek, M. et al. 288

mãe abandonada, tipo ideal *278-279*, 282, 287, 289, 292

mãe ansiosa/despreparada, tipo ideal *275-276*

mãe-buraco 136

mãe caótica, tipo ideal 276

mãe deprimida/reservada, tipo ideal 273-274

mãe em conflito com o parceiro 276

mamanhês 119, 130

manhas de criança 37

Marcos (personagem na obra de Wagner) 29, 165-166, 166-168, 179-180

Maroda, K. 163

Martine 273, 288

Maze, J. R. 44, 175, 191-192

Melon, J. 173-174

Meltzer, D. 156, 206, 234

mensagens enigmáticas 23-26; continência 101; entendimento do bebê 119; mente do bebê 40; representações primárias 68-*71*; sexualidade infantil 213-215, 218-220

mente do bebê 37-58; amamentação 48-49; pesquisas sobre bebês versus experiências psicanalíticas 45-47; representações 41-45, 51-52, 54-58

meta-análise 257

metáfora do trio 88-90, 103

metáfora musical 93, 103

metáforas 23, 24, 30; continência 88-89, 93, 103; mente do bebê 46; pacientes adultos 147, 156-158; representações primárias 62, 67; repressão primária 175, 184, 191-192, 193-194; sexualidade infantil 217; transformações 169-170

Mike 275

Miller, L. 240

MIP (tratamento psicanalítico mãe-bebê) 21, 35, 253-293; avaliações quantitativas 271-283; avaliações/estudos de ECR 253-256; depressão materna 126, 138; discussão e conclusões 283-292; entendimento do bebê 106-109; mente do bebê 48-50, 51; continência 87-91, 93; sexualidade infantil 206, 209, 212-215, 220-221; pacientes adultos 147, 151, 159, 163; meta-análises 257; representações primárias 69; resultados/estudos comparativos de ECR 268, **270**, *279, 282, 283*; resultados 268-270; estudos 257-261; resumo 261-267; transferência 225-226, 234 *ver também* ECR (ensaio clínico randomizado controlado)

MIPPS (Projeto de Psicanálise Mãe-Bebê de Estocolmo) 261, 283

Miranda (mãe da Karen) 26, 105, 109, 117-120, 122, 254

Misha 280

modelos psicanalíticos 143-146

modelos terapêuticos 16, 35, 260, 271, 283, 292

Monica 147-150, 151-152, 154-156, 156-158, 158-163

Morgan, A. 242

Morold (personagem na obra de Wagner) 167, 172-173, 177-178, 180

Muir, D. et al. 120

Muir, E. 233

música 24-25; continência 85, 88-89, 92-93, 96-100, 102-103; representações primárias 76-78; repressão primária 166

musicalidade comunicativa 92

Nadya (mãe da Beate) 27, 31; depressão materna 126-131, 131-136, 138, 143-146; repressão primária 189-191, 195, 198, 200-194

Nathalie (mãe da Tina) 59-63, 68, 217-218, 219

Negri, R. 199

Nic 22, 37-58; amamentação 48-51; pacientes adultos 152, 157, 158; pesquisas sobre bebês versus experiência psicanalítica 45-47; representações 41-45, 50-52, 54-58; representações primárias 65, 68, 70, 73-76, 80-81; sexualidade infantil 215-217, 219

Nicole 274, 280

Nina (mãe do Tom) 31, 183-189, 193-196, 199

Norman, J. 21; continência 84, 97; depressão materna 144; entendimento do bebê 107-109; mente do bebê 47; MIP (tratamento psicanalítico mãe-bebê) 261; representações primárias 76; transferência 244

"observe, espere e questione" (WWW) 258

O'Hara, M. W. et al. 258, 291

Olds, D. D. 157

OMITs (Tipos abrangentes de mãe ideal) *278-279*, 282, 287-289

o nome do pai (Lacan) 100-102, 189

orientação desenvolvimental dada pelos enfermeiros 21, 288

pacientes adultos 28-30, 147-163; análise 151-152; continência e tradução 158-159; significantes 156-158; transformações 157-156; vinhetas 147-150, 158-163

Palacio Espasa, F. 49, 206, 224

pantomima 79

participantes *278-279*, 287, 288, 292

Paul, C. 241-242

Peirce, C. S. 64-65, 77, 91, 113-114, 129, 156-157

perspectiva "inter" 152

percepção intermodal 67

percepções cenestésicas 96

perspectiva "intra" 152

perspectiva *matrioshka* 30, 147, 156

pesquisa sobre bebês 18; continência 76-78, 92; mente do bebê 38-40, 45-47; pacientes adultos 151; representações primárias 68, 69

pictogramas 24, 70, 73-75

Pierre 41, 44, 57, 59

PIR-GAS (Escala de Avaliação Global da Relação Pais-Bebê): descrição 264; resultados 286, 289-290; ECR (ensaio clínico randomizado) 268, **270**, 271; tipos ideais 278, 280-*283*, *282*

Pontalis, J. B. 111, 231

princípio do prazer 45, 200

pré-consciente 175, 191-192, 194, 284

preocupação materna primária 109, 206

preocupações de bebê 16, 19-21, 30, 292-293, 296; conclusões 290-292; continência 87, 91; MIP (tratamento psicanalítico mãe-bebê) 255; primeiras representações 68; ECR (ensaio clínico randomizado controlado) 261, 262; resultados 283, 289; sexualidade infantil 209, 221; tipos de mãe 274, 277; transferência 223, 251

princípio de realidade 100

processo primário 33, 73-76

processos intrapsíquicos 56, 106

Projeto de Psicanálise Mãe-Bebê de Estocolmo (MIPPS) 261, 283

psicoterapia pais-bebê 207, 224, 256-257; terapias 30, 183, 205, 224, 296

questionários 260, 263, 268, 272, 285, 289-291

Quinodoz, D. 99

Racker, H. 49, 149-151, 230, 249

realidade subjetiva 45

Reddy, V. 38, 67, 198

regulação do afeto 86, 190

relação analista-analisando 84, 231

relação objeto-signo 65

reparação da díade mãe-bebê (Norman) 90

representações 41-44, 51-52, 54-58, 63-70

representação de interações que foram generalizadas (RIG) 55

representação de si mesmo 62-63, 196

representações analógicas 66-68, 93, 112, 117, 122, 125

representações digitais 66, 112, 119

representações do bebê 22; mente do bebê 40, 41-45, 54-57; representações primárias 69, 73-76

representações mentais 40, 59, 73-75, 137

representações primárias 22-24, 30-31, 59-81; Aulagnier, P. 73-76; Beate 202; entendimento do bebê 108; desenvolvimento da linguagem 76-81; Laplanche, J. 70-74; mente do bebê 41; continência 92, 99; sexualidade infantil 113, 219; repressão primária 183, 192-196, 199-201;

teoria semiótica 63-70; Tina e Nathalie 59-63

représentations-choses (coisas-representação) 219

repressão primária 30-31, 183-203; Beate 189-191, 200-202; representações primárias 70, 199-201; repressão propriamente dita 45, 191-193, 193-196; Tom 183-189; traumas 197-199; trauma infantil 166, 174-176, 176-181

repressão propriamente dita 45, 191-193, 193-196

revelação afetiva 163-164

revelação 163

resultados 269-270

representações divididas 63

representações inconscientes 63, 74, 156, 227

representações protolinguísticas 97, 116, 123

representações psíquicas 23, 39, 137, 197

RIG (representação de interações que foram generalizadas) 55

Robert-Tissot, C. et al. 257, 291

Rosolato, G. 66, 70, 101, 112, 117, 157

Rufus 71-73, 101

Sandler, J. et al. 237

Sandler, P. C. 154

Scruton, R. 170, 173

Segal, H. 111-112

Seligman, S. 130, 151

semiótica 23, 27; entendimento do bebê 107, 115, *115*-119, 119-122; mente do bebê 58; representações primárias 63-70, 73, 77, 77-81; repressão primária 190, 193-196, 202

separação 33; mente do bebê 43; pacientes adultos 148, 163; repressão primária 174, 186, 189, 198; sexualidade infantil 221; MIP (tratamento psicanalítico mãe-bebê) 249, 250, 288

sexualidade infantil 43, 98, 205-207; amamentação 216-218; apego 209-211; contato pele a pele 211-212; Freud 208-209; mensagens enigmáticas 214-215, 218-220; sensorialidade 212-214

Sheriff, J. K. *115*

significado verbal 78, 101, 106

significante de demarcação 70, 101, 157 *ver também* significantes

significantes: mente do bebê 40; continência 101; pacientes

adultos 156-157; representações primárias 69, 72; repressão primária 189; sexualidade infantil 215, 219

significantes formais 70, 101, 157, 189 *ver também* significantes

signos icônicos 78, 116, 118, 129, 203

signos indiciais 78, 116, 118, 129

simbolismo 66, 93, 123

símbolos 111-112, 114

sinal O (coisa-em-si) 155

sinais 19; entendimento do bebê 107; mente do bebê 39, 43; MIP (tratamento psicanalítico mãe-bebê) 279, 286; representações primárias 63; repressão primária 169, 176, 199

Singleton, J. L. 257, 270

sintomas histéricos 42

sistema de neurônios-espelho 198, 211

Stein, R. 70, 215

Stern, D. 22-25; continência 76-77, 89, 93, 96; pacientes adultos 158; mente do bebê 40, 45-47, 54-58; transferência 227

Stoléru, S. 49, 70, 206, 224

tensão muscular 54

terapia cognitivo-comportamental 259, 269

Tessie (mãe do Nic) 22; mente do bebê 47-49, 52-54, 57; pacientes adultos 152; representações primárias 72, 74; sexualidade infantil 216, 219

The interpretation of dreams [*A interpretação dos sonhos*] (Freud) 42, 74

The motherhood constellation [*A constelação da maternidade*] (Stern) 56

Thomson-Salo, F. 49, 239, 241-242

timidez 227, 229, 238

Tina 23-24, 59-81, 217-220

tipos de bebê 279-283, *282*

tipos de mãe 272-*279*, *278*

tipos ideais 261, 267, 271; bebês 279, 286; mães 272-*278*, 284, 287

Tom 31, 183-189, 190-191, 194-196, 199

transferência 223-252; David 235-238; histórico 223-226; Jennifer 226-230; Vance 245-250; transferência do bebê 231-235, 238-245

transformações 74, 148, 154-156, 158, 169-170, 202

transição 126

tradução 42, 158, 176, 195, 219

Tristão e Isolda (Wagner) 29-30, 165

Tristão (personagem na obra de Wagner) 29-30, 165-181; continência 179-181; enigmas 166-169; personagem 171-174; repressões primárias 174-176; transformações de metáfora 169-170; traumas 176-178

Tronick, E. 61, 97, 143, 159, 190, 198

trauma cumulativo 197

transferência infantil direta 33, 244, 249-252 ver também transferência

transferência negativa direta 34, 238 ver também transferência

transferência infantil indireta 33, 226, 245, 250-252 ver também transferência

transferência infantil 221, 225, 231-235, 238-245, 250

transferência infantil 205, 238

transferência negativa 34; MIP (tratamento psicanalítico mãe-bebê) 269, 274, 291; transferência 232, 237, 240, 241, 245, 250

tratamento de alta frequência 108-109, 145, 269, 275

tratamentos de baixa frequência 109 ver também tratamentos de alta frequência

tratamento psicanalítico mãe-bebê (MIP) ver MIP (tratamento psicanalítico mãe-bebê)

trauma infantil 29, 46, 166, 169, 177, 179

Ursula 274-275

Urverdrängung (repressão primária) 175, 191 ver também repressão primária Urvergessen (esquecimento primário) 30, 165, 169, 174-176, 178, 179

vacilações/incertezas 171, 189

validação da verdade 69

Van Horn, P. 207, 239

Vance 26, 226, 245-250, 250-252

vermelha (corar-se) 25, 86

vínculo K (Bion) 244

vinhetas: Beate 126-131, 131-168, 168-142; David 235-238; Frida 85-86, 94-96, 102-103; Jennifer 226-230; Karen 109-111, 117-119, 122-123; Monica 148-150, 159-163; Nic 48-54; Tina 59-63; Tom 183-189; Vance 245-250

violência 132, 199

Vivona, J. M. 78-79

Vorstellungen (representação-coisa, representação-palavra) 43, 219

Waddell, M. 47

Watillon, A. 38, 49, 243-244

Weber, M. 267

Widlöcher, D. 212-214

Widström, A.-M. et al. 210

William (pai da Tina) 60

Winberg Salomonsson, M. 156, 232

Winnicott, D. W. 76, 108, 199, 206, 239

WWW ("observe, espere e questione") 258

Zeuthen, K. 207

Zuckerman, E. 166, 173

GRÁFICA PAYM
Tel. [11] 4392-3344
paym@graficapaym.com.br